省级精品课程教材
高等院校财经专业精品教材

法学概论

（第六版）

《法学概论》编写组　编

东北财经大学出版社
Dongbei University of Finance & Economics Press
大连

图书在版编目（CIP）数据

法学概论 /《法学概论》编写组编．—6版．—大连：东北财经大学出版社，2024.7（2025.8重印）
（高等院校财经专业精品教材）
ISBN 978-7-5654-5302-1

Ⅰ．D90

中国国家版本馆CIP数据核字第2024DU8394号

东北财经大学出版社出版
(大连市黑石礁尖山街217号　邮政编码　116025)
网　　址：http://www.dufep.cn
读者信箱：dufep@dufe.edu.cn
大连金华光彩色印刷有限公司印刷　　东北财经大学出版社发行

幅面尺寸：170mm×240mm　字数：346千字　印张：16.75　插页：1

2024年7月第6版　　2025年8月第2次印刷

责任编辑：时　博　　责任校对：合　力
封面设计：潘　凯　　版式设计：原　皓

定价：45.00元

教学支持　售后服务　　联系电话：（0411）84710309

如有印装质量问题，请联系营销部：（0411）84710711

《法学概论》教材编写课题组

组　长：王　彦

副组长：石鲁夫　邹世允

组　员：唐延明　丁　铁　李莎莎　刘福元　韩　玲　何全民
　　　　李　娜　刘佳星　衣庆云　李晓丽　林　曦　王　松
　　　　贾　翱　王　博　黄海鹰　孙非亚

第六版前言

“法学概论”是为高等院校非法学专业大学生开设的法学基础课程。经过30多年的教学实践，我们不断探索“法学概论”课程的体系设计、内容安排、教学模式、方法和理念，针对非法学专业学生特点，精心组织《法学概论》教材的编写。目前，《法学概论》已成为广受欢迎的法学普及类教材和读物。本次再版，除保持之前版本的特色和优势外，修订重点在于法律更新和表达优化，使本教材体现最新的立法和修法成果。

党的二十大报告提出：“全面依法治国是国家治理的一场深刻革命，关系党执政兴国，关系人民幸福安康，关系党和国家长治久安。必须更好发挥法治固根本、稳预期、利长远的保障作用，在法治轨道上全面建设社会主义现代化国家。”本教材在编写和修订过程中坚持以习近平新时代中国特色社会主义思想为指导，严格贯彻并推进党的二十大精神进教材的要求，精练地阐释了“法治中国”背景下当代大学生需要掌握的主要法律，具有很强的系统性、可读性和教学适用性。本教材既可作为高等院校非法学专业大学生学习法学基础知识的教材，还可作为法学知识普及类教材和读物，同时还可以作为考生参加全国法律硕士专业学位研究生联考和全国注册会计师资格考试的参考书。

自本教材出版以来，国家陆续修订了《中华人民共和国刑事诉讼法》《中华人民共和国公务员法》《中华人民共和国商标法》《中华人民共和国证券法》《中华人民共和国公职人员政务处分法》《中华人民共和国专利法》《中华人民共和国著作权法》等数部法律，颁布了《中华人民共和国民法典》。2020年11月召开的中央全面依法治国工作会议明确了习近平法治思想在全面依法治国工作中的指导地位，本教材本次修订增加了对习近平法治思想核心内容的阐释，体现了最新的立法和修法成果。

本教材在编排上，以主要法律部门为线索，分为法学基础理论编、宪法行政法编、刑事法编、民事法编、经济法编和社会法编，编下设章，共计6编21章，点面俱到，繁简适中，法律部门架构完整、清晰。

《法学概论》教材编写课题组全面负责本教材的体例设计、内容编排和整体审定。具体编写工作由东北财经大学法学院教师集体完成。具体写作分工如下：唐延明，第一章；丁轶，第二章；李莎莎，第三章；刘福元，第四章、第五章；韩玲，第六章；何全民，第七章；李娜，第八章、第十二章；刘佳星，第九章；石鲁夫，第十章、第十一章；衣庆云，第十三章；李晓丽，第十四章；林曦，第十五章；王松，第十六章；贾翱，第十七章；王博，第十八章；黄海鹰，第十九章；邹世允，第二十章、第二十一章。

由于作者水平有限，书中难免有疏漏或者不足，敬请批评指正。

王　彦

2024年6月

目录

第一编　法学基础理论编

第二编　宪法行政法编

第六编 社会法编

第一编　法学基础理论编

第一章　法的一般理论

第一节　法的概述

一、法的概念

马克思主义认为，法是由国家制定或认可的，由国家强制力来保证实施的，反映由社会物质生活条件所决定的统治阶级意志，规定权利和义务，要求所有成员必须遵守的行为规则的总和。

同其他社会规范相比，法具有下列基本特征：（1）法是调整社会关系的行为规范。法是一种行为规范，是为主体的行为提供标准和指明方向的，只解决行为问题，只衡量人们的行为是否合法或是否违法，不解决观念问题、品德或道德问题。一个人无论他的思想或品德多么糟糕，只要没有付诸行动，法就同它无涉。（2）法是由国家制定或认可的行为规范。法律规范与其他社会规范不同，法是以国家意志的形式表现出来的。而统治阶级将自己的意志上升为国家意志，又是通过国家对法的制定或认可来实现的。国家制定或认可，是法产生的两种形式。（3）法是规定权利和义务的社会规范。法以权利和义务为主要内容，这是由法的根本性质和功能所决定的。法是一定的国家政权用以调整一定社会关系的基本的制度形态。在法所调整的社会关系中，最基本的社会关系是以物质生活条件为基础的利益关系，这种利益关系实质上也就是权利义务关系。法以权利和义务为机制，影响人们的行为动机，指引人们的行为。（4）法是以国家强制力保证实施的行为规范。所谓国家强制力，就是国家的军队、警察、法庭、监狱等有组织的国家暴力。法是以国家意志的形式反映的统治阶级的意志，这必然遭到被统治阶级的抵制和反抗，就是在统治阶级内部，也存在着矛盾和冲突。要实施法律从而实现统治阶级的意志，就必须依靠国家强制力。

二、法的本质

马克思主义法学理论认为，法有如下三个层次的本质：

1. 法是国家意志的体现。国家意志也就是指掌握国家政权阶级的意志，在剥削阶级社会分别指奴隶主阶级、封建地主阶级、资产阶级，而在已消灭了剥削阶级的社会主义社会，则是指以工人阶级为领导的全国人民的意志。

2. 国家意志内容的最终决定因素是社会物质生活条件。把法的本质首先归结为统治阶级的意志，触及了法的本质。但如果认识停止于此，仍摆脱不了唯心主义。要彻底认识法的本质，认识法产生和发展的规律，还必须深入到那些决定着统治阶级意志或人民意志的社会物质生活条件之中。社会物质生活条件使人们产生了法律需要，同时又决定了国家意志的内容。立法者并不能随心所欲地立法，法应当是对现存社会关系，归根结底是对现存社会物质生活条件的记载、认可、登记、宣布。法当然也要对社会物质生活条件发生反作用，而不是消极地反映社会物质生活条件。但不论发生怎样的反作用，它终究是围绕着社会物质生活条件发生作用的，因而它归根结底取决于社会物质生活条件。

3. 经济以外因素对法也有重要影响。在看到经济基础决定法律的同时，也应该注意到经济以外因素，如政治、思想、道德、文化、历史传统、民族、宗教、习惯等，对法所体现的国家意志也有影响。法和这些因素在经济因素起最终决定作用的条件下相互作用。

三、法的起源和演进

（一）原始社会的行为规范

法和国家一样，并不是从来就有的，而是人类社会发展到一定历史阶段的产物。原始社会的生产力水平极其低下，人们只能依靠集体的力量勉强维持生存，体现在经济生活上就是共同占有生产资料，共同劳动，共同消费。因此，原始社会没有私有制，也没有阶级和阶级压迫，自然也就没有法。

原始社会虽然没有国家和法，但当时的社会却并非杂乱无章、没有秩序。原始社会有与当时的经济基础相适应的氏族组织，也有人们在长期劳动生活中自发形成的一些习惯约束人们的行为，这种习惯正是原始社会代表人们共同利益的行为规范。

（二）法的产生

随着生产力的发展，产品有了剩余，出现了生活资料乃至生产资料的私人占有。在这个过程中，财富逐渐集中到一部分人手中，剥削第一次成为可能。这样，社会上便出现了阶级和阶级压迫，也就有了阶级对立、阶级斗争。

随着阶级矛盾的加剧，原有的氏族组织逐渐失去了权威，依靠人们的自觉遵守和舆论等因素支撑的习惯也变得无能为力了。于是，国家和法便应运而生。法这种社会规范不再代表社会的共同意志，而变成维护统治集团利益的工具。它以国家意志的面目出现，凌驾于社会之上，控制社会冲突，维持社会秩序，人类社会开始进入阶级社会。可见，法的产生是生产力发展的结果，是阶级矛盾不可调和的产物。

法的产生经历了一个长期、复杂的过程。人们把最初的法称为习惯法，因为在法产生的早期阶段，统治阶级主要是把那些有利于本阶级的习惯加以改造和利用，使其上升为国家意志，变成法。习惯法是不成文的，后来，才逐渐出现了成文法乃至较为完备的成文法典。据考证，目前已知的世界历史上最早的成文法典是公元前

21世纪位于西亚两河流域的乌尔第三王朝颁布的《乌尔纳姆法典》。我国历史上最早公布的成文法，一般认为是公元前536年春秋时期郑国执政子产的“铸刑书”。战国时期魏相李悝主持制定并颁布的《法经》，被认为是我国历史上第一部比较系统的封建成文法典。

（三）法的演进

法的演进是指某一个国家或者社会中的法律制度，在整体上从落后状态向先进状态的不间断、长期而缓慢的发展或进步的过程。法的演进具有规律性，主要体现为：（1）法的演进是由社会发展作为最终力量决定、引导和促进的；（2）法的演进体现为法律规范、法律制度以及法律适用程序与技术从简单到复杂、从粗糙到精细、从感性到理性、从含混到明确和体系化、从单纯注重实体内容到注重法律程序的优先性、从追求实体公正到追求程序公正的长期缓慢的过程；（3）法的演进体现为从义务本位到权利本位的价值观念、法律规范和法律制度的转型过程；（4）法的演进体现为从自我确证的封闭式发展到多元化法律体系彼此交流与融合的开放式演进、发展过程；（5）法的演进体现为对法律传统不自觉的继承、对于其他国家和地区现存法律的借鉴或者移植，立足于本国和本社会的现实需求的法律制度的创新或改革。

四、法的作用和价值

（一）法的作用

法的作用，是指法在社会系统中所承担和履行的功能。从不同的角度，可以对法的作用进行不同的分类，最基本的分类是将法的作用分为规范作用和社会作用两个方面。法的规范作用是就法的作用的形式而言的，法的社会作用则是就法的作用的实质内容和目的而言的。

1.法的规范作用。法的规范作用主要体现为指引、评价、预测、强制的作用：（1）指引作用。为了使整个社会具有一定的秩序，人们的行为必须接受一定规则的指引，依规则行事，法正是为人们的行为提供规则的重要社会规范之一。（2）评价作用。法作为一种具有普遍约束力的行为规范，是判断人们行为合法或违法的标准，本身就体现了一种价值观。（3）预测作用。人们在了解法律规则以后，就同时了解了自己应当如何行为以及行为的法律后果，从而选择适当的行为或者行为方式。（4）强制作用。制定法律的目的是让人们遵守，并转化为社会秩序，因此，法律必须具有一定的权威性，而法的强制作用则保证了法律的权威性。

2.法的社会作用。法的社会作用主要涉及三个领域：（1）法在经济生活中的作用，主要体现为运用法律确认和建立有利于统治阶级的财产所有权制度，组织和协调经济运行，建立和维护经济秩序，以及运用法律解决纠纷。（2）法在政治生活中的作用，主要体现为确认和建立政治权力的组织和分配体制，组织和协调政治权力的运行。（3）法在思想文化生活中的作用，主要体现为通过法律将统治阶级的思想原则上升为法律原则，通过法律的实施引导社会的思想文化生活，通过法律手段为繁荣人民群众的思想文化生活创造条件。

（二）法的价值

法的价值是法律存在的伦理正当性依据，是法追求的理想和目的，因此又称为法的“目的价值”。法的价值主要表现为秩序、自由、效率和正义。

1. 秩序。秩序是法的最基本的价值，是法的价值的基础。失去了秩序的保障，法律所有的价值和功能就会因为缺乏必要的保障而面临现实的威胁从而失去意义。由于社会的群体属性，因此法对于社会、对于人具有重要的意义。维护社会的稳定、安全，保障人基本的生存权和发展权，是作为调整人的外部行为的一般规则的法律的重要目标。所有的法律，从秩序价值的层面上说，都是为了建立和保障社会稳定、安全的状态，都是为一定的社会秩序服务的。

2. 自由。自由是法的基础价值，是法的价值的灵魂。自由凝结着人类对于社会现实生活的崇高理想和无限追求，可以说自由是法的终极目的。首先，法律体系的创立都是紧紧围绕自由终极目标进行的；其次，社会主体的所有自由权利都是通过法律权利和法律义务的规定而产生的；最后，自由是法律产生以及发展的起点和终点。同时，法是自由的保障。法律能够保障社会主体的自由能够顺畅地行使。另外，法律可以防止自由的滥用，从而保障社会主体的自由不受其他社会主体自由的侵害。

3. 效率。法的效率价值是指法能够使社会或人们以较少或较小的投入获得较多或较大的产出。现代社会的法律，从实体法到程序法，都有或应有其内在的经济逻辑和宗旨，以有利于提高效率的方式分配资源，并以权利和义务的规定保障资源的优化配置和使用。如通过确认并保障人们的财产权，鼓励人们的财富进取心，调动生产者的积极性，促进生产力的进步；确认、保护、创造最有效率的经济运行模式，使之更有效地推动社会生产力的快速发展；承认和保护知识产权，解放和发展科学技术。

4. 正义。正义是人类普遍认可的崇高价值，通常可称为公平、公正、正直、合理、正当。正义才是法的价值的最终衡量标准，这是由正义本身所决定的。因为在解决法的价值冲突的过程中，无论我们用的是什么法定原则或者是法的价值冲突选择原则理论来解决，在我们心中归根结底都有那么一个亘古不变的真理，一个无法抹去的衡量标准，那就是正义。这个正义就是所有价值的中心。正义是我们从古至今不断孜孜以求的价值，它代表着真、善、美，代表着我们每一个人对生活的向往，是每一个人发自心灵深处的呼唤，深深地扎根在每一个人的心底。

第二节　法的渊源、法的体系和法的部门

一、法的渊源

法的渊源，即法的表现形式，是指那些具有法的效力作用和意义的法的外在表现形式。法的渊源主要包括：

1. 宪法。宪法是我国的根本法，具有最高的法律效力。它以法的形式确认了中

国各族人民奋斗的成果，规定了国家的根本制度和根本任务，是治国安邦的总章程。宪法由全国人民代表大会通过和修改。在我国各种法的渊源中，宪法居于首要地位，一切法律、行政法规和地方性法规都不得与宪法相抵触。

2. 法律。法律是由全国人民代表大会和全国人民代表大会常务委员会制定的除宪法以外的规范性文件，它们所规定的内容是关于社会和国家生活中某些社会关系的基本问题。法律又分为两类：一是由全国人民代表大会制定的基本法律；二是由全国人民代表大会常务委员会制定的基本法律以外的其他法律。法律的效力仅次于宪法。

3. 行政法规。行政法规是国务院制定的有关行政管理事项的规范性法律文件的总称。其地位仅次于宪法和法律，高于地方性法规。行政法规应当根据宪法、法律制定，不得同宪法、法律相抵触，否则无效。其目的是保证宪法和法律实施，起到纽带作用。

4. 地方性法规。地方性法规是省、自治区、直辖市和设区的市、自治州的人民代表大会及其常务委员会，为执行和实施宪法、法律和行政法规，根据本地区的具体情况和实际需要，在规定权限内所制定的规范性文件。

5. 规章。规章是指国务院各部、委员会、中国人民银行、审计署和具有行政管理职能的直属机构，以及省、自治区、直辖市和设区的市、自治州的人民政府，在法定权限范围内所制定的规范性文件。规章必须根据宪法、法律、行政法规制定，其内容不得同宪法、法律、行政法规相抵触，否则无效。法院审理案件，可以参照规章。

此外，我国法的渊源还包括我国与外国缔结的国际条约和国际惯例等。

二、法的体系和法的部门

（一）法的体系

法的体系，也称为法律体系，是由诸多法的部门组成的一国现行法律有机联系的统一整体。我国社会主义法的体系，是由我国各法的部门组成的统一的法律整体。

一国的现行法律规范，在形式上是多种多样的，在内容上也是各不相同的，但是，不管它们的形式如何纷繁、内容如何不同，在整体上应是相互联系、彼此协调的，有自己的逻辑体系。因为一国的全部现行法律规范是同一经济基础上的上层建筑的重要组成部分，都是统治阶级意志的体现，有共同的指导思想，担负同样的任务；各种法律规范所调整的对象即社会关系是相互联系的，因而各法律规范之间也必然是相互联系、协调一致的。法律体系不是一成不变的，随着经济基础的不断变化和发展，法的部门也在不断变化和发展，法律体系也要相应一致。

（二）法的部门

法的部门，或称法律部门，是按照法律规范所调整的社会关系的性质划分的。通常把调整同一类社会关系的法律规范归并为一个部门。一般认为，我国社会主义法律体系主要由以下法律部门构成：

1. 宪法。宪法这一法的部门是由宪法以及其他宪法性规范文件组成的部门体系，在构成社会主义法律体系的各个部门中居于主导地位。宪法是国家的根本大法，具有最高的法律效力。宪法部门的组成，除宪法外，还包括选举法、全国人民代表大会组织法、国务院组织法、人民法院组织法和人民检察院组织法、地方各级人民代表大会及地方各级人民政府组织法、人民代表法等。

2. 行政法。行政法是关于行政权力的授予、行使以及对行政权力进行监督和对其后果进行补救的法律规范的总称。行政法着重调整行政权与其他国家权力和个人权利之间发生的社会关系。

3. 刑法。刑法是关于犯罪和刑罚的法律规范的总和。我国刑法是保卫国家安全，保卫人民民主专政的政权和社会主义制度，保护国有财产和劳动群众集体所有的财产，保护公民私人所有的财产，保护公民的人身权利、民主权利和其他权利，维护社会秩序、经济秩序，保障社会主义建设事业顺利进行的重要工具。

4. 民商法。民商法是调整平等主体的自然人、法人、非法人组织之间的财产关系和人身关系以及商事关系的法律规范的总和。我国采用民商合一的立法体例，统一的民法典已经颁布。总则是民法典的开篇之作，在民法典中起统领性作用。我国还颁行了大量的民商事单行法规，如物权法、合同法、侵权责任法、婚姻法、继承法、公司法、破产法、保险法、著作权法、商标法、专利法等。

5. 经济法。经济法是调整国家从社会整体利益出发对经济活动实行干预、管理或调控所产生的社会经济关系的法律规范的总和。它包括金融法、税法、反垄断法、会计法、审计法、反不正当竞争法等，是一个重要的法律部门。

6. 自然资源法和环境法。自然资源法和环境法是有关自然资源、环境保护、污染防治以及其他公害方面的法律规范的总和。我国目前有关自然资源方面的立法主要有森林法、草原法、水法、矿产资源法、土地管理法等；有关环境保护方面的立法主要有环境保护法、水污染防治法等。

7. 社会法。社会法是规范劳动关系、社会保障、社会福利和特殊群体权益保障方面社会关系的法律规范的总和。社会法包括两个方面：一是有关劳动关系、劳动保障和社会保障方面的法律，如劳动法、工会法等。二是有关特殊社会群体权益保障方面的法律，如未成年人保护法、妇女权益保障法、残疾人保护法等。

8. 诉讼法。诉讼法是关于诉讼程序的法律规范的总和。它从程序方面保证实体法的正确实施。我国的诉讼法分为刑事诉讼法、民事诉讼法和行政诉讼法。另外，我国还制定有仲裁法、劳动争议调解仲裁法等非诉讼程序法。

第三节　法的制定

一、法的制定的基本原则

法的制定，是指有关国家机关依照法定权限和程序制定规范性文件的活动，它包括国家最高权力机关及其常设机关制定法律这种规范性文件的活动，也包括由有关国家行政机关和有关地方国家权力机关及其常设机关依法定权限和程序制定行政法规、地方性法规和规章的活动。

法的制定的基本原则是立法活动应当遵循的基本准则和方法，当代中国的立法必须遵循下列基本原则：

1. 合宪性原则。合宪性原则是指立法应当与宪法相符合。首先，必须是宪法赋予立法权或经特别授权的主体才有权立法，凡没有法定职权或超越法定职权的立法行为都是无效的。其次，立法的内容应当符合宪法的基本原则和规定，不得与宪法相抵触。最后，立法的程序也应当符合宪法和其他专门法律的规定，违反法定程序的立法行为同样是无效的。

2. 维护社会主义法制的统一和尊严原则。这一原则要求在立法活动中应以宪法为依据，在宪法的基础上实现国家法制的高度统一，绝不能通过立法搞地方保护主义和部门保护主义。它具体表现为：其一，国家机关的全部立法应当遵循宪法，符合宪法精神、宪法原则及宪法的具体规定，一切法律、行政法规和地方性法规都不得同宪法相抵触。其二，较低层次的规范性文件要同较高层次的规范性文件相符合，最终符合宪法。其三，在具体的立法工作中，要注意各种规范性文件、各法律部门之间的配套衔接，避免交叉重复和明显的漏洞。为此，要严格执行立法的备案、报批和审查制度，国家权力机关、上级国家机关应当认真行使宪法、法律赋予的对违背宪法、不符合法制统一要求的规范性文件的撤销权和改变权，及早发现并解决可能存在的违宪、有损法制统一的问题。

3. 社会主义民主原则。立法的民主原则表现为：其一，立法必须在人民主权的基础上进行，以确认和保障人民当家做主的权利。其二，立法应当符合民主程序，使直接参与立法工作的人民代表真正有机会充分表达民意，形成符合人民意志和实际情况的国家意志；立法活动必须依法进行，避免立法随领导人的更迭和领导人认识的改变而改变。其三，立法工作应当坚持群众路线，调动广大人民群众参与立法活动的积极性，保障人民通过各种途径参与立法活动。

4. 科学性原则。立法的科学性原则表现为：其一，法是人类认识理性化的体现，立法活动建立在对法律制度、法律价值观、法律理想等重大问题的理性思维、理性判断的基础上。其二，立法活动对人们的行为和各种社会关系的规定要具有合理性。立法应当适应社会主义市场经济、民主政治和精神文明建设的需要，维护正义，保证公平，体现效率。其三，坚持实事求是，从实际出发，使主观的立法活动符合客观实际。也就是说，在思想观念上，明确立法不是创造法，而是表述法；法律的内容要符合中国的国情，包括经济、政治、文化的发展水平和历史传统。地方立法还要符合本地的实际情况，科学、合理地规定权利与义务、权力与责任，法律还要适应实际情况的变化及时修改、废止或重新制定，与社会实际保持一致；对立法完备的追求和评价也要符合社会实际。

二、法的制定的程序

法的制定的程序，是指国家机关在制定、修改或废止法律规范的活动中，必须履行的法定步骤和手续。在我国，国家最高权力机关制定规范性文件的程序，通常可以分为以下四个步骤：

1. 法律议案的提出。法律议案是法的制定机关开会时，提请该机关列入议程讨论决定的关于法律制定、修改或废除的提案或建议，一般是由具有法律提案权（立法提案权）的国家机关和人员向法律制定机关提出的。根据我国宪法和有关法律的规定，出席全国人大会议的一个代表团或三十名以上全国人大代表、全国人大主席团、全国人大常委会、全国人大各专门委员会、国务院及中央军事委员会、最高人民法院和最高人民检察院，都有权提出法律议案。

2. 法律草案的讨论。法律草案的讨论，是指法的制定机关对列入议事日程的法律草案正式进行审议和讨论。法律草案的讨论是立法民主化的重要环节。通常，在法律草案正式讨论之前，提出法律草案的机关或人员都要指派负责人员向法的制定机关说明草案的基本精神、内容及立法意图，以便代表们充分酝酿和讨论。

3. 法律的通过。法律的通过，是指法的制定机关对法律草案经过讨论后表示正式同意，从而使法律草案成为法律。这是立法程序全过程中最具决定性意义的步骤。法律的通过需要代表机关一定法定人数赞成。根据我国宪法和有关法律的规定，宪法的修改，需要全国人民代表大会全体代表的三分之二以上多数通过。全国人民代表大会审议的法律案由全国人民代表大会全体代表过半数通过，全国人民代表大会常务委员会审议的法律案，由全国人民代表大会常委会全体组成人员过半数通过。

4. 法律的公布。法律的公布，是指法的制定机关将通过的法律用一定的形式予以公布。根据我国宪法的规定，法律由中华人民共和国主席根据全国人民代表大会和常务委员会的决定公布。

第四节 法律责任

一、法律责任的概念和种类

法律责任是指有关法律主体因违反法定或约定的义务应当承担的不利法律后果。法律责任是国家强制责任人作出一定行为或不做一定行为，救济受到侵害或损害的合法权益的手段，是保障权利实现和义务履行的途径。

依据责任的法律性质，可以将法律责任分为刑事责任、民事责任和行政责任。

1. 刑事责任。刑事责任是由违反刑事法律的犯罪行为所引起的不利法律后果。犯罪行为是对法律秩序最严重的破坏，与此相适应，刑事责任也是最严厉的法律责任。依据罪刑法定原则，刑事法律是追究刑事责任的唯一依据。

2. 民事责任。民事责任是自然人、法人或者其他组织因违反约定义务或法定义务而依法承担的不利法律后果。民事责任虽然也兼有惩罚性，但其主要功能是救济。与刑事责任不同，可以引起民事责任的不仅是基于法律的直接规定，更主要的是当事人之间的约定。

3. 行政责任。行政责任是因违反行政法或因行政法规定的事由而应当承担的不利法律后果。这是一种伴随社会的法治化而出现的公法责任。它包括行政机关及其工作人员的行政责任、行政相对人违反行政法义务所引起的行政责任。

二、法律责任的目的与功能

1. 法律责任的目的。法律责任的目的在于保障法律上的权利、义务、权力得以生效，在它们受到阻碍、法律保护的权益受到侵害时，通过适当的救济，使对侵害发生有责任的人承担责任，消除侵害并尽量减少未来发生侵害的可能性。

2. 法律责任的功能。(1) 惩罚功能。法律责任的惩罚功能就是惩罚违法者和违约人，维护社会安全与秩序。(2) 救济功能。法律责任的救济功能，就是救济法律关系主体受到的损失，恢复受侵犯的权利。法律责任通过设定一定的财产责任，赔偿或补偿在一定法律关系中受到侵犯的权利或者在一定社会关系中受到损失的利益。(3) 预防功能。法律责任的预防功能，就是通过使违法者、违约人承担法律责任，教育违法者、违约人和其他社会成员，预防违法犯罪或违约行为。

第五节　习近平法治思想的基本内涵和主要内容

一、习近平法治思想的基本内涵

习近平法治思想是顺应实现中华民族伟大复兴时代要求应运而生的重大理论创新成果，是马克思主义法治理论中国化最新成果，是习近平新时代中国特色社会主义思想的重要组成部分，是全面依法治国的根本遵循和行动指南。习近平法治思想深刻总结了共产党依法执政规律、社会主义法治建设规律、人类社会法治文明发展规律，集中展现了马克思主义法治理论在新时代中国实践的光辉成果，是马克思主义法治理论中国化的重大历史性飞跃。

习近平法治思想从历史和现实相贯通、国际和国内相关联、理论和实际相结合上深刻回答了新时代为什么实行全面依法治国、怎样实行全面依法治国等一系列重大问题。2020年11月16日至17日，党的历史上首次召开的中央全面依法治国工作会议，将习近平法治思想明确为全面依法治国的指导思想。

二、习近平法治思想的主要内容

(一) 坚持党对全面依法治国的领导

党的领导是推进全面依法治国的根本保证。国际国内环境越是复杂，改革开放和社会主义现代化建设任务越是繁重，越要运用法治思维和法治手段巩固执政地位、改善执政方式、提高执政能力，保证党和国家长治久安。全面依法治国是要加强和改善党的领导，健全党领导全面依法治国的制度和工作机制，推进党的领导制度化、法治化，通过法治保障党的路线方针政策有效实施。

(二) 坚持以人民为中心

全面依法治国最广泛、最深厚的基础是人民，必须坚持为了人民、依靠人民。要把体现人民利益、反映人民愿望、维护人民权益、增进人民福祉落实到全面依法治国各领域全过程。推进全面依法治国，根本目的是依法保障人民权益。要积极回应人民群众新要求新期待，系统研究谋划和解决法治领域人民群众反映强烈的突出问题，不断增强人民群众获得感、幸福感、安全感，用法治保障人民安居乐业。

（三）坚持中国特色社会主义法治道路

中国特色社会主义法治道路本质上是中国特色社会主义道路在法治领域的具体体现。既要立足当前，运用法治思维和法治方式解决经济社会发展面临的深层次问题；又要着眼长远，筑法治之基、行法治之力、积法治之势，促进各方面制度更加成熟更加定型，为党和国家事业发展提供长期性的制度保障。要传承中华优秀传统法律文化，从我国革命、建设、改革的实践中探索适合自己的法治道路，同时借鉴国外法治有益成果，为全面建设社会主义现代化国家、实现中华民族伟大复兴夯实法治基础。

（四）坚持依宪治国、依宪执政

党领导人民制定宪法法律，领导人民实施宪法法律，党自身要在宪法法律范围内活动。全国各族人民、一切国家机关和武装力量、各政党和各社会团体、各企业事业组织，都必须以宪法为根本的活动准则，都负有维护宪法尊严、保证宪法实施的职责。坚持依宪治国、依宪执政，就包括坚持宪法确定的中国共产党领导地位不动摇，坚持宪法确定的人民民主专政的国体和人民代表大会制度的政体不动摇。

（五）坚持在法治轨道上推进国家治理体系和治理能力现代化

法治是国家治理体系和治理能力的重要依托。只有全面依法治国才能有效保障国家治理体系的系统性、规范性、协调性，才能最大限度凝聚社会共识。在统筹推进伟大斗争、伟大工程、伟大事业、伟大梦想的实践中，在全面建设社会主义现代化国家新征程上，我们要更加重视法治、厉行法治，更好发挥法治固根本、稳预期、利长远的重要作用，坚持依法应对重大挑战、抵御重大风险、克服重大阻力、解决重大矛盾。

（六）坚持建设中国特色社会主义法治体系

中国特色社会主义法治体系是推进全面依法治国的总抓手。要加快形成完备的法律规范体系、高效的法治实施体系、严密的法治监督体系、有力的法治保障体系，形成完善的党内法规体系。要坚持依法治国和以德治国相结合，实现法治和德治相辅相成、相得益彰。要积极推进国家安全、科技创新、公共卫生、生物安全、生态文明、防范风险、涉外法治等重要领域立法，健全国家治理急需的法律制度、满足人民日益增长的美好生活需要必备的法律制度，以良法善治保障新业态新模式健康发展。

（七）坚持依法治国、依法执政、依法行政共同推进，法治国家、法治政府、法治社会一体建设

全面依法治国是一个系统工程，要整体谋划，更加注重系统性、整体性、协同性。法治政府建设是重点任务和主体工程，要率先突破，用法治给行政权力定规矩、划界限，规范行政决策程序，加快转变政府职能。要推进严格规范公正文明执

法，提高司法公信力。普法工作要在针对性和实效性上下功夫，特别是要加强青少年法治教育，不断提升全体公民法治意识和法治素养。要完善预防性法律制度，坚持和发展新时代“枫桥经验”，促进社会和谐稳定。

（八）坚持全面推进科学立法、严格执法、公正司法、全民守法

要继续推进法治领域改革，解决好立法、执法、司法、守法等领域的突出矛盾和问题。公平正义是司法的灵魂和生命。要深化司法责任制综合配套改革，加强司法制约监督，健全社会公平正义法治保障制度，努力让人民群众在每一个司法案件中感受到公平正义。要加快构建规范高效的制约监督体系。要推动扫黑除恶常态化，坚决打击黑恶势力及其“保护伞”，让城乡更安宁、群众更安乐。

（九）坚持统筹推进国内法治和涉外法治

要加快涉外法治工作战略布局，协调推进国内治理和国际治理，更好维护国家主权、安全、发展利益。要强化法治思维，运用法治方式，有效应对挑战、防范风险，综合利用立法、执法、司法等手段开展斗争，坚决维护国家主权、尊严和核心利益。要推动全球治理变革，推动构建人类命运共同体。

（十）坚持建设德才兼备的高素质法治工作队伍

要加强理想信念教育，深入开展社会主义核心价值观和社会主义法治理念教育，推进法治专门队伍革命化、正规化、专业化、职业化，确保做到忠于党、忠于国家、忠于人民、忠于法律。要教育引导法律服务工作者坚持正确政治方向，依法依规诚信执业，认真履行社会责任。

（十一）坚持抓住领导干部这个“关键少数”

各级领导干部要坚决贯彻落实党中央关于全面依法治国的重大决策部署，带头尊崇法治、敬畏法律，了解法律、掌握法律，不断提高运用法治思维和法治方式深化改革、推动发展、化解矛盾、维护稳定、应对风险的能力，做尊法学法守法用法的模范。要力戒形式主义、官僚主义，确保全面依法治国各项任务真正落到实处。

第二章 法律经济学

随着当代经济学研究领域的不断扩大，法律现象逐渐成为经济学所关注的新对象，这又对法学本身形成了强劲的冲击。进而，在打破学科界限、融合各学科知识的基础上，“法律经济学”就成为一门新兴学科，甚至构成了当前法学教育和法学研究中的一门“显学”。相应地，对这门新兴学科的基础概念、主要特征、研究方法、具体应用等问题加以简要的分析和介绍，就成为本章的主题。

第一节 法律经济学的概念

何谓“法律经济学”？这是需要回答的首要问题。在通常意义上，“法律经济学”（Economics of Law）又被称为“法和经济学”（Law and Economics）或者“法律的经济分析”（Economic Analysis of Law），它是以法律现象为研究对象，以经济学为研究思路和手段，试图将法学研究和经济学研究有机综合的一门交叉学科。法律经济学试图打破法学与经济学之间的学科壁垒，直面法律实践中的真实问题，以经济学中的相关方法、思路、框架和模型为指导，对传统法学所无法回答和化解的难题予以系统性回应。大体上，围绕着法律经济学的基本特征，我们可以从如下4个方面出发来加以综合把握：

一、以经济学方法来研究法律现象

选择何种研究方法决定了法律经济学与传统法学的分野，而法律经济学的独特之处恰恰在于通过经济学的视角来透视法律世界。这样，法律经济学眼中的法律现象就与法学视角形成了鲜明区别。比如，在法律经济学看来，产权是一个“权利束”，既包括正式制度意义上的产权（比如宪法明确规定了国有土地所有权和集体土地所有权），又包括非正式制度意义上的产权（比如民间习俗中规定外嫁女无权继承财产）；而在法学视野中，产权只能被理解为所有权、用益物权和担保物权三类，且必须遵循物权法定原则，当事人之间不得擅自设立不同于国家法律规定的新物权。显然，由于经济学视野下的产权类型多种多样，具有正式与非正式、成文与不成文等复杂类型，自然具有更大的研究空间来探寻现实中不同权利间的相互影响和转换，这就克服了法学研究对于产权理解的单一化、僵化等弊端，可以为现实问题的有效分析与解决贡献更大力量。

二、关心“行动中的法”而非“纸面上的法”

在这一点上，法律经济学与法律社会学具有相似之处。大量研究均表明，法律并不是自给自足的，即便制定得再优良的法律，如果缺乏相关政治、经济、文化、社会、历史等条件的配合与支持，也无法发挥出其应有的作用和功能。鉴于此，法律经济学格外关注规则外因素对法律制定和实施的影响，也对法律在现实中的具体运行状态保持敏感。比如，有法不依和执法不严问题在现实中屡屡出现，对此问题，法学视角往往关注诸如规则是否制定得良好、执法主体是否受到严格监督和约束等问题，而在法律经济学看来，有法不依问题在很多时候并不意味着真没有法律可依，只不过这种法律可能是一种“民间法”，体现为民间社会在长期生活中形成的一种自发性惯例，同时，执法不严可能也不是执法主体的问题，而是意味着正式规则在运行中需要耗费大量的执法成本，现有的执法力量根本无法承担全部成本，这就导致了正式规则在现实中经常被“选择性适用”。

三、“向前看”而非“向后看”

通常认为，法学研究侧重于具体的个案问题，试图通过对先例的归纳、对法条的解释和推理来获得个案中的裁判结果，从而保证个案结果能够在大体上符合实体正义。与之不同，法律经济学不纠缠于具体的个案，而是在更大程度上将法律视为一个面向未来的激励体系，期望通过对法律条款、法律规则的合理设计、及时修改或者合理解释，保证制度影响下的不同个体均能够按照法律所期望的行为模式来调整彼此间的关系。在这个意义上，法律经济学是向前看的，它更关心法律制度作为一种潜在因素是如何影响个体行为的，如果说传统意义上的法学关心的是个案发生后的事后补救问题，那么，法律经济学更关心事前预防问题。

四、重视“效率”

法律价值有多种多样，自由、公平、正义、平等、秩序均是其中的重要组成部分，而在法律经济学看来，“效率”价值应该得到更大的尊重。当然，这并不意味着效率价值是绝对的，在任何情况下，其他法律价值都应该为效率服务和让路，而是表明，任何法律制度的设计和运行都需要考虑到可能带来的收益和成本，如果成本过高，哪怕这种制度看上去再公平和正义，我们在现实中也无法采纳它。比如，“婚内强奸”在性质上也是对于妇女性自由的一种侵害，但在现实中，婚内强奸却无法入刑，其背后的根本原因就在于，一旦国家将这种行为视为犯罪，司法机关就会耗费极其庞大的人力物力用来搜集证据，其付出的侦查成本将远远大于抓捕犯罪嫌疑人所可能带来的收益。这就表明，在设计、评价任何法律制度时，都需考虑制度一旦运行起来后要耗费的总体成本，一个成本远大于收益的制度将是一个无效的制度，正义的实现也远不是无价的。

第二节　法律经济学的研究工具

作为一门以经济学为指导的学科，法律经济学也具有与传统法学不同的研究工具。当然，介于法律经济学的研究对象是法律现象，这一点与经济学并不一致，这就导致了并非所有的经济学工具都同样适用于法律经济学领域，而是体现出一定的独特性。大体上，法律经济学的研究工具主要以如下几种为典型：

一、资源稀缺假设

法律经济学秉承了经济学的基本前提假设，认为人类资源大体上都存在着一定的稀缺性，不是取之不尽用之不竭的；相反，人类必须在资源禀赋、技术、偏好、制度等要素的约束下，综合考虑如何在相互冲突、竞争的不同目的和群体之间有效配置稀缺资源。同理，法律经济学也认为，法律资源（比如立法资源、执法资源、司法资源）也不是完全充裕的，国家和政府在作出和实施任何决策时，都必须要考虑有限的法律资源应该如何配置，以便于在现有状态下能够最大限度地实现目标，那种不顾法律资源稀缺现实的制度安排必然会导致国家的种种美好蓝图完全落空。

二、经济人假设

所谓的“经济人”，就是一种具有工具理性的人，是一个能够追求自身利益最大化的理性人，这种人能够确立理性的目标，并采用合理的工具和手段来实现目标。大体上，“经济人”的具体含义可以分为两个层面：一是自利动机假设。“自利”意味着人会不断追求自身福利和利益，并通过合理方式将自身利益最大化。二是理性假设。“理性”意味着一个人具有一定的认知能力、信息处理能力和计算能力，能够在绝大多数情况下有效评估、比较和修正自己所从事行为的利弊得失，从而作出在中立旁观者看来足够理性与合理的选择。

三、成本收益分析

如果资源是稀缺的，经济人又广泛存在，那么，在很多情况下，经济人显然需要进行必要的成本收益分析。成本收益分析是法律经济学最常用的一种研究方法，在现实中，政府可以运用此类方法来权衡、比较不同决策方案间的优劣，为政府决策提供具有可操作性的、客观的选择标准，同时也可以为识别、量化和修改某一法律法规提供系统性的分析框架。当然，成本收益分析方法看似简单，实则复杂，因为在现实中，诸如立法成本、司法成本、执法成本、守法成本及其相应的收益应该如何计算，往往存在着一定的争议和模糊之处，需要使用者首先明确法律成本的具体内涵、外延、适用领域和立足点等，并根据研究对象的不同采取灵活可操作的标准，重视分析过程的辩证性。

四、交易费用

法律经济学格外关注法律制度，而制度对人们的一个直接影响就是交易费用问题。所谓的“交易费用”，就是人们为了达成、维持交易而在沟通、交往、谈判、协商、监督、救济的过程中所需要支付的各种成本。比如，人们为了寻找交易对象需要花费一定的时间、金钱和注意力，为了获得交易对象的必要信息需要花费信息成本，为了达到自己的目的需要与交易对象讨价还价、保证交易对象不违约需要花费监督成本，交易对象一旦违约后为了获得救济需要花费救济成本，凡此种种，都是交易费用。交易费用类似于物理学中的摩擦力，经济学领域的大量研究表明，在一个交易费用为零的理想世界中，制度是不重要的，人们可以通过自主谈判和自由交易来保证资源得到最优化配置，但在交易费用不为零甚至交易费用巨大的现实世界中，包括法律制度在内的各种制度，一方面可以在很大程度上有效减少交易费用，促进人们交易的实现；另一方面也有可能人为增加交易费用，导致交易难以实现，最终导致经济迟滞发展。由此可见，交易费用理论构成了法律经济学的一大独特研究工具，它可以帮助决策者建立起必要的评估框架，从而有效改进现有制度的弊端。

五、方法论个人主义

这种研究方法是指，由于法律市场中的个人（比如立法者、执法者、司法者、守法者等）同一般市场中的个人（比如买方和卖方、生产者和消费者）存在着一定的相似性，均是自身利益最大化的最佳判断者和理性追求者，这就导致只有个人的选择、利益和目标才具有真实性。相应地，对于大规模法律现象的合理认识与有效研究，最终都应该还原到真实的个人身上，从个人的偏好、心理、动机、目的、选择和行为出发，来认识和研究整体现象，以小见大。比如，通常认为立法行为是典型的国家行为，以公共利益最大化为终极目标，然而，在法律经济学看来，立法者本身也是具有利益追求和效用函数的主体，他们会在尽可能的权限范围内追求立法预算最大化，大量立法而不顾社会的具体需要，以获得与自己相匹配的权力、声誉和资源，类似的分析也可以扩展到执法者、司法者和守法者身上，这就导致大量看似不可理解的整体法律现象，可以通过分析其中个体的方式而得到有效透视。

第三节　法律经济学的具体应用

显然，正是因为法律经济学具有上述特征和研究工具，使得它可以在很多领域和问题上大展身手，体现出独具特色的研究优势和理论视野。这里，我们选择了两个问题作为切入点，试图运用法律经济学的基本原理加以剖析，从中展示出法律经济学的独特魅力。

一、国家法与民间法

按照法理学的经典界定，法律是一种由国家制定或认可的、以权利和义务为内容、由国家强制力保证实施的行为规范。根据这种定义，那种完全由民间社会自发约定或者通过长期社会生活逐渐演化出来的规则，并不具有法律的地位。然而，大量现实表明，这种类型的民间规则（比如习俗、惯例）往往具有极强的生命力，历经时代变迁而岿然不动，甚至在某些情况下人们会优先适用这种“民间法”而有意规避“国家法”的存在。

在法律经济学看来，之所以会出现上述情形，在很大程度上与“法律市场”的运行状况有关。就像在一般市场中一样，在法律市场中也存在着供给方和需求方，或者说法律提供者和法律消费者。不过，不同于一般市场，法律市场中的产品（即法律）是一种公共物品（Public Goods），而非私人物品（Private Goods）。二者的区别在于：后者具有排他性和竞争性，且对供求关系的变化敏感（比如不花钱就吃不到面包，且有不同厂家生产面包，而当面包价格升高时，需求量就会减少，反之则增加）。相比之下，前者却具有“非排他性”和“非竞争性”：非排他性是指公共物品的供给者，无法排除掉不付费的消费者，换言之，公共物品的消费者数量具有很大伸缩性，不付费的消费者也可以像付费者一样享受到公共物品的好处；非竞争性则是指，公共物品并不像在一般市场中那样存在着多个相互竞争的供给者，而是具有明显的“寡头垄断”性质，即法律市场的法律提供者数量是极其有限的，并不具有一般市场中的那种完全竞争特征，数量庞大的法律消费者面对的是少量法律提供者。

这样一来，在法律市场中，一般市场里的供求关系敏感状况就不会出现了：一方面，由于法律产品具有非排他性，这就导致大量不付费者（比如偷税漏税者）或者少付费者（比如减税或者获得财政补贴者），也能和完全付费者一样几乎无差别地享受到法律产品的好处，导致上述两类人群均没有足够激励和动力来向法律提供者反馈自己的真实法律需求，或指出现有法律产品质量方面的缺陷。另一方面，由于得不到足够的、真实的法律消费者反馈，数量有限且寡头垄断的法律提供者（国家）也没有充分激励和动力来改进现有法律产品的质量，加之供给方也是法律经济学意义上的理性经济人，具有最大化自身福利的天然倾向，这就导致法律产品日益与需求方、消费者的真实偏好相背离，最终只能大体反映法律提供者自己的利益诉求和虚幻想法。

进而，一旦“国家法市场”出现了上述状况，作为一种回应和补救措施的“民间法市场”就会活跃起来。实际上，在民间法市场中，并不存在供给方与需求方、提供者与消费者之间的严格区分，相反，由于行为规则主要是通过自发约定或者潜移默化形成的，这就使得在一般市场或者国家法市场里看似对立的上述两种市场主体，在民间法市场中出现了明显的趋同，即民众既是民间法的提供者又是其消费者，供给方和需求方趋于一致。相应地，困扰国家法市场有效运转的非排他性和非竞争性难题，在民间法市场中也就不再存在了。于是，在国家法与民间法之间便存在着潜在的竞争关系：一方面，当国家法无法有效回应社会需求时，民众就会倾向选择民间法而非国家法作为行为规则，甚至在很多情况下明知民间法与国家法相抵触时，仍然会有意地规避后者的管辖。另一方面，民间法又不是万能的，它不像国家法那样具有强制力支撑，只能依靠当事人之间的自觉自愿、民间舆论的压力、道德谴责等形式而发生效力，而当这些“软约束力”皆无法奏效时，民众就会对“国家法”产生需求，期望通过国家法的强制力外观来保证自己目的的实现，此时，国家法就有效替代了民间法。

由此可见，国家法和民间法是两种极其重要的法律渊源，二者间既存在着一定的张力和冲突，又存在着功能互补的可能性。而为了有效克服国家法市场中时常出现的“法律市场失灵”，国家有必要在大力加强科学立法、民主立法、公开立法、立法调研、立法参与、立法听证，保证能够及时倾听、感受到法律消费者的真实需求和偏好的同时，还要对民间法市场的存在和运行给予足够的尊重，摒弃“国家法万能”的陈旧观念，让国家法与民间法各自发展，并在发展中矫治各自的弊病，这样才能够真正满足民众的法律需求。

二、公力救济与私力救济

人们的权利在遭到侵害时，大体上有两条途径可供选择：一是诉诸于国家机构

（比如公安机关、检察院和法院），通过报警、举报、诉讼等方式（即民间意义上的“报官”）来获得救济，此谓“公力救济”；二是通过当事人之间的谈判、协商、讨价还价等方式（即民间意义上的“私了”）来获得救济，此谓“私力救济”。

可以说，公力救济和私力救济是人类社会长期存在的两种纠纷解决方式。在古代社会，由于科技不发达，加之国家财力不足，国家能够承担的公共职能十分有限，这就导致一旦发生严重的刑事纠纷，诸如械斗、决斗、私刑、游街等私人惩罚方式盛行，国家在很多情况下无力干涉，只要这种方式能够在大体上保持社会稳定。而在现代社会中，随着科学技术的发展，加之国家可支配的财政资源不断增多，国家已经完全垄断了暴力行使权，原先散落在民间的私人惩罚权也被国家逐渐收回，私人惩罚被公共惩罚全面取代成为现代社会的一大重要特征，如今，在刑事领域，留给个人的私人惩罚权几乎只剩下正当防卫一项（且行使时需要受到多方面限制）。不过，在民事纠纷领域，人们在公力救济还是私力救济的选择问题上，却远非答案清晰，而是存在着复杂的成本收益分析。

大体上，选择公力救济意味着当事人需要通过诉讼方式来解决纠纷，因此公力救济的成本主要是诉讼成本，即当事人和法院在诉讼过程中需要耗费的人财物的总和。具体来说，又可以分为当事人的私人成本和法院的司法成本：其中，当事人的私人成本，主要包括经济成本（比如原告当事人需要向法院支付案件受理费、财产保全和执行方面的申请费、勘察鉴定公告等方面的费用，如聘请律师还要支付律师代理费）、时间成本（当事人会因打官司而耗费大量的工作休息时间）、人力成本（打官司有输有赢，结果不确定，当事人会因此耗费大量精力）、机会成本（选择诉讼方式解决意味着同时放弃了其他选择，但其他选择可能也有收益）、名誉成本（一旦决定打官司或者官司打输了，当事人会招致负面的社会评价）、错误成本（法院无法保证所有判决都符合实质正义，当事人需要承担错判风险）等等。法院的司法成本，主要包括法院在案件审理过程中需要耗费的设备材料（比如打印各类法律文书需要耗费一定的纸墨、通知当事人需要使用通信器材、裁判文书上网需要耗费网络资源等）、法官及司法辅助人员的薪金、法官办案过程中耗费的其他费用等等。显然，由此观之，公力救济固然具有最高程度的权威性和保障力，但这种救济方式也是成本高昂的——原本是当事人之间的私人纠纷，被人为地提交到了中立第三方的国家面前，再由国家耗费一定的资源来平息当事人之间的矛盾，而国家又是通过税收方式来弥补自己在此过程中的成本损失，于是，这就等价于其他与纠纷完全不相干的纳税人，需要为私人纠纷的解决来部分买单。

正是在这个意义上，私力救济显示出了其独特优势：法律经济学认为，如果一个人的行为同时还给其他人带来了成本或收益，就会产生“外部性问题”，其中，给他人带来收益属于“正外部性”，给他人增加成本属于“负外部性”。显然，从社会整体角度考虑，“负外部性”问题应该尽量避免，否则大量的社会资源就会被配置到非生产性活动中，最终无法实现社会总体福利的最大化。而通过私力救济方式来解决纠纷，就相当于排除了国家的介入，完全由当事人双方来分摊相关成本，此时私人成本大致等于社会成本，可以在最大限度内节约公共资源。同时，私力救济下的私人成本也不同于公力救济下的私人成本，因为在后者中，私人成本中的一部分被国家用来弥补自身的成本损失，实际上相当于当事人额外支付了一笔费用，而在前者中，由于国家并不介入其中，私人成本会大量降低，只包含当事人之间的协商、谈判成本，不但节约了宝贵的公共资源，更是减轻了当事人双方的成本支出。

当然，由于当事人双方间的信息不对称、机会主义等问题会始终存在，私力救济方式不可能在所有情况下都会奏效，仍然存在向公力救济方向转化的可能性。但重要之处在于，即使在公力救济中，为了尽可能减少前述的“负外部性问题”，国家仍然需要采取某些手段和措施来有效减少公共资源的支出，降低司法成本，现实中的“替代性纠纷解决机制”（比如仲裁和调解）就反映了这方面的考虑，具有法律经济学意义上的重要价值。

第二编　宪法行政法编

第三章　宪　法

第一节　宪法基础理论

一、宪法的概念和本质

（一）宪法的概念

“宪法”一词在古代就已存在，但其含义与近现代“宪法”含义不同。在中国，一些典籍中曾出现“宪”“宪令”“宪法”等词，其含义是法律、法度、刑法、颁布与实施法律。在英文中，“宪法”一词为“constitution”或“constitutional law”，来自拉丁文，其原意为规定、组织、构造等。1215年英王约翰颁布的《自由大宪章》中出现了近代意义上的宪法的萌芽，因其对王权进行了限制。近代意义的“宪法”在内涵上与早先的“宪法”有较大的区别。它强调“宪法”不仅仅是法的一种表现形式，而且在一国法律体系中居于最高的地位，是国家的根本法。我国学者普遍认为，宪法是反映一国政治力量对比关系、保障公民权利、规范国家权力的根本法。它具有如下特征：

1. 宪法的内容带有根本性。宪法的内容涉及国家的政治、经济、文化、社会、对外交往等各方面的重大原则性问题，涉及国家的根本制度。如《美国宪法》规定了国会、总统、最高法院、联邦与州的关系等内容；《法国宪法》规定了主权、总统、政府、国会、政府与国会的关系等内容。我国宪法规定了国家的指导思想、根本制度、根本任务、国家性质、政权组织形式、国家结构形式、公民的基本权利和义务、中央和地方国家机构的设置以及各国家机关之间的相互关系等。

2. 宪法具有最高的法律效力。在一国的法律体系中，宪法具有最高的法律效力。这种最高的法律效力体现在宪法是普通法律制定的依据和基础，与宪法抵触的法律及其他规范无效。我国宪法规定，宪法是具有最高的法律效力的，全国各族人民、一切国家机关和武装力量、各政党和各社会团体、各企业事业组织，都必须以宪法为根本的活动准则，并且负有维护宪法尊严、保证宪法实施的职责。一切法律、行政法规和地方性法规都不得同宪法相抵触。一切国家机关和武装力量、各政党和各社会团体、各企业事业组织都必须遵守宪法和法律。

3. 宪法的制定和修改程序比普通法律严格。正是由于宪法的根本法地位及其所规范的内容的重要性，各个国家都在制定和修改程序上作出了比普通法更为严格的规定。各个国家一般会规定宪法由特定的机关予以制定，在通过宪法修正案的程序上，要求比普通法更为多数的通过率，并且在修宪内容上也有限制。例如，《美国宪法》规定：举凡两院议员各以2/3的多数认为必要时，国会应提出对本宪法的修正案；或者，当现有诸州2/3的州议会提出请求时，国会应召集修宪大会，以上两种修正案，如经诸州3/4的州议会或3/4的州修宪大会批准时，即成为本宪法之一部分而发生全部效力……

4. 宪法的实施和保障制度较普通法律特殊。制定宪法的最终目的在于实施宪法，对现实中存在的种种违宪行为进行及时纠正，使宪法发挥政治共同体法律秩序基础的作用。世界范围内的违宪审查制度最早源于美国，由司法机关审查规范性文件的合宪性；法国有专门的宪法委员会负责违宪审查；德国设立宪法法院，有特别的组织和程序实行违宪审查；我国则由全国人大及其常委会负责监督宪法的实施，通过宪法、立法法和相关法规备案审查工作程序的规定，进一步完善我国的宪法监督制度。

（二）宪法的本质

宪法和其他法律一样，都是被上升为国家意志的统治阶级意志。但宪法在表现统治阶级意志的过程中却存在自身的特点，这就是宪法比其他法律更集中、更全面地表现了统治阶级的意志。

1. 宪法是民主制度化、法律化的基本形式。从宪法的政治内容来考察，宪法和民主政治不可分，宪法是民主政治的产物，民主是宪法的精髓。宪法确认了一国基本的民主制度和民主程序。当民主事实发生变化时，宪法的内容也相应地发生变化。世界上大多数国家的宪法都规定了“主权在民原则”。我国《宪法》第二条第一款明确规定：“中华人民共和国的一切权力属于人民。”

2. 宪法是各种政治力量对比关系的集中体现。首先，宪法是由在阶级斗争中取得胜利，掌握了国家政权的统治阶级以国家的名义制定的。其次，宪法具有很强的政治性，它反映的不仅是统治阶级在国家生活和社会生活中某一方面的利益和意志，而且是统治阶级在国家生活和社会生活中涉及各个领域和方面的整体意志和利益。最后，宪法随着阶级力量对比关系的变化而变化。表现在，当阶级力量对比关系发生根本性的变化时，宪法的阶级性质就会发生转变。当阶级力量对比关系总体不变，而具体的力量关系存在差异时，宪法的性质不发生转变，但具体内容随之变化。

二、宪法的分类

全面比较和归纳诸多宪法文件的共同点和不同点，可以根据不同的标准把它们划分为不同的种类。

（一）宪法的传统分类

1. 成文宪法与不成文宪法。以是否具有统一的法典形式将宪法分为成文宪法与不成文宪法。成文宪法是以统一宪法典形式表现出来的宪法，如1787年《美国宪法》。不成文宪法是没有统一的法典形式，而由带有宪法性质的各种宪法性文件、宪法惯例和宪法判例等组成的宪法，如英国宪法。

2. 刚性宪法和柔性宪法。根据宪法的效力和修改程序是否与普通法律相同，将宪法分为刚性宪法和柔性宪法。刚性宪法效力上高于普通法律，修改程序比普通法律严格。当今世界上大部分国家的宪法都属于刚性宪法。柔性宪法与普通法律在效力上相同，修改程序也无异，英国是典型的柔性宪法国家。

3. 钦定宪法、协定宪法和民定宪法。依据宪法制定的主体不同，可以将宪法分为钦定宪法、协定宪法和民定宪法。钦定宪法，是指由君主自上而下地制定并颁布实施的宪法，如1814年《法国宪法》。民定宪法是指由民选议会、制宪会议或公民投票表决等方式制定的宪法，现代绝大多数国家的宪法属于这种类型。协定宪法，是指由君主与人民或民选议会进行协商共同制定的宪法，如1830年《法国宪法》等。

（二）宪法的新分类

1. 原生宪法与派生宪法。这种分类是以宪法的内容是否具有原创性为标准进行划分的。原生宪法是指直接产生于本国的宪法运动或者说根植于本国的具体历史条件，其内容大多具有本土性和首创性的宪法，如1793年的法国国民公会制、1918年苏俄宪法和孙中山先生的五权宪法等。派生宪法是指从外国移植或模仿，其内容大多具有继承和借鉴性的宪法。

2. 纲领性宪法、确认性宪法与中立性宪法。这种分类是以宪法的作用和功能为标准所作出的分类。纲领性宪法是指宪法的内容中包括不少目前尚未实现或正在争取实现的部分。所谓确认性宪法，是指宪法的内容大多属于对已有成果予以确认，而少有涉及未来内容的宪法。所谓中立性宪法，是指只规定政府组织，而不规定意识形态、公民基本权利的宪法。

三、我国宪法的产生与发展

（一）我国宪法的制定

以1949年为界，中国的宪法发展可以分为“新”“旧”两个阶段。中华人民共和国宪法思想的产生可以追溯至20世纪30年代之后的新民主主义理论和实践的发展。这些理论和实践为后来中华人民共和国宪法的制定和发展奠定了基础。

1949年中华人民共和国成立之时，作为人民民主统一战线组织形式的中国人民政治协商会议第一届全体会议于1949年9月在北京召开。9月29日，会议通过了作为临时宪法的《中国人民政治协商会议共同纲领》（以下简称《共同纲领》）。在中华人民共和国成立之初发挥着临时宪法的作用，也为我国正式宪法的制定和实施积累了经验、创造了条件。在《共同纲领》实施后的几年内，我国社会生活发生了巨大变化，完成了土地改革，恢复了经济，实现了社会稳定。此时，国家已具备召开人民代表大会和制定宪法的条件。1954年9月20日，第一届全国人民代表大会第一次会议通过了《中华人民共和国宪法》，这是我国第一部社会主义宪法。1966年之后，1954年《宪法》完全被废弃，全国人民代表大会停止召开。1970年上半年，中共中央政治局就酝酿、筹备召开第四届全国人民代表大会，准备修改《宪法》。1975年1月17日第四届全国人民代表大会第一次会议对1954年《宪法》进行了全面修改，通过了1975年《宪法》。与1954年《宪法》相比，1975年《宪法》无论在内容上还是在形式上都是一次大倒退。1975年《宪法》制定一年后，我国政治生活发生了历史性转折。在这种情况下，第五届全国人民代表大会第一次会议于1978年3月5日对1975年《宪法》进行了全面修改，通过了1978年《宪法》。1978年《宪法》也没有完全摆脱极“左”思想的影响，仍然存在着许多问题，是一部很不完善的宪法。

1978年12月，党的十一届三中全会作出了把国家的工作重点由“以阶级斗争为纲”转移到社会主义现代化建设上来的战略决策。1981年6月，党的十一届六中全会全面总结了我国成立以来社会主义革命和建设的经验教训。1982年12月4日第五届全国人民代表大会第五次会议召开，会议以无记名投票方式通过了1982年《宪法》。1982年宪法是以1954年《宪法》为基础，总结了我国社会主义发展丰富经验，并吸取了世界宪法发展的合理经验，是1954年《宪法》的继承和发展。

（二）1982年《宪法》的修改

到目前为止，1982年《宪法》分别在1988年、1993年、1999年、2004年和2018年经过了五次修改，共计五十二条修正案。

1. 1988年的修改。1988年修宪的内容有：（1）《宪法》第十一条增加：国家允许私营经济在法律规定的范围内存在和发展。（2）《宪法》第十条第四款改为：土地的使用权可以依照法律的规定转让。通过修改，第一次在法律上明确承认了私有经济，并从法律上承认了土地使用权的商品化。

2. 1993年的修改。1993年3月29日，第八届全国人民代表大会第一次会议通过了《宪法修正案》第三条至第十一条，修改内容主要有：（1）确立了社会主义初级阶段理论和建设有中国特色社会主义理论的宪法地位。（2）将农村集体经济的内容确定为“农村中的家庭联产承包为主的责任制”。（3）将“国营经济”修改为“国有经济”。（4）宣布“国家实行社会主义市场经济”。（5）县级人民代表大会代表的任期由三年改为五年。

3. 1999年的修改。1999年的《宪法修正案》是由第九届全国人大第二次会议于1999年3月15日通过的。其主要内容有：（1）确立邓小平理论在国家中的指导思想地位。（2）确认“依法治国，建设社会主义法治国家”的基本方略。（3）指明“我国将长期处于社会主义初级阶段”，并规定“国家在社会主义初级阶段，坚持公有制为主体、多种所有制共同发展的基本经济制度，坚持按劳分配为主体、多种分配方式并存的分配制度”。（4）确认了“农村集体经济组织实行家庭承包经营为基础、统分结合的双层经营体制”和“法律规定范围内的个体经济、私营经济等非公有制经济，是社会主义市场经济的重要组成部分”。（5）将宪法第二十八条的“镇压叛国和其他反革命的活动”修改为“镇压叛国和其他危害国家安全的犯罪活动”。

4. 2004年的修改。2004年3月14日，第十届全国人民代表大会第二次会议通过了《宪法修正案》。这次宪法修改，主要涉及十三项内容：（1）确立“三个代表”重要思想在国家政治和社会生活中的指导地位。(2) 增加推动物质文明、政治文明和精神文明协调发展的内容。(3) 在统一战线的表述中增加社会主义事业的建设者。(4) 完善土地征用制度。《宪法》第十条第三款修改为：“国家为了公共利益的需要，可以依照法律规定对土地实行征收或者征用并给予补偿。”(5) 进一步明确国家对发展非公有制经济的方针。规定“国家鼓励、支持和引导非公有制经济的发展，并对非公有制经济依法实行监督和管理”。(6) 完善对私有财产保护的规定。《宪法》第十三条修改为：“公民的合法的私有财产不受侵犯。国家依照法律规定保护公民的私有财产权和继承权。国家为了公共利益的需要，可以依照法律规定对公民的私有财产实行征收或者征用并给予补偿。”(7) 增加建立健全社会保障制度的规定。(8) 增加尊重和保障人权的规定。(9) 完善全国人民代表大会组成的规定。(10) 关于紧急状态的规定。将“戒严”修改为“紧急状态”。(11) 关于国家主席职权的规定。规定“中华人民共和国主席代表中华人民共和国，进行国事活动，接受外国使节”。(12) 修改乡、镇政权任期的规定。把乡、镇人大的任期由三年改为五年。(13) 增加对国歌的规定。

5. 2018年的修改。2018年3月11日，第十三届全国人民代表大会第一次会议通过了宪法修改。这次宪法修改主要涉及以下内容：(1) 指导思想中增加科学发展观和习近平新时代中国特色社会主义思想。(2) 提出社会文明和生态文明建设，目标是“把我国建设成为富强民主文明和谐美丽的社会主义现代化强国，实现中华民族伟大复兴”。(3) 将“健全社会主义法制”改为“健全社会主义法治”。(4) 统一战线中增加了“致力于中华民族伟大复兴的爱国者”。(5) 在民族关系中，提出“平等团结互助和谐的社会主义民族关系已经确立，并将继续加强”。(6) 在外交政策中，提出“推动构建人类命运共同体”。(7) 将中国共产党的领导写入宪法正文，在第一条第二款后增写一句“中国共产党领导是中国特色社会主义最本质的特征”。(8) 增加倡导社会主义核心价值观的内容。(9) 规定国家工作人员就职时的宪法宣誓制度。(10) 将全国人民代表大会专门委员会中的法律委员会改为“宪法和法律委员会”。(11) 取消国家主席任期连续任职不得超过两届的限制规定。(12) 增加设区的市人民代表大会和它们的常务委员会制定地方性法规的权力。(13) 在国家机构体系中增加监察机关，并对有关国家机关的职权进行了相应的调整。

第二节　国家性质与国家形式

一、国家性质

(一) 国家性质的概念

国家性质又称国体，在宪法学上是指通过特定的宪法规范和宪法制度所反映的一国在政治、经济和文化方面的基本特征，它反映该国社会制度的根本属性。国家是特定社会的共同体，在这个共同体中，政治生活总是掌握在一定的社会集团手中，形成社会的统治集团或管理集团。由于构成统治集团的人不同，国家就具有了不同的性质。

宪法对社会各个阶级、阶层的权利和义务作出最基本的规定，它表明在国家中哪些阶级居于统治地位，哪些阶级属于同盟者，哪些阶级处于被统治地位。具体言之，决定一个国家的性质的因素主要有三个：（1）国家政权的阶级本质，这是决定国家性质的主要方面；（2）国家政权的经济基础，任何国家政权都建立在一定的经济基础之上，从根本上说都是由一定经济基础所决定的；（3）社会的精神文明，精神文明的内容决定着一个国家活动的方向，对国家政策的制定起着巨大的作用，对国家性质的确定有着很大的影响。

（二）我国的国家性质

我国现行宪法1982年《宪法》第一条是对我国国家的性质和政治属性的规定。"中华人民共和国是工人阶级领导的、以工农联盟为基础的人民民主专政的社会主义国家。社会主义制度是中华人民共和国的根本制度，禁止任何组织或者个人破坏社会主义制度。"马克思主义的国家学说，把国家从阶级属性的角度进行了分类。国家性质是指社会各阶级在国家中的地位，其中包含两个方面的内容：一是哪个阶级在国家中处于统治地位；二是统治阶级内部哪个阶级处于领导或主导地位。根据我国《宪法》的规定，我国实行社会主义制度，工人阶级是国家的领导阶级，工人农民联盟是建立国家政权的基础，人民民主专政是我国政权的阶级属性。

1. 中华人民共和国是人民民主专政的社会主义国家。人民民主专政在我国有其产生发展的历史，它是在我国长期革命斗争实践中形成的，符合我国的基本国情，它是把马克思主义无产阶级专政的理论和中国革命具体实践相结合的产物。我国的人民民主专政实质是无产阶级专政。以中国共产党领导的，包括全体社会主义劳动者、拥护社会主义的爱国者和拥护祖国统一的爱国者的统一战线，有了进一步的巩固和发展，并成为人民民主专政的主体。人民民主专政准确地表述出了这种现状。它表明我国政权具有广泛的群众基础和民主性质。

2. 对人民实行民主和对敌人实行专政，是人民民主专政的两个方面。民主和专政是对立统一的两个方面，民主是专政的前提和基础，专政是对民主的保障，两者互为条件，在一定条件下可以相互转化。

3. 我国人民民主专政的国家政权是以工人阶级为领导的，工人阶级（通过共产党）对国家的领导是人民民主专政的首要标志。工农联盟是人民民主专政的阶级基础。中国的工农联盟是在中国共产党领导下，在长期斗争中建立和巩固起来的，是人民民主专政和革命统一战线的基础，是取得革命和建设胜利的基本保证。人民民主专政作为无产阶级专政的重要特点在于人民民主专政有一个广泛的统一战线作为它的政治基础。

二、国家形式

国家作为统治阶级专政的工具，必须通过一定的形式表现出来。国家形式就是一国统治阶级实现国家权力的形式，包括国家政权组织形式和国家结构形式。任何阶级一旦控制国家局势，掌握国家统治权后，其首要任务就是建立一套纵横交错的国家权力运行机制，以保障和实现统治阶级的意志和利益。

（一）国家政权组织形式

国家政权组织形式是指特定的国家采取何种原则和方式去组织旨在治理社会、维护社会秩序的政权机关。组织政权机关，特别是组织中央政权机关的原则和方式，显示着特定国家的国家形式。国家性质和政权组织形式在任何国家都应该是统一的。国家性质主要揭示谁是国家的统治者，谁掌握国家的政权，即要明确治国的主体。政权组织形式主要解决统治者如何治理国家，采取什么原则和方式行使国家权力，从而确立国家机关的组织体系，实现统治阶级治理国家的目的和愿望。

现代各国的政权组织形式主要有两种：一是君主立宪制。在君主立宪制下，君主的权力不同程度地受宪法和议会的约束。二是共和制。国民享有统治权并选举代表或公职人员行使此项权力，即“共和政体”，采用这种政体的国家叫“共和国”。共和制是近现代立宪国家普遍采用的政体之一。共和政体下的政权组织形式可分为以下几种：一是总统制。在世界范围内，总统制有两种形式：以美国为代表的比较典型的总统制和以法国为代表的较为特殊的半总统制。总统由公民直接或间接选举产生，总统既是国家元首又是政府首脑或实际上是政府首脑。二是议会内阁制。在英国、日本、意大利等实行议会内阁制的国家，国家元首仅在形式上代表国家。议会由选举产生的议员组成，政府由议会中的多数党或政党联盟组成。政府（内阁）对议会负责，议会可以通过不信任案倒阁，政府也可依宪法程序解散议会，重新组织大选。三是中国等社会主义国家实行的人民代表大会制。

我国《宪法》第二条、第三条规定，中华人民共和国的一切权力属于人民。人民行使国家权力的机关是全国人民代表大会和地方各级人民代表大会。人民依照法律规定，通过各种途径和形式，管理国家事务，管理经济和文化事业，管理社会事务。全国人民代表大会和地方各级人民代表大会都由民主选举产生，对人民负责，受人民监督。国家行政机关、监察机关、审判机关、检察机关都由人民代表大会产生，对它负责，受它监督。可见，我国的政权组织形式是人民代表大会制。它的内容有以下几个方面：

1. 各级人民代表大会都由民主选举产生，对人民负责，受人民监督。民主选举是民主集中制的基础。选举权和被选举权是人民行使国家权力的重要标志，这有利于保证各级人大真正按照人民的意志、代表人民的利益行使国家权力。

2. 各级人大及其常委会按照民主集中制的原则办事。宪法规定了人大及其常委会的职权。按照宪法规定的民主集中制原则，各级人大及其常委会集体行使国家权力，集体决定问题。

3. 国家行政机关、监察机关、审判机关、检察机关都由人民代表大会产生，对它负责，向它报告，受它监督。人民代表大会统一行使国家权力，在这个前提下，明确划分国家的行政权、监察权、审判权、检察权。

4. 中央和地方国家机构职能的划分，遵循在中央统一领导下，充分发挥地方的主动性、积极性的原则。全国人大和地方各级人大各自按照法律规定的职权，分别审议决定全国的和地方的大政方针。全国人大及其常委会通过的立法和讨论决定的事情，地方必须遵照执行或保证执行，同时给地方以充分的自主权。

（二）国家结构形式

国家结构形式是指特定国家的统治阶级所采取的，按照一定原则来划分国家内部区域，调整国家整体和组成部分、中央和地方之间相互关系的国家外部总体形式。国家结构形式所要解决的问题，就是统治阶级对国家的领土如何划分，以及划分以后如何规范国家整体和组成部分、中央和地方之间权限的问题。各国采取的国家结构形式主要有以下两种：

1.单一制。单一制是指国家由若干普通行政单位或自治单位、特别行政区等组成，各组成单位都是国家不可分割的一部分的国家结构形式。目前世界上的单一制国家有法国、英国、意大利，国家规模普遍都不大。

单一制的主要特征有：（1）从权力划分关系上看，地方服从中央的统一管理，地方的权力来源于中央的授权，中央还享有对地方的全面监督权；（2）从形式上看，单一制国家全国只有一部统一的宪法，全国只有一套国家立法、司法和行政机关体系；（3）从对外关系上看，只有统一的国家才是国际法的主体，只有中央政府才享有外交权，公民具有统一的国籍。

2.复合制。复合制政体分为联邦制和邦联制。联邦制代表相对紧密的政体结构，联邦国家具有统一的中央宪法，中央政府代表国家主权，并一般掌握着国家的军事和外交权；而邦联制则较为松散，一般由条约联系在一起的成员国组成，也不具备统一的宪法，因此不能被称为国家。

联邦制的主要特征有：（1）从权力划分关系上看，联邦中央和成员单位的权限划分是宪法明确加以规定的。宪法关于权限划分的内容，往往是基于中央和成员单位的合意，不单独取决于联邦中央的意志，权力模式一经宪法确定具有较强稳定性，任何一方不得单方随意加以更改。（2）从形式上看，在联邦制国家既有联邦宪法，也可能有成员国宪法，存在联邦中央和成员单位两套立法、行政、司法系统，上下级政权机关之间不存在绝对的从属关系。（3）从对外关系上看，公民既有统一的联邦国籍，也可能有成员国国籍，联邦国家虽是统一的国际法主体，但有的联邦制国家允许成员国有一定的外交权。例如，苏联的部分加盟共和国甚至还在联合国拥有合法席位。

我国是单一制国家。《宪法》在序言中规定：“中华人民共和国是全国各族人民共同缔造的统一的多民族国家。”第三条第四款规定：“中央和地方的国家机构职权的划分，遵循在中央的统一领导下，充分发挥地方的主动性、积极性的原则。”这些规定都表明我国是单一制的国家。

我国采取单一制的国家结构形式是考虑了历史、民族、经济和国防等因素的。从我国民族成分和民族分布的情况来看，我国是以汉族为主体的多民族国家，汉族人口最多，占全国人口91.5%。我国少数民族在全国人口中所占比例不高，分布却很广，占国土面积的50%。各民族杂居的状况明显，一个民族完全集中在一个地方的情况较少。即形成了大杂居、小聚居局面，各族人民互相影响、融合。因此，我国不适合联邦制。从经济方面来看，我国有规模巨大的市场，但地方保护主义严重，因此，既要保证发挥地方的活力，又要增强国家的经济实力，就需要运用单一制的特点保证中央权威，同时赋予地方相应的经济事务权力。根据1982年《宪法》第三十条的规定，我国的行政区划为：全国分为省、自治区、直辖市；省、自治区分为自治州、县、自治县、市。县、自治县分为乡、民族乡、镇；直辖市和较大的市分为区、县；自治州分为县、自治县、市；《宪法》第三十一条还规定，国家在必要时得设立特别行政区。我国现行的行政区划基本上分为三级，即省（自治区、直辖市、特别行政区）、县（自治县、市）、乡（民族乡、镇），有自治州和市管县的地方就是四级。

第三节　国家基本制度

一、经济制度

经济制度是指人类历史发展到一定阶段的经济基础，即生产关系的总和。宪法学中的经济制度是一种法律化了的经济制度，它和经济基础是两个不同性质的概念，作为这样的一种制度，经济制度理应属于上层建筑的范畴。马克思主义认为，国家政权作为上层建筑的主要组成部分是由一定的经济基础决定，并为经济基础服务的。当政权赖以建立的经济基础或社会的主要生产关系被一种新的生产关系替代时，国家的性质必然会发生变化。国家的经济制度是对国家经济生活的法律化的描述和设定，而对经济基础的确认、保护和促进更是国家经济制度的主要目的所在。

（一）我国《宪法》中关于经济制度的规定

我国《宪法》第六条规定："中华人民共和国的社会主义经济制度的基础是生产资料的社会主义公有制，即全民所有制和劳动群众集体所有制。社会主义公有制消灭人剥削人的制度，实行各尽所能、按劳分配的原则。国家在社会主义初级阶段，坚持公有制为主体、多种所有制经济共同发展的基本经济制度，坚持按劳分配为主体、多种分配方式并存的分配制度。"第七条规定："国有经济，即社会主义全民所有制经济，是国民经济中的主导力量。国家保障国有经济的巩固和发展。"第八条规定："农村集体经济组织实行家庭承包经营为基础、统分结合的双层经营体制。农村中的生产、供销、信用、消费等各种形式的合作经济，是社会主义劳动群众集体所有制经济。参加农村集体经济组织的劳动者，有权在法律规定的范围内经营自留地、自留山、家庭副业和饲养自留畜。城镇中的手工业、工业、建筑业、运输业、商业、服务业等行业的各种形式的合作经济，都是社会主义劳动群众集体所有制经济。国家保护城乡集体经济组织的合法的权利和利益，鼓励、指导和帮助集体经济的发展。"第十一条规定："在法律规定范围内的个体经济、私营经济等非公有制经济，是社会主义市场经济的重要组成部分。国家保护个体经济、私营经济等非公有制经济的合法的权利和利益。国家鼓励、支持和引导非公有制经济的发展，并对非公有制经济依法实行监督和管理。”

（二）我国基本经济制度的内容

1. 生产资料所有制。现行宪法确立了以社会主义公有制为主体的多种所有制并存的所有制结构。我国是社会主义国家，社会主义制度是我国的根本制度。社会主义公有制，包括全民所有制和劳动群众集体所有制，是我国社会主义经济制度的基础，从而确立了生产资料的社会主义公有制在经济制度的所有制结构中的主体地位。在经济体制改革过程中，人们对非公有制经济的认识逐步深化，宪法有关内容的变化也真切反映了这一点。在法律规定范围内的个体经济、私营经济等非公有制经济是社会主义市场经济的重要组成部分。国家保护个体经济、私营经济等非公有制经济的合法的权利和利益。国家鼓励、支持和引导非公有制经济的发展，并对非公有制经济实行监督和管理。

2. 社会主义初级阶段按劳分配为主体、多种分配方式并存的分配制度，是建立在公有制为主体、多种所有制经济共同发展基础之上的，并与社会主义市场经济有机结合在一起，概括地说，就是“把按劳分配和按生产要素分配结合起来”。在我国现阶段，按劳分配是社会占主导地位的分配方式，但不是唯一的分配方式，还有其他分配方式，并且具有多种特点。其他分配方式，也就是按生产要素分配方式，包括：按资分配、按经营权分配和按劳动力价值分配等。

3. 社会主义市场经济体制。1993年通过的《宪法修正案》第七条对《宪法》第十五条作出修改，在我国宪法中正式确立社会主义市场经济体制。我国的经济体制具有社会主义属性，是社会主义制度与市场经济相结合而形成的。它认识到计划和市场同样可以调节经济，以市场作为资源配置的主要方式。我们在建设社会主义市场经济时，要完善法律体系，健全宏观调控，促进经济结构的优化，引导经济持续、快速、健康、和谐发展。

二、政治制度

（一）政治制度的概念

政治制度是指在特定的社会中，统治阶级通过组织政权以实现其政治统治的原则和规则的总和。它由一系列规范政治主体活动的准则、体制、惯例等因素构成。宪法作为上层建筑的重要组成部分，除了对经济制度发生作用外，对上层建筑的其他部分也有重要作用，确认和维护国家的政治制度是最突出的表现。

在我国，以宪法规定为基础建立的人民代表大会制度、中国共产党领导的多党合作和政治协商制度等构成了我国政治制度的核心内容和基本框架，集中体现了我国社会主义民主政治制度的特色。

（二）中国共产党领导的多党合作和政治协商制度

中国共产党坚持从中国国情出发，既没有照搬照抄西方国家的两党制和多党制，也没有选择一些国家的一党制，而是与各民主党派和无党派人士一起，创立和发展了中国共产党领导的多党合作和政治协商制度这一新型政党制度。中国的民主党派包括中国国民党革命委员会、中国民主同盟、中国民主建国会、中国民主促进会、中国农工民主党、中国致公党、九三学社、台湾民主自治同盟。中华人民共和国建立后，中国共产党坚持实行同各民主党派长期合作的方针，积极吸收各民主党派的代表人物担任中央和地方各级人民政府的领导职务，同各民主党派就国家政治生活和统一战线中的重大问题进行政治协商。

三、文化制度

文化制度是宪法中不可或缺的内容，我国宪法中的文化制度包括以下三个方面：

1. 指导思想的确立。我国《宪法》通过序言确立了意识形态上的指导思想，即马克思列宁主义、毛泽东思想、邓小平理论、“三个代表”重要思想、科学发展观、习近平新时代中国特色社会主义思想。这是发展社会主义市场经济，发展社会主义民主，健全社会主义法治，推动物质文明、政治文明、精神文明、社会文明、生态文明协调发展的基础。

2. 加强思想道德建设。我国《宪法》规定，国家通过普及理想教育、道德教育、文化教育、纪律和法制教育，通过在城乡不同范围的群众中制定和执行各种守则、公约，加强社会主义精神文明的建设。国家倡导社会主义核心价值观，提倡爱祖国、爱人民、爱劳动、爱科学、爱社会主义的公德，在人民中进行爱国主义、集体主义和国际主义、共产主义的教育，进行辩证唯物主义和历史唯物主义的教育，反对资本主义的、封建主义的和其他的腐朽思想。

3. 发展科学文化体育事业。科学文化体育建设对于提高民族素质、提高社会文明程度、促进经济发展和社会全面进步具有重要作用。我国《宪法》在总纲中规定，国家发展自然科学和社会科学事业，普及科学和技术知识，奖励科学研究成果和技术发明创造。国家发展医疗卫生事业，鼓励和支持农村集体经济组织、国家企业事业组织和街道组织举办各种医疗卫生设施，开展群众性的卫生活动，保护人民健康。国家发展体育事业，开展群众性的体育活动，增强人民体质。国家发展为人民服务、为社会主义服务的文学艺术事业、新闻广播电视事业、出版发行事业、图书馆博物馆文化馆和其他文化事业，开展群众性的文化活动。

第四节 公民的基本权利与义务

一、公民基本权利的一般原理

（一）公民基本权利的概念

有关“宪法权利”，在各国宪法学上有不同的用语。一般而言，英美学者倾向将之称为“人权”，而德国宪法学者则习惯“基本权利”或“基本权”的称呼。至于我国宪法学者，大多均根据现行宪法上的用语，称之为“公民的基本权利”。公民基本权利是指由宪法规定的公民享有的必不可少的权益，是公民实施某种行为的可能性。从构成上看，公民基本权利也可以理解为权利主体的一种利益、主张、资格、能力或自由。作为一类权利，公民基本权利的权利主体是具有一国国籍的公民，义务主体是国家。各个国家的宪法都会规定公民的基本权利，但称谓可能会有不同。另外，有些国家会在宪法中同时规定公民的基本义务，与公民的基本权利放在宪法的同一章，用来反映公民与国家的关系。在公民的基本权利与义务中，基本权利始终是宪法的核心内容，也是宪法制定的主要目的之一。

公民基本权利的特征是：(1) 公民的基本权利是一国法律中权利体系的基础。一国在各个法律中所确认和规定的权利形成了一个由不同层次权利组成的体系，这个体系的基础就是宪法中的公民基本权利。即这个权利体系是建立在公民基本权利的基础之上的。其他权利来源于基本权利，它们或是基本权利的具体化，或是对基本权利的补充。(2) 公民的基本权利是由宪法来进行确认的权利。宪法权利往往是为实在的宪法所确认的权利。而实在的宪法“确认”这些权利的技术，就是通过宪法规范对这些权利的内容加以表述和规定，并加以实施和保障。由此也容易产生一种假象，似乎宪法权利直接渊源于实在的宪法规范本身，没有宪法的规定，就没有宪法中公民的基本权利。然而，基本权利是人作为构成社会整体的自律的个人，为确保其自身的生存和发展、维护其作为人的尊严而享有的并在人类社会历史过程中不断形成和发展的权利。公民的基本权利不是宪法赋予的，而是人本身所固有的，同时又多为宪法所认可和保障。(3) 公民的基本权利是一种具有普遍性的权利。公民的基本权利是一国公民所普遍享有的权利，也就是说，它是一国所有正常公民都享有的权利，那些个别人或某些群体享有的权利不是公民的基本权利。

(二) 公民基本权利的分类

不同国家宪法中的权利服从于不同的价值信仰，是特定价值观的宪法化。依据一定的标准，可以对基本权利作出分类，当然标准不同，分类结果也不同，其中自由权和社会权的划分是传统宪法学中被讨论较多的分类方法。

根据国家履行义务的形式，可以将基本权利分为自由权和社会权。所谓自由权，是指免于国家权力干涉与强制而放任自由意志与行为来实现的基本权利类型，如人身自由、言论自由、财产权等。自由权作为西方宪法早期确认和保障的传统性权利有着悠久的历史。所谓社会权，是指依赖于国家权力的积极作为和帮助才能得以实现的基本权利，如受教育权、劳动权、环境权等。早期公民基本权利以个人主义和自由主义为理论基础，以保护个人尊严为核心，是抵制政府侵犯的个人权利，并辅以司法审查公权力的合宪性促成这类权利的实现。随着社会的发展，国家理念由消极国家观转变为积极国家观，公民基本权利体系也出现了相应变化。基本权利不仅包括不受政府侵犯的消极权利，还包括要求国家采取行动的积极权利。随着市民社会与政治国家对立的日益尖锐和市场万能神话的破灭，社会公平、社会利益问题显得日益重要，强调国家对于社会秩序与社会发展的义务与责任正合时宜，因此，主张国家保护义务的社会性权利的法律理论与立宪实践应运而生。

二、我国公民的基本权利与义务

（一）我国公民的基本权利

根据我国《宪法》的规定，我国公民的基本权利有以下几个方面：

1. 平等权

平等权是指公民平等地享有权利，不受不合理的差别对待，要求国家同等保护的权利。平等权包括两方面的含义：一是法律面前人人平等；二是禁止不合理的差别对待。我国《宪法》第三十三条第二款规定："中华人民共和国公民在法律面前一律平等。"根据《宪法》这一规定，在我国，任何公民不分民族、种族、性别、职业、家庭出身、宗教信仰、教育程度、财产状况、居住期限等，都一律平等地享有宪法和法律规定的权利，也平等地履行宪法和法律规定的义务；任何人的合法权利都一律平等地受到保护，对违法行为一律依法予以追究，绝不允许任何违法犯罪分子逍遥法外；不允许任何公民享有法外特权，也不强制公民承担法律以外的义务以及接受法律以外的处罚。另外，宪法并不禁止一切差别对待，宪法禁止的是不合理的差别对待，但允许合理的差别对待。如对选举权年龄的限制就属于合理的差别对待。

2. 政治权利

政治权利是指公民参与国家政治生活的权利和自由。它在我国主要体现为选举权与被选举权和言论自由权。选举权是指选民依法选举代议机关代表和特定国家机关公职人员的权利，被选举权则是指选民依法被选举为代议机关代表和特定国家机关公职人员的权利。我国《宪法》第三十四条规定："中华人民共和国年满十八周岁的公民，不分民族、种族、性别、职业、家庭出身、宗教信仰、教育程度、财产状况、居住期限，都有选举权和被选举权；但是依照法律被剥夺政治权利的人除外。"

言论自由是指公民有权通过各种语言形式，针对政治和社会中的各种问题表达其思想和见解的自由。由于言论是公民表达意愿、相互交流思想、传播信息的必要手段和基本工具，也是形成人民意志的基础，因此言论自由在公民的各项政治自由中居于首要地位。我国《宪法》第三十五条规定："中华人民共和国公民有言论、出版、集会、结社、游行、示威的自由。"可见，我国《宪法》规定的言论自由的表现形式是多样的，出版、集会、结社、游行、示威的自由都属于广义的言论自由的内容，都是表达自由的组成部分。

3. 精神文化权利

精神文化权利是与人的精神作用或精神活动相关联的所有的自由权利的总称，它与人身自由、经济自由一起构成了近代宪法权利体系的核心部分。在我国宪法权利体系中，包括宗教信仰的自由和文化活动的自由。

宗教信仰自由是指公民依据内心的信念，自愿地信仰宗教的自由。其含义包括：公民有信教或者不信教的自由，有信仰这种宗教或者那种宗教的自由，有信仰同宗教中的这个教派或那个教派的自由，有过去信教现在不信教或者过去不信教而现在信教的自由。我国《宪法》第三十六条规定:“中华人民共和国公民有宗教信仰自由。任何国家机关、社会团体和个人不得强制公民信仰宗教或者不信仰宗教,不得歧视信仰宗教的公民和不信仰宗教的公民。国家保护正常的宗教活动。任何人不得利用宗教进行破坏社会秩序、损害公民身体健康、妨碍国家教育制度的活动。宗教团体和宗教事务不受外国势力的支配。”

我国《宪法》第四十七条规定:“中华人民共和国公民有进行科学研究、文学艺术创作和其他文化活动的自由。国家对于从事教育、科学、技术、文学、艺术和其他文化事业的公民的有益于人民的创造性工作,给以鼓励和帮助。”根据此规定,我国公民从事科学研究的权利受宪法和法律保护,公民根据宪法的规定有权自由从事文艺创作活动并发表成果。除上述科学研究和文艺创作之外的活动,属于“进行其他文化活动”范围的,宪法也同样给予保护。

4. 人身自由与人格尊严

人身自由主要指公民的身体不受非法侵犯以及与此相关联的人格尊严、住宅不受侵犯,通信自由和通信秘密等与公民个人生活有关的权利和自由。

人身自由不受侵犯,是指公民享有不受任何非法搜查、拘禁、逮捕、剥夺、限制的权利。我国《宪法》第三十七条规定:“中华人民共和国公民的人身自由不受侵犯。任何公民,非经人民检察院批准或者决定或者人民法院决定,并由公安机关执行,不受逮捕。禁止非法拘禁和以其他方法非法剥夺或者限制公民的人身自由,禁止非法搜查公民的身体。”

人格尊严是指公民作为平等的人的资格和权利应该受到国家的承认和尊重,包括公民的名誉、姓名、肖像等不容侵犯。我国《宪法》第三十八条规定:“中华人民共和国公民的人格尊严不受侵犯。禁止用任何方法对公民进行侮辱、诽谤和诬告陷害。”

我国《宪法》第三十九条规定:“中华人民共和国公民的住宅不受侵犯。禁止非法搜查或者非法侵入公民的住宅。”住宅权是对公民私人生活空间的保护,包括任何公民的住宅不得非法侵入,任何公民的住宅不得随意搜查,任何公民的住宅不得随意查封。这里的“住宅”既包括固定居住的住宅,也包括宿舍、宾馆等临时性的住所。根据宪法对住宅的保护,《中华人民共和国治安管理处罚法》第八十七条规定:“公安机关对与违反治安管理行为有关的场所、物品、人身可以进行检查。检查时,人民警察不得少于二人,并应当出示工作证件和县级以上人民政府公安机关开具的检查证明文件。对确有必要立即进行检查的,人民警察经出示工作证件,可以当场检查,但检查公民住所应当出示县级以上人民政府公安机关开具的检查证明文件。”

通信自由是指公民与其他主体之间传递消息和信息不受国家非法限制的自由。通信秘密是指公民的通信不被隐匿、毁弃、拆阅或窃听。我国《宪法》第四十条规定:“中华人民共和国公民的通信自由和通信秘密受法律的保护。除因国家安全或者追查刑事犯罪的需要,由公安机关或者检察机关依照法律规定的程序对通信进行检查外，任何组织或者个人不得以任何理由侵犯公民的通信自由和通信秘密。”可见，该项权利也受到限制，当维护国家安全与公共利益需要时，可以限制此项权利。

5. 社会经济权利

社会经济权利是指宪法所保障的有关经济活动或经济利益的权利，是公民实现其他权利的物质上的保障。在我国宪法中，表现为财产权、劳动权、休息权和物质帮助权。

公民的财产权是指公民个人对通过劳动或其他合法方式取得的财产，享有占有、使用、收益、处分的权利。我国2004年《宪法修正案》第二十二条规定：“公民的合法的私有财产不受侵犯。”“国家依照法律规定保护公民的私有财产权和继承权。”“国家为了公共利益的需要，可以依照法律规定对公民的私有财产实行征收或者征用并给予补偿。”修正后的《宪法》对公民财产权的保护相对于以前的宪法规定显得更为合理和完善。其扩大了公民财产权的保护范围，建立了对私有财产征收和征用的补偿制度。

劳动权是指一切有劳动能力的公民有劳动和取得劳动报酬的权利。劳动权是公民赖以生存的基础，是行使其他权利的物质前提。我国《宪法》第四十二条规定：“中华人民共和国公民有劳动的权利和义务。国家通过各种途径，创造劳动就业条件，加强劳动保护，改善劳动条件，并在发展生产的基础上，提高劳动报酬和福利待遇。”

休息权是指劳动者在付出一定的劳动以后消除疲劳、恢复劳动能力的权利，是劳动权存在和发展的基础。我国《宪法》第四十三条规定：“中华人民共和国劳动者有休息的权利。国家发展劳动者休息和休养的设施，规定职工的工作时间和休假制度。”

物质帮助权是公民在年老、疾病或者丧失劳动能力的情况下，有从国家和社会获得物质帮助的权利。我国积极发展为公民享受这些权利所需要的社会保险、社会救济和医疗卫生事业。国家建立健全同经济发展水平相适应的社会保障制度。

6. 监督权与请求权

我国《宪法》第四十一条是监督权与请求权条款。根据该条规定，我国公民对于任何国家机关和国家工作人员，有提出批评和建议的权利；对于任何国家机关和国家工作人员的违法失职行为，有向有关国家机关提出申诉、控告或者检举的权利。因国家机关和国家工作人员侵犯公民权利而受到损失的人，有依照法律规定取得赔偿的权利。同时，该项权利也存在一定限制，即不得捏造或者歪曲事实进行诬告陷害。国家对于公民的申诉、控告或者检举，应该查清事实，任何人不得压制和打击报复。

（二）我国公民的基本义务

基本义务是依照宪法规定，个人对国家应当履行的义务，与基本权利、国家权力相对应。其本质上是公民在国家政治生活、经济生活、文化教育生活和社会生活中对自己的约束和对国家的付出。根据我国《宪法》的规定，我国公民的基本义务包括以下内容：维护国家统一与民族团结的义务，遵守宪法和法律的义务，维护祖国安全、荣誉和利益的义务，依法服兵役的义务，依法纳税的义务，劳动的义务，受教育的义务，计划生育的义务，父母抚养教育未成年子女的义务，成年子女赡养扶助父母的义务等。

第五节 国家机构

一、国家机构的概念

国家机构是国家为行使国家权力、实现国家职能而建立的国家机关的总称。国家机构和国家机关是两个不同的概念。通常来说，一个国家有许多国家机关，如立法机关、行政机关、审判机关、军事机关等。国家机构是行使公共权力的国家机关的总和。国家机构是一个有系统的组织，是统治者为实现国家职能而组建的完整的组织体系。

国家机构具有以下几个方面的特征：(1) 国家机构与国家性质相适应。国家机构的性质取决于国家的性质，因国家机构的最终目的是实现国家统治，因此国家机构也具有鲜明的阶级性。(2) 国家机构是一个组织体系。国家机构是统治者为实现国家职能而建立起来的国家机关的总和，横向上包括国家权力机关或立法机关、行政机关、司法机关等，纵向上包括中央和地方的国家机关。不同的国家机关之间存在着联系，共同组成一个有机的组织体。(3) 国家机构具有公共性。国家机构的目的是提供公共服务、行使国家权力、管理国家事务和社会事务、实现公共利益，因此它不同于普通的企业事业单位和其他社会组织。

二、我国的国家机构

我国现有的国家机构包括全国人民代表大会及其常务委员会、中华人民共和国主席、国务院、中央军事委员会、地方各级人民代表大会和地方各级人民政府、监察委员会、人民法院和人民检察院。

（一）全国人民代表大会及其常务委员会

1. 全国人民代表大会

全国人民代表大会是我国的最高国家权力机关。全国人民代表大会由省、自治区、直辖市、特别行政区和军队选出的代表组成，任期五年。全国人民代表大会会议每年举行一次，由全国人民代表大会常务委员会召集。如果全国人民代表大会常务委员会认为必要，或者有五分之一以上的全国人民代表大会代表提议，可以临时召集全国人民代表大会会议。全国人民代表大会主要行使以下职权：修改宪法；监督宪法的实施；制定和修改法律；选举和罢免中华人民共和国主席、副主席、中央军事委员会主席、国家监察委员会主任、最高人民法院院长、最高人民检察院检察长；决定国务院总理、副总理、国务委员等人选；审查和批准国民经济和社会发展计划和计划执行情况的报告；审查和批准国家的预算和预算执行情况的报告；决定战争和和平的问题等。

2. 全国人民代表大会常务委员会

全国人民代表大会常务委员会是全国人大的常设机关，对全国人大负责并报告工作。全国人大常委会由委员长、副委员长、秘书长、委员组成。每届任期同全国人民代表大会每届任期相同，委员长、副委员长连续任职不得超过两届。同时，全国人民代表大会常务委员会的组成人员不得担任国家行政机关、监察机关、审判机关和检察机关的职务。其职权主要有以下几个方面：解释宪法，监督宪法的实施；制定和修改除应当由全国人民代表大会制定的法律以外的其他法律；解释法律；在全国人民代表大会闭会期间，行使部分全国人大的职权；监督国务院、中央军事委员会、国家监察委员会、最高人民法院和最高人民检察院的工作；决定驻外全权代表的任免；决定同外国缔结的条约和重要协定的批准和废除；决定特赦；决定全国总动员或者局部动员；决定全国或者个别省、自治区、直辖市进入紧急状态等。

（二）中华人民共和国主席

中华人民共和国主席、副主席由全国人民代表大会选举。在我国，有选举权和被选举权的年满四十五周岁的中华人民共和国公民可以被选为国家主席和副主席。国家主席的职权包括：根据全国人大及常委会的决定，公布法律；任免国家主要领导；授予国家的勋章和荣誉称号；发布特赦令；宣布进入紧急状态；宣布战争状态；发布动员令等。此外，国家主席还代表中华人民共和国，进行国事活动，接受外国使节；根据全国人民代表大会常务委员会的决定，派遣和召回驻外全权代表，批准和废除同外国缔结的条约和重要协定。

（三）国务院

1. 国务院

中华人民共和国国务院，即中央人民政府，是最高国家权力机关的执行机关，是最高国家行政机关。国务院对全国人民代表大会负责并报告工作，在全国人民代表大会闭会期间，对全国人民代表大会常务委员会负责并报告工作。国务院由总理、副总理若干人、国务委员若干人、各部部长、各委员会主任、审计长、秘书长组成。国务院总理由国家主席提名，全国人民代表大会决定，并由国家主席任免。国务院副总理、国务委员、各部部长、各委员会主任、审计长、秘书长的人选，由国务院总理提名，全国人民代表大会决定，国家主席任免。国务院每届任期同全国人民代表大会每届任期相同。总理、副总理、国务委员连续任职不得超过两届。国务院实行总理负责制。各部、各委员会实行部长、主任负责制。国务院的主要职权包括以下几个方面：根据宪法和法律，规定行政措施，制定行政法规，发布决定和命令，行政法规一般称“条例”“规定”“办法”等；向全国人民代表大会或者全国人民代表大会常务委员会提出议案；统一领导全国地方各级国家行政机关的工作；编制和执行国民经济和社会发展计划和国家预算；领导和管理经济工作和城乡建设、生态文明建设；领导和管理教育、科学、文化、卫生、体育和计划生育工作；领导和管理民政、公安、司法行政等工作；管理对外事务，同外国缔结条约和协定；领导和管理国防建设事业等。

2. 国务院的机构

为了领导全国的行政管理工作，国务院根据需要设置了以下机构：国务院办公厅；国务院组成部门，包括各部、各委员会、中国人民银行和审计署；国务院直属特设机构；国务院直属机构；国务院办事机构；国务院直属事业单位；国务院部委管理的国家局。国务院各部部长、各委员会主任负责本部门的工作，召集和主持部务会议或者委员会会议、委务会议，讨论决定本部门工作的重大问题。各部、各委员会根据法律和国务院的行政法规、决定、命令，在本部门的权限内，发布命令、指示和规章。

（四）中央军事委员会

《宪法》第九十三条规定："中华人民共和国中央军事委员会领导全国武装力量。"我国的中央军事委员会是国家最高军事指挥机关，领导全国武装力量。与其他中央国家机关一样，中央军事委员会主席对全国人民代表大会和全国人民代表大会常务委员会负责。中央军事委员会由主席、副主席若干人、委员若干人组成。中央军事委员会实行主席负责制。中央军事委员会每届任期同全国人民代表大会每届任期相同。中央军事委员会的职权主要包括以下几个方面：统一指挥全国武装力量；决定军事战略和武装力量的作战方针；领导和管理中国人民解放军的建设，制定规划、计划并组织实施；向全国人民代表大会或者全国人民代表大会常务委员会提出议案；根据宪法和法律，制定军事法规，发布决定和命令；决定中国人民解放军的体制和编制，规定总部以及军区、军兵种和其他军区级单位的任务和职责等。

（五）地方各级人民代表大会和地方各级人民政府

从纵向权力配置来看，我国建立了地方各级人民代表大会和地方各级人民政府。《宪法》第九十五条规定："省、直辖市、县、市、市辖区、乡、民族乡、镇设立人民代表大会和人民政府"，它们构成了我国的地方国家机构，属于我国国家机构体系的组成部分。

1. 地方各级人民代表大会

地方各级人民代表大会是地方国家权力机关。省、直辖市、设区的市的人民代表大会代表由下一级的人民代表大会选举；县、不设区的市、市辖区、乡、民族乡、镇的人民代表大会代表由选民直接选举。同时，县级以上的地方各级人民代表大会设立常务委员会，由主任、副主任若干人和委员若干人组成，对本级人民代表大会负责并报告工作。常务委员会的组成人员不得担任国家行政机关、监察机关、审判机关和检察机关的职务。在任期方面，地方各级人民代表大会每届任期五年。

地方各级人民代表大会的职权包括：在本行政区域内，保证宪法、法律、行政法规的遵守和执行；依照法律规定的权限，通过和发布决议，审查和决定地方的经济建设、文化建设和公共事业建设的计划；县级以上的地方各级人民代表大会审查和批准本行政区域内的国民经济和社会发展计划、预算以及它们的执行情况的报告；有权改变或者撤销本级人民代表大会常务委员会不适当的决定。此外，在

2018年《宪法修正案》中，地方立法权获得了宪法的确认。宪法规定，省、直辖市、设区的市的人民代表大会和它们的常务委员会，在不同宪法、法律、行政法规相抵触的前提下，可以制定地方性法规。

2. 地方各级人民政府

地方各级人民政府是地方各级国家权力机关的执行机关，是地方各级国家行政机关。地方各级政府一方面对本级人民代表大会及其常务委员会负责并报告工作，另一方面作为地方国家行政机关，对上一级国家行政机关负责并报告工作，并接受和服从国务院的统一领导。在组成上，省、自治区、直辖市、自治州、设区的市的人民政府分别由省长、副省长，自治区主席、副主席，市长、副市长，州长、副州长和秘书长、厅长、局长、委员会主任等组成；县、自治县、不设区的市、市辖区的人民政府分别由县长、副县长，市长、副市长，区长、副区长和局长等组成；乡、民族乡的人民政府由乡长、副乡长组成；镇人民政府设镇长、副镇长。地方各级人民政府实行省长、市长、县长、区长、乡长、镇长负责制。地方各级人民政府每届任期同本级人民代表大会每届任期相同。

地方各级政府的职权主要包括：管理本行政区域内的经济、教育、科学、文化、卫生、体育事业、城乡建设事业和财政、民政、公安、民族事务、司法行政、计划生育等行政工作，发布决定和命令，任免、培训、考核和奖惩行政工作人员。

（六）监察委员会

2018年3月20日，在十三届人大一次会议上通过了《中华人民共和国监察法》（以下简称《监察法》）。在制定监察法之前，我国对于国家机关工作人员的监督方式主要有政府内部的行政监察和审计，政府外部的人大监督、司法监督、舆论监督等监督形式，检察院有专门的反贪污、反渎职、预防职务犯罪等力量。但这些反腐败资源力量过于分散，很难发挥作用。进行国家监察体制改革，建立国家监察委员会，可以整合反腐败资源力量，形成集中统一、权威高效的反腐败体制，有利于形成严密的法治监督体系，从而实现全面推进依法治国的目标。

1. 监察机关及职权。《宪法》第一百二十三条规定："中华人民共和国各级监察委员会是国家的监察机关。"根据该条规定，我国的监察机关包括国家监察委员会和省、自治区、直辖市、自治州、县、自治县、市、市辖区的地方各级监察委员会。监察委员会的职权包括以下几个方面：对公职人员开展廉政教育，对其依法履职、秉公用权、廉洁从政从业以及道德操守情况进行监督检查；对涉嫌贪污贿赂、滥用职权、玩忽职守、权力寻租、利益输送、徇私舞弊以及浪费国家资财等职务违法和职务犯罪进行调查；对违法的公职人员依法作出政务处分决定；对履行职责不力、失职失责的领导人员进行问责；对涉嫌职务犯罪的，将调查结果移送人民检察院依法审查、提起公诉；向监察对象所在单位提出监察建议。

2. 监察范围。根据《监察法》的规定，下列公职人员和有关人员是监察机关的监察范围：中国共产党机关、人民代表大会及其常务委员会机关、人民政府、监察委员会、人民法院、人民检察院、中国人民政治协商会议各级委员会机关、民主党派机关和工商业联合会机关的公务员，以及参照《中华人民共和国公务员法》管理的人员；法律、法规授权或者受国家机关依法委托管理公共事务的组织中从事公务的人员；国有企业管理人员；公办的教育、科研、文化、医疗卫生、体育等单位中从事管理的人员；基层群众性自治组织中从事管理的人员；其他依法履行公职的人员。

3. 监察权限。监察机关在履行监察职责的过程中，可以行使以下职权：有权依法向有关单位和个人了解情况，收集、调取证据；将被调查人留置在特定场所；可以依照规定查询、冻结涉案单位和个人的存款、汇款等财产；监察机关可以对涉嫌职务犯罪的被调查人以及住处和其他有关地方进行搜查；在调查过程中进行勘验检查和鉴定；为防止被调查人及相关人员逃匿境外采取限制出境措施。

（七）人民法院和人民检察院

人民法院是国家的审判机关，行使国家审判权，通过判决解决纠纷，保障公民权利。在国家机构体系中，法院具有独立的法律地位，独立行使审判权，不受行政机关、社会团体和个人的干涉。但同时人民法院受本级人民代表大会及常务委员会和检察院的监督。我国设立最高人民法院、地方各级人民法院和军事法院等专门人民法院。最高人民法院是最高审判机关，其院长由全国人民代表大会选举产生，副院长、审判委员会委员等人员由全国人大常委会提请院长任免。最高人民法院院长每届任期同全国人民代表大会每届任期相同，连续任职不得超过两届。

人民检察院是国家的法律监督机关，其依照法律规定独立行使检察权，不受行政机关、社会团体和个人的干涉。但同时，最高人民检察院对全国人大及其常务委员会负责。地方各级人民检察院对产生它的国家权力机关和上级人民检察院负责。我国设立最高人民检察院、地方各级人民检察院和军事检察院等专门人民检察院。最高人民检察院检察长每届任期同全国人民代表大会每届任期相同，连续任职不得超过两届。

第四章　行政法

第一节　行政法概述

一、行政法的概念

行政法是关于行政权力的授予、行使以及对行政权力进行监督和对其后果进行补救的法律规范的总称。行政法着重调整行政权与其他国家权力和个人权利之间发生的社会关系。这种社会关系主要包括以下几类：(1) 行政权力取得过程中权力机关与行政机关的关系。(2) 行政权力行使过程中行政机关与相对一方的公民、法人或者其他组织所发生的关系。(3) 行政权力实施监督过程中发生的社会关系。

与其他法律部门相比，无论在形式上还是内容上，行政法都具有自己的显著特征。从形式上看，行政法没有统一、完整的实体行政法典，但很多国家制定了行政程序法典。从法律内容上看，行政法内容广泛且易变，其实体性规范与程序性规范相交融。

二、行政法的基本原则

(一) 依法行政原则

依法行政，或称行政法治，其基本含义在于行政机关和其他行政公务组织必须依法行使行政权或者从事行政管理活动。在我国，依法行政是建设社会主义法治国家实践中必须完成的基本任务。

1. 职权法定。职权法定是指国家行政机关以及其他组织的行政职权，必须由法律予以规定或授予，否则其权力来源就没有法律根据。职权法定一般有两种情形：一是行政机关组织法规定的职权，由组织法分配或划定了行政机关与其他国家机关之间的权限、行政机关相互之间的职权范围；二是单行的法律规定了哪些事项由何行政机关或者组织管辖。

2. 法律优先。法律优先是指行政活动均不得与民意代表机关制定的法律相抵触，即法律优先于行政。其主要有两方面含义：一方面含有规范位阶的意义，凡行政活动在位阶上均低于法律，即法律的效力高于行政行为；另一方面，行政行为至少不得与法律规定相违背。

3. 法律保留。法律保留是指行政机关的行为必须有明确的法律授权，法律无明文授权即无行政。如果宪法或宪法性法律将某些事项保留在立法机关，则须由立法机关通过法律加以设定或规定。

(二) 行政合理性原则

行政合理性原则是指行政行为在合法的前提下，还应当客观、适当、合乎理性。

1. 比例原则。比例原则具体由三个子项构成：适当性、必要性和衡量性。适当性是从行政行为目的的角度所作的要求，即行政行为的作出要适合目的的实现，或者说不得与目的相背离。必要性是从手段上对行政行为所作的要求，是指行政行为不能超越实现目的的必要程度，即为达成目的面对多种可能选择的手段，须尽可能采取对人民利益影响最轻微的手段。衡量性是指手段应按目的加以衡量，即干涉措施所造成的损害应轻于达成目的所获得的利益。

2. 平等对待。平等对待的基本含义是，非有正当理由不得为区别对待，即非歧视原则。在行政权的行使过程中，行政主体应平等地、无偏私地行使行政权，平等地对待一切当事人。同时，行政主体也应做到：相同的情况作出相同的对待，不相同的情况作出有差别的安排。

（三）程序正当原则

从充分保障公共利益和行政相对人的合法权益角度考虑，行政主体在行政过程中必须遵循程序正当原则，该原则的内涵主要表现在行政公开、程序公正和公众参与三个方面。

1. 行政公开。作为现代社会行政活动所遵循的一项基本原则，行政公开可以实现公民的知情权，有利于公民对行政事务的参与，增强公民对行政机关的信赖，并有利于防止行政腐败。其基本要求包括：行政立法和行政政策公开、行政执法行为公开、行政裁决和行政复议行为公开、行政信息公开、行政诉讼及裁判结果公开。

2. 程序公正。程序公正意味着：（1）行政机关工作人员不得处理与自己有利害关系的行政案件，行政复议工作人员和法官也不得审理与自己有利害关系的行政案件。（2）当行政主体作出对当事人可能产生不利影响的行政行为时，必须事先听取当事人的意见。（3）行政主体在作出行政决定时，负有说明理由的义务。（4）行政主体在作出处理决定前，不得在一方当事人不在场的情况下与另一方当事人接触，以防止偏听偏信或先入为主。

3. 公众参与。公众参与是指作为行政相对人的公民、法人或其他组织有权参与行政过程，有权对行政主体即将作出的行为表达意见，而且应当获得行政主体的尊重。在行政民主化理念支配下，服务与合作是现代公共行政的时代特质；而要形塑服务与合作的公共行政关系，就必须保障公众对公共行政的参与权。

（四）信赖保护原则

信赖保护原则是指政府对自己作出的行为或承诺应守信用，不得随意变更、反复无常。行政主体实施了一项授益性行政行为之后，相对人对其产生了心理上的信任和依赖，并据此对自己的相关财产或行为加以处理或安排。行政机关随意撤回和改变已生效的授益行为必然造成相对人的损害，也会使行政机关失信于民，降低行政行为的公信力。

具体来说，信赖保护原则要求：（1）行政行为一经作出，非有法定事由和经法定程序不得随意撤销、废止或改变。（2）行政机关对相对人作出授益行政行为后，事后即使发现该行政行为违法，只要这种违法情形不是因相对人过错造成的，行政机关就不得撤销或改变，除非不撤销或改变此种违法行政行为会严重损害国家、社会公共利益；若是必须撤销或改变，则要对相对人因此受到的损失予以赔偿。（3）行政行为作出后，如事后据以作出该行政行为的法律、法规、规章修改或废止，或者据以作出该行政行为的客观情况发生重大变化，为了公共利益的需要，行政机关可以撤销、废止或改变已经作出的行政行为。只有通过利益衡量，认定撤销、废止或改变已经作出的行政行为所获得的利益确实大于相对人将因此损失的利益时，才能撤销、废止或改变相应行政行为。

第二节　行政主体和公务员

一、行政主体

行政主体是享有国家行政权力，能够以自己名义实施行政活动，并能独立承担由此产生的法律效果的社会组织。行政主体包括行政机关和法律法规授权的组织。

（一）行政机关

行政机关指依宪法或行政组织法的规定而设置的行使国家行政职能的国家机关。

行政机关行使国家行政职权，管理国家行政事务。在决策体制上一般实行首长负责制。在组织体系上实行领导-从属制，即上级行政机关领导下级行政机关，下级行政机关从属于上级行政机关，向上级行政机关负责和报告工作。行政机关行使职能通常是主动的、经常的和不间断的。

行政主体是行政法学上的概念，而行政机关是法律概念。行政主体不仅包括行政机关，还包括法律法规授权组织。

（二）法律法规授权组织

法律法规授权组织，是指依具体法律、法规、规章授权而行使特定行政管理职能的社会组织。

法律法规授权组织主要有以下几类：（1）行政机构。行政机构是指国家行政机关因行政管理的需要而设置的，具体处理和承办各项行政事务的内部组织、派出组织和临时组织。行政机构不具有独立的编制和财政经费，一般不具有行政主体资格，只能以所在行政机关的名义对外实施行政行为，但经过法律法规的授权，行政机构可以成为授权行政主体。（2）企业单位。如公用企业、金融企业、专业公司等往往成为行政授权的对象而成为行政主体。（3）事业组织。如《中华人民共和国教育法》授权公立学校及其他公立教育机构招收学生或者其他受教育者，对受教育者进行处分（包括开除学籍），对受教育者颁发学业证书，等等。（4）社会团体及其他社会组织，如人民群众团体、社会公益团体、村委会和居委会等群众性自治组织，经授权可从事一定的行政职能活动，从而成为行政主体。

法律法规授权组织的法律地位体现在：（1）法律法规授权组织在行使法律法规规章所授行政职能时，是行政主体，具有与行政机关基本相同的法律地位。（2）法律法规授权组织以自己名义行使法律法规规章所授职能，并以自己的名义承担法律责任。（3）法律法规授权组织在非行使行政职能的场合，不享有行政权，不具有行政主体的地位。

（三）受委托组织

行政委托是行政机关在其职权职责范围内依法将其行政职权或行政事项委托给有关行政机关、社会组织或者个人，受委托者不具有行政主体资格，其以委托机关的名义实施管理行为和行使职权，并由委托机关承担法律责任。

受委托组织的条件：根据《行政处罚法》第十九条的规定，受委托组织必须符合以下条件：依法成立的管理公共事务的事业组织；具有熟悉有关法律、法规、规章和业务的工作人员；对违法行为需要进行技术检查或者技术鉴定的，应当有条件地组织进行相应的技术检查或者技术鉴定。

二、公务员

（一）公务员的概念

公务员是指依法履行公职、纳入国家行政编制、由国家财政负担工资福利的工作人员。目前，我国公务员的范围不仅包括各级各类国家机关工作人员，还包括中国共产党和各民主党派机关、政协机关的工作人员。其中，国家机关工作人员不限于行政机关工作人员，还包括人大机关、审判机关、检察机关、监察机关的工作人员。

（二）公务员的条件、义务和权利

1. 根据《公务员法》第十三条的规定，公务员应当具备下列条件：（1）具有中华人民共和国国籍；（2）年满十八周岁；（3）拥护中华人民共和国宪法，拥护中国共产党领导和社会主义制度；（4）具有良好的政治素质和道德品行；（5）具有正常履行职责的身体条件和心理素质；（6）具有符合职位要求的文化程度和工作能力；（7）法律规定的其他条件。

2. 根据《公务员法》第十四条的规定，公务员应当履行下列义务：（1）忠于宪法，模范遵守、自觉维护宪法和法律，自觉接受中国共产党领导；（2）忠于国家，维护国家的安全、荣誉和利益；（3）忠于人民，全心全意为人民服务，接受人民监督；（4）忠于职守，勤勉尽责，服从和执行上级依法作出的决定和命令，按照规定的权限和程序履行职责，努力提高工作质量和效率；（5）保守国家秘密和工作秘密；（6）带头践行社会主义核心价值观，坚守法治，遵守纪律，恪守职业道德，模范遵守社会公德、家庭美德；（7）清正廉洁，公道正派；（8）法律规定的其他义务。

3. 根据《公务员法》第十五条的规定，公务员享有下列权利：（1）获得履行职责应当具有的工作条件；（2）非因法定事由、非经法定程序，不被免职、降职、辞退或者处分；（3）获得工资报酬，享受福利、保险待遇；（4）参加培训；（5）对机关工作人员和领导人员提出批评和建议；（6）提出申诉和控告；（7）申请辞职；（8）法律规定的其他权利。

（三）公务员的分类管理

根据《公务员法》第十六条的规定，国家实行公务员的职位分类制度。公务员职位类别按照公务员职位的性质、特点和管理需要，划分为三类：

1. 综合管理类。综合管理类公务员是指在机关中履行规划、咨询、决策、组织、指挥、协调、监督及机关内部管理等工作的公务员。

2. 专业技术类。专业技术类公务员是指专门从事专业技术工作，为机关履行职责提供技术支持和保障的公务员，其职责具有强技术性、低替代性。

3. 行政执法类。行政执法类公务员是指依照法律、法规对行政相对人直接履行行政许可、行政处罚、行政强制、行政征收、行政收费、行政检查等执法职责的公务员，其职责具有执行性、强制性。

（四）公务员的录用、辞职和辞退

我国公务员的更新机制包括录用、辞职、辞退等管理环节，其目的在于严格进入关口、畅通出离关口和疏通内部交流，从而形成良好的“新陈代谢”，塑造一支高素质的公务员队伍。

1. 公务员的录用

公务员的录用是指依法定程序和方法，将符合一定条件的人员吸收为公务员，担任某种职级的制度。录用的适用对象仅限于初进机关、担任一级主任科员以下及其他相当职级层次的公务员，其他公务员则不采取录用的办法。

报考公务员，除应当具备《公务员法》第十三条规定的条件外，还应当具备省级以上公务员主管部门规定的拟任职位所要求的资格条件。录用公务员必须在规定的编制限额内，并有相应的职位空缺。

录用公务员必须遵循以下法定程序：（1）发布招考公告。招考公告应当载明招考的职位、名额、报考资格条件、报考需要提交的申请材料以及其他报考须知事项。（2）资格审查。招录机关根据报考资格条件对报考申请进行审查。报考者提交的申请材料应当真实、准确。（3）公开考试。公务员录用考试采取笔试和面试等方式进行，考试内容根据公务员应当具备的基本能力和不同职位类别、不同层级机关分别设置。（4）考察和体检。招录机关根据考试成绩确定考察人选，并对其进行报考资格复审、考察和体检。（5）公示与审批。招录机关根据考试成绩、考察情况和体检结果，提出拟录用人员名单，并予以公示。（6）录用后的试用期。新录用的公务员试用期为1年。试用期满合格的，予以任职；不合格的，取消录用。

2. 公务员的辞职和辞退

公务员的辞职，是指公务员担任现职后因某种理由或意愿而需要依法辞去所任职务，经所在机关同意后解除其职务的制度。公务员的辞职，又包括辞去公职和辞去领导职务，前者是指依法解除与所在机关的全部职务关系，丧失公务员的身份；后者是指不再担任所任领导职务，不丧失公务员的身份，可按规定另行任职。公务员有下列情形之一的，不得辞去公职：（1）未满国家规定的最低服务年限的；（2）在涉及国家秘密等特殊职位任职或者离开上述职位不满国家规定的脱密期限的；（3）重要公务尚未处理完毕，且须由本人继续处理的；（4）正在接受审计、纪律审查、监察调查，或者涉嫌犯罪，司法程序尚未终结的；（5）法律、行政法规规定的其他不得辞去公职的情形。

公务员的辞退，是指机关根据法定理由单方面解除公务员职务的制度。辞退公务员是国家机关的一项权力，是国家机关单方面的行为，无须征得公务员本人的同意。根据《公务员法》第八十八条的规定，公务员有下列情形之一的，予以辞退：（1）在年度考核中，连续两年被确定为不称职的；（2）不胜任现职工作，又不接受其他安排的；（3）因所在机关调整、撤销、合并或者缩减编制员额需要调整工作，本人拒绝合理安排的；（4）不履行公务员义务，不遵守法律和公务员纪律，经教育仍无转变，不适合继续在机关工作，又不宜给予开除处分的；（5）旷工或者因公外出、请假期满无正当理由逾期不归连续超过十五天，或者一年内累计超过三十天的。

（五）公务员的处分与公职人员政务处分

1.公务员的处分

公务员因违纪违法应当承担纪律责任的，依照《公务员法》给予处分或者由监察机关依法给予政务处分。公务员处分的种类为：警告、记过、记大过、降级、撤职、开除。对同一违纪违法行为，监察机关已经作出政务处分决定的，公务员所在机关不再给予处分。

2.公职人员政务处分

根据《公职人员政务处分法》的规定，政务处分是指监察机关对违法的公职人员给予政务处分的活动。其中，公职人员包括：①公务员及参照《公务员法》管理的人员；②法律、法规授权或者受国家机关依法委托管理公共事务的组织中从事公务的人员；③国有企业管理人员；④公办的教育、科研、文化、医疗卫生、体育等单位中从事管理的人员；⑤基层群众性自治组织中从事管理的人员；⑥其他依法履行公职的人员。公职人员政务处分的种类为：警告、记过、记大过、降级、撤职、开除。

第三节 行政行为

一、行政行为概述

（一）行政行为的概念和分类

行政行为是指行政主体运用行政权对行政相对人所作的法律行为。

行政行为根据不同的标准，可作如下基本分类：（1）抽象行政行为和具体行政行为。抽象行政行为是指行政主体运用行政权，针对不特定相对人所作的行政行为。具体行政行为是指行政主体运用行政权，针对特定相对人设定权利义务、实现行政规制目的的行为。（2）羁束行政行为和自由裁量行政行为。羁束行政行为是指行政主体对行政法规范的适用没有或很少灵活处理空间的行政行为。自由裁量行政行为是指行政主体对行政法规范的适用具有较大灵活处理空间的行政行为。(3)依职权行政行为和依申请行政行为。依职权行政行为是指行政主体根据其职权而无须相对人申请就能主动实施的具体行政行为。依申请行政行为是指行政主体只有在相对人提出申请后才能实施而不能主动实施的行政行为。(4)授益性行政行为和负担性行政行为。授益性行政行为是指行政主体为相对人设定权益或免除其义务的行政行为。负担性行政行为是指行政主体为相对人设定义务或剥夺、限制其权益的行政行为。(5)内部行政行为和外部行政行为。外部行政行为是指行政主体针对行政组织系统以外的公民、法人或其他组织所作的具体行政行为。内部行政行为是指行政主体针对行政组织系统内部的机构或公务员所作的具体行政行为。

(二)行政行为的效力

1. 公定力。行政行为的公定力是指具体行政行为一经成立，不论是否合法，即具有被推定为合法而要求所有机关、组织或个人表示尊重的一种法律效力。

2. 拘束力。行政行为的拘束力是指生效具体行政行为所具有的约束和限制行政主体和相对人行为的法律效力，包括当事人应当遵守、作出者不得随意更改、他人不得随意干预等。

3. 确定力。行政行为的确定力是指具体行政行为经过一定期限和程序被最终地、实质性地确定下来，不可再争议，不得再更改的效力。

4. 执行力。行政行为的执行力是指生效具体行政行为要求行政主体和相对人对其内容予以实现的法律效力。

二、行政立法

行政立法是行政机关根据法定权限并按法定程序制定和发布行政法规和行政规章的活动。

(一)行政法规

行政法规是指国务院为领导和管理国家各项行政工作，根据宪法和法律，按照有关程序制定发布的政治、经济、教育、科技、文化、外事等各项法规的总称。国务院制定行政法规在规定事项上包括以下三个方面：第一，执行具体法律规定事项。第二，实施宪法规定职权事项，即《宪法》第八十九条规定的国务院行政管理职权事项。第三，全国人大授权事项。应当由全国人民代表大会及其常务委员会制定法律的事项，国务院可以根据全国人大及其常委会的授权决定先行制定行政法规。

行政法规的制定程序包括立项、起草、审查、决定和公布等环节：(1)列入行政法规立项的条件是：贯彻落实党的路线方针政策和决策部署，适应改革、发展、稳定的需要；有关的改革实践经验基本成熟等。(2)起草工作由国务院组织，可以通过年度立法工作计划，确定为国务院的一个或者几个部门承担具体起草工作，也可以确定由国务院法制机构起草或者组织起草。(3)行政法规送审稿涉及重大利益调整或者存在重大意见分歧，对公民、法人或者其他组织的权利义务有较大影响，人民群众普遍关注的，国务院法制机构可以举行听证会，听取有关机关、组织和公民的意见。(4) 行政法规草案由国务院常务会议审议，或者由国务院审批。草案修改稿报请总理签署国务院令公布施行。在国务院公报上刊登的行政法规文本为标准文本。

(二) 行政规章

行政规章是指国务院有关部门和省级人民政府、设区的市的人民政府，为了实施法律、行政法规、地方性法规，在权限范围内依法制定的规范性行政管理文件。设区市、自治州的人民政府制定规章限于城乡建设与管理、环境保护、历史文化保护等方面的事项。没有法律或者国务院的行政法规、决定、命令的依据，部门规章不得设定减损公民、法人和其他组织权利或者增加其义务的规范，不得增加或减少本部门的法定职责；没有法律、行政法规、地方性法规的依据，地方政府规章不得设定减损公民、法人和其他组织权利或者增加其义务的规范。

行政规章的制定程序包括立项、起草、审查、决定和公布等环节：(1) 部门规章由部门内设机构或者其他机构报国务院部门立项，地方政府规章由政府所属工作部门或者下级政府报规章制定机关立项。(2) 部门规章由国务院部门组织起草，地方政府规章由省、自治区、直辖市和设区的市、自治州的人民政府组织起草。起草规章，涉及社会公众普遍关注的热点难点问题和经济社会发展遇到的突出矛盾，减损公民、法人和其他组织权利或者增加其义务，对社会公众有重要影响等重大利益调整事项的，起草单位应当进行论证咨询，广泛听取有关方面的意见。(3) 规章送审稿由法制机构负责统一审查。(4) 部门规章应当经部务会议或者委员会会议决定，地方政府规章应当经政府常务会议或者全体会议决定。在国务院公报或者部门公报和地方人民政府公报上刊登的规章文本为标准文本。

三、行政许可

(一) 行政许可的概念

行政许可，是指行政机关根据公民、法人或者其他社会组织的申请，经依法审查，准予其从事特定活动的行为。

根据《行政许可法》第十二条的规定，可以设定行政许可的事项包括：

(1) 一般许可。一般许可是“通常”意义上的行政许可，也是应用最广泛的一种行政许可，主要功能是防止危险、保障安全，合理配置资源。一般没有数量限制，当相对人符合法定条件时行政机关即应予以许可。

(2) 特许。特许是基于行政、社会或经济上的需要，将本来属于国家或某行政主体的某种权利赋予私人的许可行为。特许的特征包括：①特许的主要功能是分配稀缺资源，一般有数量限制。②行政相对人获得特许权一般需要支付一定费用。③行政机关应通过公平竞争的方式决定是否予以特许。④行政相对人获得这类许可要承担较大的公益义务，如提供普遍服务的义务、低廉收费的义务等。

(3) 认可。认可是由行政机关对申请人是否具备特定技能的认定，是为提高从业者水平或者某种技能、信誉而设。认可的特征包括：①一般需要通过考试方式并根据考试结果决定是否认可。②认可往往与人的身份、能力有关。③没有数量限制，符合标准者都要予以认可。法律职业资格、注册会计师资格、医师执业许可等都是典型的认可。

（4）核准。核准是由行政机关对某些事项是否达到特定技术标准、经济技术规范的判断、确定，主要适用于直接关系公共安全、人身健康、生命财产安全的重要设施的设计、建造、安装和使用，直接关系人身健康、生命财产安全的特定产品、物品的检验、检疫事项。核准的特征包括：①核准的主要功能是为了防止社会危险、保障安全。②核准的依据主要是技术标准、技术规范，具有较强的专业性、技术性和客观性。③一般需要根据实地检测、检验、检疫作出规定。④没有数量限制，符合技术标准、技术规范者都要予以核准。各种药品批文、产品合格证等都是典型的核准。

（5）登记。登记是由行政机关确立企业或其他组织的特定主体资格。登记的特征包括：①登记的主要功能是确立相对人的市场主体资格。②没有数量限制，符合标准者都要予以登记。③行政机关一般只对申请登记的材料进行形式审查，申请人对申请材料的真实性负责。企业营业执照、社团设立登记等都是典型的登记。

（二）行政许可的设定权限

（1）行政许可的设定主体。根据《行政许可法》第十四条、第十五条的规定，下列国家机关有权设定行政许可：全国人大及其常委会通过制定法律设定行政许可；国务院通过制定行政法规设定行政许可，必要时可以通过决定的方式设定行政许可；省级人大及其常委会通过制定地方性法规设定行政许可；省级人民政府通过行政规章设定临时性行政许可。

（2）行政许可的设定规则。根据《行政许可法》第十六条的规定，行政法规可以在法律设定的行政许可事项范围内，对实施该行政许可作出具体规定。地方性法规可以在法律、行政法规设定的行政许可事项范围内，对实施该行政许可作出具体规定。规章可以在上位法设定的行政许可事项范围内，对实施该行政许可作出具体规定。法规、规章对实施上位法设定的行政许可作出的具体规定，不得增设行政许可；对行政许可条件作出的具体规定，不得增设违反上位法的其他条件。

（三）行政许可的实施

1. 行政许可的实施程序

（1）申请。申请是指行政相对人向行政主体提出的要求取得行政许可的意思表示。在申请人一方，申请人在申请行政许可时负有诚实信用的义务，任何行政许可的申请人都不应以不诚实的方式取得许可，因为这将会损害其他申请人的合法利益或者损害公共利益。在许可机关一方，许可机关负有公示和说明义务、提供格式文本的义务。

（2）受理。受理是指许可机关对申请人的申请进行审查后，对符合法定受理条件的申请予以接受的行为。一旦许可机关受理了许可申请就要受到法律约束：许可机关受理许可申请后，必须在法定期限内作出是否准予行政许可的决定，否则许可申请人就可以对许可机关的不作为请求法律救济。

（3）审查。审查是指许可机关在受理许可申请后，对申请材料的内容是否符合法定条件和标准进行的检查和核实。形式审查是指许可机关仅对申请材料进行书面上的检查，而对申请材料所载的实质内容不进行核实。形式审查是审查程序的主要方式，只有在少数情况下，许可机关才需要对申请材料的实质内容进行核查，以确定申请材料所记载的实质内容是否真正地符合法定的准予许可的条件和标准。

（4）决定。决定是指许可机关根据审查申请材料的结果作出准予许可或者拒绝许可的行为：①决定形式。行政许可程序中的阶段性决定和最终决定，都必须以书面形式作出。准予许可的决定不需要说明理由，不准予许可的决定必须说明理由。②决定公开。行政机关作出的准予行政许可决定，应当予以公开，公众有权查阅；不准予许可的决定不需要公开。

（5）变更。变更是指许可机关根据被许可人的申请，依法对已经准予的许可事项的具体内容加以改变的行为。其一般发生在，被许可人在取得行政许可后，因其拟从事的活动的部分内容超出准予许可决定或许可证件规定的范围，因此申请许可机关对原许可的相应内容予以改变。然而，行政许可具有确定力，被许可人不得随意要求许可机关变更已作出的行政许可，许可机关也不能任意变更已作出的行政许可。被许可人要求变更许可事项的，必须依法提出申请，而许可机关未经被许可人申请，也不能主动变更许可事项。

（6）延续。延续是指许可机关依被许可人的申请，延长许可的有效期间的行为。比如驾驶执照的续期、采矿许可证的续期等等。被许可人需要延续依法取得的行政许可的有效期的，应当在该行政许可有效期届满三十日前向作出行政许可决定的行政机关提出申请。行政机关应当根据被许可人的申请，在该行政许可有效期届满前作出是否准予延续的决定；逾期未作决定的，视为准予延续。

2. 行政许可实施的便民措施

为了最大限度地为许可申请人提供便利，改变长期以来困扰相对人的“申请无门”和“疲于奔命”问题，同时提升工作效率和政府形象，《行政许可法》在行政许可的主体和程序上规定了一系列便民措施。

（1）相对集中许可权。将数个机关的许可权集中由一个机关行使，有助于从源头上消除多头许可的弊端，有助于解除机关之间的矛盾，防止“揽权”和“推诿”，有助于降低许可成本、提高行政效率。

（2）一个窗口对外。申请人只和许可机关确定的某一个机构接触，由该机构受理申请，并由该机构送达行政许可决定，无须再和许可机关中的不同机构分别进行接触，降低了申请人的成本，做到了方便于民。

（3）统一、联合、集中办理。统一办理是指，当申请人为获得某项许可需要向地方政府的多个工作部门申请时，由某一个工作部门统一受理并统一办理，申请人无须再和多个工作部门分别进行接触。联合、集中办理是指，地方政府将对外办理行政许可的有关工作部门集中在同一地点进行办公，许可申请人需要向多个工作部门提出申请时，在同一地点即可办结，节省了其在多个不同地点的工作部门之间“来回奔波”的成本。这一措施的典型体现是各地方“行政服务中心”的建立，其不仅提高了行政许可的效率，而且为申请人带来了较大的便利。

四、行政处罚

（一）行政处罚的概念

行政处罚是指行政机关依法对违反行政管理秩序的公民、法人或者其他组织，以减损权益或者增加义务的方式予以惩戒的行为。行政处罚的目的既是为了有效实施行政管理、维护公共利益和社会秩序、保护公民法人或其他组织的合法权益，同时也是对违法者予以惩戒和教育。

（二）行政处罚的种类

1. 行政拘留。行政拘留是指公安机关对违反治安管理的人短期剥夺其人身自由的制裁方法。拘留的决定和执行主体只能是公安机关，拘留的执行场所为拘留所。拘留最长期限为十五日，合并执行的最长不超过二十日。

2. 罚款。罚款是指强迫违法者交纳一定数额金钱的处罚形式。罚款是最大量运用的行政处罚形式，几乎所有管理门类的行政处罚中均有此种形式。

3. 没收违法所得和非法财物。没收违法所得和非法财物是指将违法者的违法所得和非法财物收归国有的处罚形式。其中，违法所得是指违法行为人从事非法经营等获得的利益；非法财物是指违法者用于从事违法活动的工具、物品和违禁品等。

4. 责令停产停业。责令停产停业是指对违反行政法规范的工商企业和工商个体户责令其停止生产、停止营业的一种处罚形式。

5. 暂扣或吊销许可证、执照。暂扣许可证、执照是指暂时中止持证人从事某种活动的资格，待其改正违法行为后或经过一定期限和一定努力，再发还证件，恢复其资格；吊销许可证、执照是指撤销相对人的凭证，终止其继续从事该凭证所允许活动的资格。

6. 警告。警告是指行政主体对较轻的违法行为人予以谴责和告诫的处罚形式。目的在于通过对违法行为人予以精神上的惩戒，申明其有违法行为，以使其不再违法。

7. 法律、行政法规规定的其他行政处罚，如驱逐出境、通报批评等。

（三）行政处罚的设定

《行政处罚法》对行政处罚的设定作出了明确的规定：

1. 法律。全国人大及其常委会制定的法律，可以设定各种行政处罚。限制人身自由的行政处罚，只能由法律设定。

2. 行政法规。国务院制定的行政法规，可以设定除限制人身自由以外的行政处罚。如果法律对违法行为已经作出行政处罚规定，行政法规需要作出具体规定的，不得超出法律规定的给予行政处罚的行为、种类和幅度的范围。

3. 地方性法规。地方性法规可以设定除限制人身自由、吊销企业营业执照以外的行政处罚。

4. 部门规章和地方政府规章。部门规章和地方政府规章可以设定警告或一定数量罚款的行政处罚。

（四）行政处罚的实施

1. 行政处罚的决定程序

（1）一般程序。当处罚案件不适用简易或听证程序时，适用一般程序。一般程序的步骤包括：①立案；②调查，至少二人执法；③说明理由并告知权利；④当事人陈述和申辩；⑤决定，由行政机关负责人或集体讨论作出决定；⑥制作处罚决定书；⑦送达处罚决定书，当事人不在场的应在七日内送达。

（2）简易程序（当场处罚程序）。当处罚案件违法事实清楚、法定依据明确时，适用简易程序。具体而言，对公民处以五十元以下、对单位处以一千元以下罚款或警告，以及按照《道路交通安全法》和《治安管理处罚法》的规定处以二百元以下罚款时，适用简易程序。简易程序的步骤包括：①表明身份；②确认违法事实，说明处罚理由和依据，制作现场笔录；③当场制作并交付处罚决定书，由执法人员签名或盖章；④告知救济权利；⑤报所属行政机关备案。

2. 行政处罚的执行程序

根据《行政处罚法》第四十六条的规定，作出罚款决定的行政机关应当与收缴罚款的机构分离。除当场收缴的罚款外，作出行政处罚决定的行政机关及其执法人员不得自行收缴罚款。当事人应当自收到行政处罚决定书之日起十五日内，到指定的银行缴纳罚款。银行应当收受罚款，并将罚款直接上缴国库。

根据《行政处罚法》第四十七条、第四十八条的规定，按照简易程序当场作出行政处罚决定的，有下列情形之一的，执法人员可以当场收缴罚款：（1）依法给予二十元以下的罚款的；（2）不当场收缴事后难以执行的。同时，在边远、水上、交通不便地区，行政机关及其执法人员作出罚款决定后，当事人向指定的银行缴纳罚款确有困难，经当事人提出，行政机关及其执法人员可以当场收缴罚款。

五、行政强制

（一）行政强制的概念

《行政强制法》将行政强制划分为行政强制措施和行政强制执行两种类型。行政强制措施，是指行政机关在行政管理过程中，为制止违法行为、防止证据损毁、避免危害发生、控制危险扩大等情形，依法对公民的人身自由实施暂时性限制，或者对公民、法人或者其他组织的财物实施暂时性控制的行为。行政强制执行，是指行政机关或者行政机关申请法院，对不履行行政决定的公民、法人或者其他组织，依法强制履行义务的行为。

（二）行政强制的种类

1. 行政强制措施的种类

（1）限制公民人身自由。对于限制公民人身自由的行政强制措施，《行政强制法》中并没有具体规定，其散见于已经颁布实施的其他法律规范中，主要包括留置盘问、强制传唤、管束或约束身体、扣留等。

（2）查封、扣押。查封是指行政主体对特定场所、设施或财物就地查实、封存，以待具体行政行为作出后加以处理的行政强制措施，其目的是防止财产权人转移、破坏或隐藏财产，保证行政决定得以执行。扣押是指行政主体强制留置相对人的财物，限制其继续对其财物进行占有和处分的行政强制措施。

（3）冻结。冻结是指行政主体暂时性地禁止相对人使用其在银行等金融机构的存款或汇款的行政强制措施。

（4）其他行政强制措施。

2. 行政强制执行的种类

（1）间接强制执行。间接强制执行是指执行机关不直接通过自己的强力措施促使相对人履行义务，而是通过其他间接的措施达到强制执行目的的执行方式。间接强制执行包括：①执行罚。执行罚包括加处罚款和滞纳金两种。②代履行。代履行是指义务人不履行他人可以代为履行的义务，行政机关自行或请他人代为履行，再向义务人征收费用的强制执行方式。代履行的义务一般是作为义务，如清理被污染的河流、拆除违章建筑等；相对人不履行的义务必须是他人可以代为履行的义务，对不能代替的人身性义务或金钱给付义务，只能由相对人本人亲自履行，不能适用代履行，如服兵役、赔礼道歉、缴纳罚款、税款等；代履行既可以由行政机关实施，也可以由行政机关委托的第三人实施。

（2）直接强制执行。直接强制执行是指在采用间接强制执行未能达到目的时，执行机关直接对负有义务的相对人的人身或财物施以强制力，以达到与相对人履行义务同一状态的执行方式。直接强制执行包括：①划拨存款、汇款。②拍卖或者依法处理查封、扣押的场所、设施或者财物。③排除妨碍、恢复原状。④其他强制执行方式。

（三）行政强制的设定

1. 行政强制措施的设定权限

（1）法律的设定权。法律拥有设定行政强制措施的最高权力，可以设定各种行政强制措施。限制人身自由、冻结存款汇款为法律绝对保留，只能由法律设定。法律对行政强制措施的对象、条件、种类作了规定的，行政法规、地方性法规不得作出扩大规定。法律中未设定行政强制措施的，行政法规、地方性法规不得增设行政强制措施。

（2）行政法规的设定权。设定条件为尚未制定法律，属于国务院行政管理职权事项。设定范围为限制人身自由、冻结存款汇款，其他法律保留的除外。

（3）地方性法规的设定权。设定条件为尚未制定法律、行政法规，属于地方性事务。设定范围为仅限于查封、扣押两项。

2. 行政强制执行的设定权限

《行政强制法》对行政强制执行的设定作出了严于行政强制措施的规定。行政强制执行只能由法律设定，其他规范性文件皆无权设定。

（四）行政强制的实施

1. 行政强制措施的实施程序

根据《行政强制法》第十八条的规定，行政机关实施行政强制措施应当遵守下列规定：实施前须向行政机关负责人报告并经批准；由两名以上行政执法人员实施；出示执法身份证件；通知当事人到场；当场告知当事人采取行政强制措施的理由、依据以及当事人依法享有的权利、救济途径；听取当事人的陈述和申辩；制作现场笔录；现场笔录由当事人和行政执法人员签名或者盖章，当事人拒绝的，在笔录中予以注明；当事人不到场的，邀请见证人到场，由见证人和行政执法人员在现场笔录上签名或者盖章；法律、法规规定的其他程序。

2. 行政强制执行的实施程序

（1）行政机关自行执行的程序。①启动条件：行政决定作出后，当事人期满不履行义务。②催告：行政机关作出强制执行决定前，应先书面催告当事人履行义务。③陈述申辩：当事人收到催告书后有权陈述申辩，行政机关应当充分听取当事人意见并进行记录、复核，意见成立的应当采纳。④作出执行决定：当事人经催告逾期无正当理由仍不履行，或在催告期转移、隐匿财物的，行政机关书面决定强制执行。

（2）申请法院执行的程序。①条件：行政决定生效后，无直接强制权的机关可以自期满后三个月内申请法院强制执行。②催告：申请法院强制执行前，应当催告当事人履行，催告后十日内当事人仍未履行的才能申请法院强制执行。③申请：行政机关向法院申请强制执行应当提供下列材料：申请书；行政决定书及其事实、理由、依据；当事人意见及行政机关催告情况；执行标的情况；其他法定材料。④受理：法院接到申请应当在五日内决定是否受理。⑤裁定：并不是只要行政机关申请，法院就必须执行，法院应当对行政机关的执行申请进行审查，之后作出是否执行的裁定。法院的审查以形式审查为原则，以实质审查为例外。如果在形式审查中都能发现有违法嫌疑（明显违法），就要进行实质审查。

第四节　行政复议

一、行政复议的概念和特征

行政复议是指公民、法人或者其他组织认为行政机关的具体行政行为侵犯其合法权益，依法向行政复议机关提出复查该具体行政行为的申请，行政复议机关依照法定程序对被申请的具体行政行为进行合法性、适当性审查，并作出行政复议决定的一种法律制度。行政复议的目的是为了纠正行政机关作出的违法或者不当的具体行政行为，以保护行政相对人的合法权益。

二、行政复议的管辖和参加人

（一）行政复议的管辖

行政复议的管辖是指不同层级、职能、地域的各行政复议机关之间在受理行政复议案件上的分工。

1. 对政府工作部门的行为不服的管辖。根据《行政复议法》第十二条的规定，对县级以上地方各级人民政府工作部门的具体行政行为不服的，由申请人选择，可以向该部门的本级人民政府申请行政复议，也可以向上级主管部门申请行政复议。

2. 对地方各级人民政府的行为不服的管辖。根据《行政复议法》第十三条的规定，对地方各级人民政府的具体行政行为不服的，向上一级地方人民政府申请行政复议。

（二）行政复议的参加人

1. 行政复议申请人。行政复议申请人是指认为行政机关的具体行为侵犯其合法权益，以自己的名义提起行政复议，并受行政复议决定约束的公民、法人或者其他组织。

2. 行政复议被申请人。行政复议被申请人是指其具体行政行为被行政复议申请人指控违法侵犯其合法权益，并由行政复议机关通知参加行政复议活动的行政机关。根据《行政复议法》的规定，行政复议被申请人主要有以下几种情形：（1）公民、法人或者其他组织对行政机关的具体行政行为不服申请复议的，作出具体行政行为的行政机关是行政复议被申请人。（2）对县级以上地方人民政府依法设立的派出机关的具体行政行为不服申请复议的，该派出机关是行政复议被申请人。（3）对政府工作部门依法设立的派出机构依据法律、法规或者规章的规定以自己名义作出的具体行政行为不服申请复议的，该派出机构是行政复议被申请人。（4）对两个或者两个以上行政机关以共同名义作出的具体行政行为不服申请复议的，共同作出具体行政行为的行政机关是共同被申请人。（5）对法律、法规授权的组织作出的具体行政行为不服申请复议的，该组织是行政复议被申请人。（6）对行政机关委托的组织作出的具体行政行为不服申请复议的，委托的行政机关是行政复议被申请人。（7）对行政机关作出的具体行政行为不服，该机关被撤销而申请复议的，继续行使其职权的行政机关或者作出撤销决定的机关是行政复议被申请人。

3. 行政复议第三人。行政复议第三人是指与被申请复议的具体行政行为有利害关系，为了维护自己的合法权益，经申请或者由行政复议机关通知参加到行政复议程序中去的公民、法人或者其他组织。

三、行政复议的程序和决定

（一）行政复议的程序

1. 申请。公民、法人或者其他组织认为具体行政行为侵犯其合法权益的，可以自知道该具体行政行为之日起六十日内提出行政复议申请，但是法律规定的申请期限超过六十日的除外。复议机关不得向申请人收取任何费用。

2. 受理。行政复议机关收到行政复议申请后，应当在五日内进行审查，对不符合本法规定的行政复议申请，决定不予受理，并书面告知申请人；对不属于本机关受理的行政复议申请，应当告知申请人向有关行政复议机关提出。除上述情形外，行政复议申请自行政复议机关负责法制工作的机构收到之日起即为受理。

3. 审理。行政复议机构审理行政复议案件，应当由二名以上行政复议人员参加。行政复议机构认为必要时，可以实地调查核实证据；对重大、复杂的案件，申请人提出要求或者行政复议机构认为必要时，可以采取听证的方式审理。

（二）行政复议的决定

行政复议机关负责法制工作的机构应当对被申请人作出的具体行政行为进行审查，提出意见，经行政复议机关的负责人同意或者集体讨论通过后，按照下列规定作出行政复议决定：（1）具体行政行为认定事实清楚，证据确凿，适用依据正确，程序合法，内容适当的，决定维持。（2）被申请人不履行法定职责的，决定其在一定期限内履行。（3）具体行政行为有下列情形之一的，决定撤销、变更或者确认该具体行政行为违法；决定撤销或者确认该具体行政行为违法的，可以责令被申请人在一定期限内重新作出具体行政行为：主要事实不清、证据不足的；适用依据错误的；违反法定程序的；超越或者滥用职权的；具体行政行为明显不当的。（4）被申请人不按照规定提出书面答复、提交当初作出具体行政行为的证据、依据和其他有关材料的，视为该具体行政行为没有证据、依据，决定撤销该具体行政行为。

行政复议机关责令被申请人重新作出具体行政行为的，被申请人不得以同一事实和理由作出与原具体行政行为相同或者基本相同的具体行政行为。

第五章　行政诉讼法

第一节　行政诉讼概述

一、行政诉讼的概念

行政诉讼是指公民、法人或其他组织认为行政行为侵犯其合法权益，依法向法院提起诉讼，由法院主持审理行政争议并作出裁判的诉讼制度。我国行政诉讼具有以下特征：

1.行政诉讼以行政争议的存在为前提。行政诉讼的起因是公民、法人或其他组织认为行政行为侵犯其合法权益，从而向法院提起诉讼请求、寻求司法保护。

2.行政诉讼是在法院主持下审查行政行为合法性。法院在整个诉讼活动中居于核心和主导地位，它通过行使国家审判权来处理和解决行政争议，为行政相对人的合法权益提供法律保障。

3.行政诉讼的当事人具有恒定性，即行政诉讼的被告只能是行政主体。

4.行政诉讼的目的是通过解决行政争议，对违法行政行为所造成的消极后果进行补救，以保护相对人的合法权益不受侵害。

二、行政诉讼的基本原则

我国行政诉讼与其他诉讼的共有原则在《行政诉讼法》中有明确规定，包括人民法院独立行使审判权原则；以事实为依据、以法律为准绳原则；依法实行合议、回避、公开审判和两审终审制原则；辩论原则等。而行政诉讼特有的原则主要有3项：

1. 合法性审查原则。《行政诉讼法》第六条规定："人民法院审理行政案件，对行政行为是否合法进行审查。"其内含是：（1）人民法院审理行政案件，审查的对象和范围是行政行为。（2）人民法院审理行政案件，审查的内容是行政行为的合法性。（3）人民法院审理行政案件，审查行政行为合法性的依据是法律、行政法规和地方性法规。（4）人民法院审理行政案件，只对行政行为的合法性进行审查，对行政行为的适当性、合理性原则上不预审查。

2. 司法有限变更原则。司法有限变更原则，是指人民法院在审理行政案件的过程中，对行政机关的行政决定应予尊重，原则上不予改变，只有在一定条件下，才享有部分或全部改变行政机关的行政决定的权力。"有限"的范围是指《行政诉讼法》第七十七条第一款所规定的"行政处罚明显不当，或者其他行政行为涉及对款额的确定、认定确有错误的，人民法院可以判决变更"。

3. 司法最终裁决原则。司法最终裁决原则是指对同一行政争议案件的行政机关的行政裁决必须服从人民法院的裁判，司法裁决具有最终的效力。对于经过行政机关复议并作出裁决的案件，当事人不服该裁决，在法定期限内向有管辖权的人民法院起诉的，人民法院依法作出的裁判为最终裁判，行政裁决必须服从司法裁判。

第二节 行政诉讼受案范围

一、受案范围

《行政诉讼法》第二条规定："公民、法人或者其他组织认为行政机关和行政机关工作人员的行政行为侵犯其合法权益，有权依照本法向人民法院提起诉讼。"

根据《行政诉讼法》的规定，人民法院受理公民、法人或者其他组织提起的下列诉讼：（1）对行政处罚不服的；（2）对行政强制措施和行政强制执行不服的；（3）申请行政许可，行政机关拒绝或者在法定期限内不予答复，或者对行政机关作出的有关行政许可的其他决定不服的；（4）对行政机关作出的关于确认自然资源的所有权或者使用权的决定不服的；（5）对征收、征用决定及其补偿决定不服的；（6）申请行政机关履行保护人身权、财产权等合法权益的法定职责，行政机关拒绝履行或者不予答复的；（7）认为行政机关侵犯其经营自主权或者农村土地承包经营权、农村土地经营权的；（8）认为行政机关滥用行政权力排除或者限制竞争的；（9）认为行政机关违法集资、摊派费用或者违法要求履行其他义务的；（10）认为行政机关没有依法支付抚恤金、最低生活保障待遇或者社会保险待遇的；（11）认为行政机关不依法履行、未按照约定履行或者违法变更、解除政府特许经营协议、土地房屋征收补偿协议等协议的；（12）认为行政机关侵犯其他人身权、财产权等合法权益的。

二、排除范围

人民法院不受理公民、法人或者其他组织对下列事项提起的诉讼：（1）国防、外交等国家行为；（2）行政法规、规章或者行政机关制定、发布的具有普遍约束力的决定、命令；（3）行政机关对行政机关工作人员的奖惩、任免等决定；（4）法律规定由行政机关最终裁决的行政行为。

第三节 行政诉讼管辖

一、级别管辖

级别管辖是指人民法院上下级之间受理第一审行政案件的分工和权限。

（一）基层人民法院管辖

基层人民法院管辖第一审行政案件。

（二）中级人民法院管辖

中级人民法院管辖：（1）对国务院部门或者县级以上地方人民政府所作的行政行为提起诉讼的案件。（2）海关处理的案件。这主要是指海关处理的纳税案件和海关行政处罚案件。(3) 证交所为被告或第三人的证券行政案件。(4) 本辖区内重大、复杂的案件，主要是指：社会影响重大的共同诉讼、集团诉讼案件；重大涉外或者涉及港澳台地区的案件；国际贸易案件、部分反倾销案件、部分反补贴案件；其他重大、复杂的案件。

(三) 高级人民法院管辖

高级人民法院管辖本辖区内重大、复杂的案件。

(四) 最高人民法院管辖

最高人民法院管辖全国范围内重大、复杂的案件。迄今为止，最高人民法院尚未管辖过第一审行政案件。

二、地域管辖

地域管辖是指同级人民法院之间受理第一审行政案件的分工和权限，分为一般地域管辖和特殊地域管辖。

(一) 一般地域管辖

一般地域管辖是指按照最初作出行政行为的行政主体所在地来确定管辖法院的制度。一般地域管辖是“原告就被告”原则在行政诉讼管辖制度中的体现，是行政诉讼管辖制度中最基本、最常用的一种管辖方式。《行政诉讼法》第十八条规定：“行政案件由最初作出行政行为的行政机关所在地人民法院管辖。”

(二) 特殊地域管辖

1. 经复议的案件。《行政诉讼法》第十八条规定：“经复议的案件，也可以由复议机关所在地人民法院管辖。”无论复议机关是改变还是维持原行政行为，复议机关所在地人民法院均有管辖权。需要注意的是，经过复议的行政案件，至少有两个以上管辖法院：既可以由最初作出行政行为的行政机关所在地人民法院管辖，也可以由复议机关所在地人民法院管辖。

2. 跨区域管辖案件。《行政诉讼法》第十八条规定：“经最高人民法院批准，高级人民法院可以根据审判工作的实际情况，确定若干人民法院跨行政区域管辖行政案件。”跨区域管辖案件，可以有效解决行政诉讼中的不当干预和行政案件立案推诿、过度协调、久拖不决等问题，有利于更好地保护行政相对人的合法权益，监督行政机关依法行使职权。

3. 限制人身自由强制措施的案件。《行政诉讼法》第十九条规定：“对限制人身自由的行政强制措施不服提起的诉讼，由被告所在地或者原告所在地人民法院管辖。”“原告所在地”包括原告的户籍所在地、经常居住地和被限制人身自由地。

4. 涉及不动产的案件。《行政诉讼法》第二十条规定：“因不动产提起的行政诉讼，由不动产所在地人民法院管辖。”“因不动产提起的行政诉讼”是指因行政行为导致不动产物权变动而提起的诉讼。

第四节 行政诉讼参加人

一、原告

行政诉讼原告是指认为自己的合法权益受到行政主体的行政行为侵犯或者实质影响而向人民法院提起诉讼的人，包括公民、法人和其他组织。根据《行政诉讼法》第二十五条的规定，行政行为的相对人以及其他与行政行为有利害关系的公民、法人或者其他组织，有权提起诉讼。

2017年全国人大常委会修改《行政诉讼法》时规定了行政公益诉讼制度，即人民检察院在履行职责中发现生态环境和资源保护、食品药品安全、国有财产保护、国有土地使用权出让等领域负有监督管理职责的行政机关违法行使职权或者不作为，致使国家利益或者社会公共利益受到侵害的，应当向行政机关提出检察建议，督促其依法履行职责。行政机关不依法履行职责的，人民检察院依法向人民法院提起诉讼。

二、被告

被告是指其具体行政行为被原告指控侵犯其合法权益，而由人民法院通知应诉的行政主体。根据《行政诉讼法》第二十六条的规定，公民、法人或者其他组织直接向人民法院提起诉讼的，作出行政行为的行政机关是被告。经复议的案件，复议机关决定维持原行政行为的，作出原行政行为的行政机关和复议机关是共同被告；复议机关改变原行政行为的，复议机关是被告。复议机关在法定期限内未作出复议决定，公民、法人或者其他组织起诉原行政行为的，作出原行政行为的行政机关是被告；起诉复议机关不作为的，复议机关是被告。

当事人不服经上级行政机关批准的行政行为，向人民法院提起诉讼的，以在对外发生法律效力的文书上署名的机关为被告。行政机关组建并赋予行政管理职能但不具有独立承担法律责任能力的机构，以自己的名义作出行政行为，当事人不服提起诉讼的，应当以组建该机构的行政机关为被告。法律、法规或者规章授权行使行政职权的行政机关内设机构、派出机构或者其他组织，超出法定授权范围实施行政行为，当事人不服提起诉讼的，应当以实施该行为的机构或者组织为被告。

三、第三人

公民、法人或者其他组织同被诉行政行为有利害关系但没有提起诉讼，或者同案件处理结果有利害关系的，可以作为第三人申请参加诉讼，或者由人民法院通知参加诉讼。人民法院判决第三人承担义务或者减损第三人权益的，第三人有权依法提起上诉。

第五节 行政诉讼程序中的特殊制度

一、被告承担举证责任

不同于“谁主张，谁举证”的民事诉讼原则，在行政诉讼中，是由被告来证明被诉具体行政行为合法。其原因在于：一方面，实施行政行为的基本规则是先取证后裁决，即行政机关在作出裁决前，应当充分收集证据，按照法律作出裁决，而不能在毫无证据的情况下，对相对人作出行政行为。因此，当行政机关的行政行为被诉至法院时，应当能够有充分的事实材料证明其行政行为的合法性。另一方面，在行政诉讼中，作为行政相对人的原告举证能力一般较弱，由被告承担举证责任也是对原告诉权的保护。

1. 在举证范围上，《行政诉讼法》第三十四条规定：“被告对作出的行政行为负有举证责任，应当提供作出该行政行为的证据和所依据的规范性文件。”具体而言：（1）被告对行政行为承担举证责任。（2）被告对行政行为的合法性承担举证责任。（3）被告需对行政行为合法性的证据和依据承担举证责任。

2. 在举证时限上，被告应当在收到起诉状副本之日起十五日内，提供据以作出被诉具体行政行为的全部证据和所依据的规范性文件。《行政诉讼法》第三十四条规定：“被告不提供或者无正当理由逾期提供证据，视为没有相应证据。但是，被诉行政行为涉及第三人合法权益，第三人提供证据的除外。”被告申请延期提供证据的，应当在收到起诉状副本之日起十五日内以书面方式向人民法院提出。人民法院准许延期提供的，被告应当在正当事由消除后十五日内提供证据。

二、不适用调解

与民事诉讼不同，行政诉讼原则上不适用调解。《行政诉讼法》第六十条规定：“人民法院审理行政案件，不适用调解。但是，行政赔偿、补偿以及行政机关行使法律、法规规定的自由裁量权的案件可以调解。”

三、行政机关负责人出庭应诉

《行政诉讼法》第三条规定：“被诉行政机关负责人应当出庭应诉。不能出庭的，应当委托行政机关相应的工作人员出庭。”其积极意义在于：（1）可以令相关官员正面回应当事人诉求，更仔细地提供其作出行政行为的依据与理由，以更好地接受司法审查。（2）可以体现对原告诉求的尊重。（3）可以对相关领导成员施加压力，从而促进本机关依法行政水平的不断提高。（4）有利于塑造司法公信力，维护司法权威，进而有利于行政争议的最终顺利解决。

四、立案登记制

为解决行政诉讼“立案难”的问题，《行政诉讼法》第五十一条规定了立案登记制：“人民法院在接到起诉状时对符合本法规定的起诉条件的，应当登记立案。”人民法院对符合起诉条件的案件应当立案，依法保障当事人行使诉讼权利。对当事人依法提起的诉讼，人民法院应当接收起诉状。能够判断符合起诉条件的，应当当场登记立案；当场不能判断是否符合起诉条件的，应当在接收起诉状后七日内决定是否立案；七日内仍不能作出判断的，应当先予立案。

第六节　行政诉讼判决

行政诉讼的判决，是指人民法院通过对行政案件的审理，查清案件事实，审查争议的行政行为，依据法律法规并参照规章的规定，对行政案件当事人的实体性问题所作出的结论性裁决。

一、驳回诉讼请求判决

驳回诉讼请求判决是法院对原告的诉讼请求直接予以否定的判决。对原告诉讼请求的否定，也就是对被诉行政行为的肯定。《行政诉讼法》第六十九条规定："行政行为证据确凿，适用法律、法规正确，符合法定程序的，或者原告申请被告履行法定职责或者给付义务理由不成立的，人民法院判决驳回原告的诉讼请求。"

二、撤销判决

撤销判决是法院部分或全部撤销被诉行政行为，对被诉行政行为进行否定性评价的判决。撤销判决可以分为：全部撤销，部分撤销，判决撤销同时判决重新作出行政行为三种。《行政诉讼法》第七十条规定："行政行为有下列情形之一的，人民法院判决撤销或者部分撤销，并可以判决被告重新作出行政行为：（一）主要证据不足的；（二）适用法律、法规错误的；（三）违反法定程序的；（四）超越职权的；（五）滥用职权的；（六）明显不当的。"

三、变更判决

变更判决是法院对被诉行政行为直接予以改变的判决。《行政诉讼法》第七十七条规定："行政处罚明显不当，或者其他行政行为涉及对款额的确定、认定确有错误的，人民法院可以判决变更。人民法院判决变更，不得加重原告的义务或者减损原告的权益。但利害关系人同为原告，且诉讼请求相反的除外。"

四、履行判决

履行判决是法院针对被诉行政行为应当作出而没有作出相应行为的判决。法院作出履行判决的前提是被诉行政机关不仅具有履行能力而且具有履行的必要。《行政诉讼法》第七十二条规定："人民法院经过审理，查明被告不履行法定职责的，判决被告在一定期限内履行。"第七十三条规定："人民法院经过审理，查明被告依法负有给付义务的，判决被告履行给付义务。"

五、确认判决

确认判决是法院对被诉行政行为的合法性及效力作出确认的判决。确认判决可以分为确认违法判决和确认无效判决。对于确认违法判决而言，从优先性上说，如果可能作出撤销判决或履行判决，法院应优先考虑这两种判决；只有在不能或不需作出这两种判决的情况下，才应作出确认违法判决。《行政诉讼法》第七十四条规定："行政行为有下列情形之一的，人民法院判决确认违法，但不撤销行政行为：（一）行政行为依法应当撤销，但撤销会给国家利益、社会公共利益造成重大损害的；（二）行政行为程序轻微违法，但对原告权利不产生实际影响的。行政行为有下列情形之一，不需要撤销或者判决履行的，人民法院判决确认违法：（一）行政行为违法，但不具有可撤销内容的；（二）被告改变原违法行政行为，原告仍要求确认原行政行为违法的；（三）被告不履行或者拖延履行法定职责，判决履行没有意义的。”对于确认无效判决而言，《行政诉讼法》第七十五条规定：“行政行为有实施主体不具有行政主体资格或者没有依据等重大且明显违法情形，原告申请确认行政行为无效的，人民法院判决确认无效。”

除判决之外，行政诉讼中还有裁定和决定两种司法裁判形式。行政诉讼的裁定，是指人民法院在审理行政案件过程中，或者在案件的执行过程中，对于程序性问题所作出的裁决。裁定适用于不予立案、驳回起诉、管辖异议、终结诉讼、中止诉讼等情形。行政诉讼的决定，是指人民法院为了保证行政诉讼的顺利进行，对诉讼中发生的某些特殊事项所作的司法意思表示。决定包括对回避的决定、对妨害行政诉讼行为采取强制措施的决定、有关诉讼期限事项的决定、减免诉讼费的决定等。

在行政协议方面，《最高人民法院关于审理行政协议案件若干问题的规定》(法释〔2019〕17号)将有关行政协议案件的裁判划分为四大类十一种情形，其中：(1) 以“行政协议的效力”为基准，包括：①行政协议存在行政诉讼法规定的重大且明显违法情形的，法院应当确认行政协议无效；②应经批准后生效而未获批准的行政协议，法院应当确认该协议未生效；③原告认为行政协议存在胁迫、欺诈、重大误解、显失公平等情形而请求撤销，法院可以判决撤销该协议，等等。(2) 以“被告单方变更解除协议”为基准，包括：①被告变更、解除协议合法，原告请求撤销该行为，法院应判决驳回原告诉讼请求；②被告变更、解除协议存在行政诉讼法规定的撤销情形，法院应判决撤销或者部分撤销，并可责令重作，等等。(3) 以“原告请求解除协议”为基准，法院认为符合约定或者法定解除情形且不损害国家、社会公共利益和他人合法权益，可以判决解除该协议，等等。

第三编　刑事法编

第六章　刑　法

第一节　刑法概述

一、刑法的概念和体系

（一）刑法的概念

刑法是规定犯罪和刑罚的法律规范的总和。具体地说，刑法是规定哪种行为是犯罪、犯罪人应受何种刑罚处罚的法律。

刑法与其他部门法相比，具有以下两个特点：首先，刑法调整的社会关系的范围非常广泛。其次，刑法用最为严厉的制裁方法——刑罚来调整社会关系。刑罚可以剥夺行为人的财产、自由，甚至生命。由于这两个法律特征，刑法被认为是“后盾法”，是其他部门法的保护法。

我国刑法的任务包含两方面内容：一方面是惩罚的任务，即用刑罚同一切犯罪行为作斗争；另一方面是保护人民、社会和国家的任务。关于刑法的机能，是指刑法所能产生的积极作用。

（二）刑法的体系

刑法体系则是指刑法典的体系，即刑法典的组成和结构。

我国《刑法》分为总则和分则两大部分。总则与分则之间的关系是一般与特殊、抽象与具体、共性与个性的关系。《刑法》总则规定犯罪和刑罚的一般原则、共同原理以及《刑法》运用的一般规律；《刑法》分则规定各个具体犯罪的罪状和法定刑。

我国《刑法》以犯罪的同类客体为标准，将犯罪分为十类，构成《刑法》分则的十章。各章以及章内犯罪的排列顺序是按照犯罪的社会危害性程度，由重到轻排列，形成《刑法》分则的体系。这十类（章）犯罪是：（1）危害国家安全罪；（2）危害公共安全罪；（3）破坏社会主义市场经济秩序罪；（4）侵犯公民人身权利、民主权利罪；（5）侵犯财产罪；（6）妨害社会管理秩序罪；（7）危害国防利益罪；（8）贪污贿赂罪；（9）渎职罪；（10）军人违反职责罪。

本书限于篇幅，对《刑法》分则的内容和具体罪名不作介绍。

二、刑法的基本原则

刑法基本原则是法律明文规定的，贯穿全部刑法规范，指导和制约刑事立法和刑事司法，集中体现刑事法制基本精神的准则。

1. 罪刑法定原则。《刑法》第三条规定："法律明文规定为犯罪的，依照法律定罪处刑；法律没有明文规定为犯罪的，不得定罪处刑。"这一原则的具体含义就是，哪些是犯罪，哪些不是犯罪，制裁犯罪的刑罚有哪些，如何确认犯罪，怎样对犯罪适用刑罚，都必须由刑法明确加以规定。刑法没有明确规定为犯罪的，不能被当作犯罪处理。罪刑法定原则的要求是：（1）犯罪与刑罚必须事先由刑事实体法律作出明文规定，不允许司法人员自由擅断。（2）关于犯罪与刑罚的法律规定必须明确、具体。（3）刑法不得类推解释和类推适用，即禁止对《刑法》分则没有明文规定为犯罪的行为比照类似的《刑法》分则条文定罪判刑。（4）刑法不得溯及既往，禁止事后法，除非适用这种事后法比适用行为时的法律对被告人更有利。（5）禁止不定期刑，即禁止对被告人适用完全不确定具体刑种与刑期幅度的刑罚。

2. 刑法面前人人平等原则。《刑法》第四条规定："对任何人犯罪，在适用法律上一律平等。不允许任何人有超越法律的特权。"该原则的主要含义是，刑事法律统一适用于一切实施犯罪的人，不能因其民族、种族、性别、身份、职业、财产状况、家庭出身、社会地位、宗教信仰、才能业绩等不同而有所区别，既反对特权，也反对歧视。在刑事司法中贯彻这个原则要求做到：（1）定罪上一律平等。任何人犯罪，不论其身份、地位等如何，一律平等对待，在定罪方面都适用相同的标准，既不能放纵犯罪，也不能冤枉无辜。（2）量刑上一律平等。对性质和严重程度相同的犯罪，应当给予相同的处罚，即做到同罪同罚。当然，同罪同罚并不意味着只要是犯同一性质的犯罪就判处完全相同的刑罚。虽然触犯相同的罪名，但犯罪情节不同，在量刑时也应当有所区别。（3）行刑上一律平等。即在行刑时，对于所有的受刑人要平等对待。此外，在掌握法律规定的减刑、假释的条件时也应力求平等，严格以法律为准绳，不能分亲疏贵贱。

3. 罪责刑相适应原则。《刑法》第五条规定："刑罚的轻重，应当与犯罪分子所犯罪行和承担的刑事责任相适应。"重罪重罚，轻罪轻罚，罪行相称，罚当其罪。在司法适用中贯彻罪责刑相适应原则就要求：（1）确立量刑与定罪居于同等重要地位的观念，防止重定罪轻量刑。（2）强化量刑公正的执法观念，铲除粗暴落后的重刑主义错误思想。（3）实现刑罚裁量的公正平衡和协调统一，防止量刑畸轻畸重等不良现象。

三、刑法的效力范围

刑法的适用范围，又称刑法的效力范围，是指刑法发生效力的大小范围，说明刑法在何时、何地，对什么人有效。刑法的适用范围分为空间效力和时间效力两个方面：

（一）刑法的空间效力

1.刑法的空间效力的概念。刑法的空间效力，是指刑法对什么人有效，在多大的空间范围内发生法律效力，实质上就是国家刑事管辖权的范围问题。在这个问题的解决上存在以下几种不同的原则：

（1）属地原则。以地域作为确定刑法空间效力的唯一标准，主张凡在某一国领域内犯罪，不论其他因素如何，都适用该国刑法。反之，只要在该国领域外犯罪，也不论其他因素如何，都不适用该国刑法。属地原则有一个补充性的原则，称为旗国主义，即凡在悬挂某一国国旗的船舶或者有某一国国家归属标志和识别标志的航空器内犯罪的，可以适用该国刑法。

（2）属人原则。以犯罪人的国籍作为唯一标准，只要犯罪人具有某一国国籍，不问是在该国领域内还是在该国领域外，也不问被侵害的是该国利益还是外国国家或公民的利益，就适用该国刑法。反之，外国人犯罪，即使是在该国领域内，侵害了该国国家公民利益，也不适用该国刑法。

（3）保护原则。以保护本国利益作为唯一标准，凡侵害本国国家利益或国民利益的犯罪，不问其他因素如何，皆适用本国刑法。

（4）普遍原则。以保护国际社会的共同利益为标准，对侵害国际社会共同利益的犯罪，只要在某一国境内被发现，不论犯罪人的国籍、犯罪地在什么地方，也不论侵犯的是哪一个国家或哪一个国家公民的利益，则该国就必须在其所承担的国际条约义务的范围内，行使刑事管辖权。

（5）折中原则。也称综合原则，不以某一种因素作为唯一的标准，而是以属地原则为主，兼采其他原则。现在世界大多数国家（包括我国）的刑法都采用这种原则。

2.我国刑法的属地管辖权。《刑法》第六条规定："凡在中华人民共和国领域内犯罪的，除法律有特别规定的以外，都适用本法。凡在中华人民共和国船舶或者航空器内犯罪的，也适用本法。犯罪的行为和结果有一项发生在中华人民共和国领域内的，就认为是在中华人民共和国领域内犯罪。"这是我国刑法空间效力中属地原则的体现。

3.我国刑法的属人管辖权。我国《刑法》第七条规定：中华人民共和国公民在中华人民共和国领域外犯本法规定之罪的，适用本法，但是按本法规定的最高刑为三年以下有期徒刑的，可以不予追究。中华人民共和国国家工作人员和军人在中华人民共和国领域外犯本法规定之罪的，适用本法。

我国公民在我国领域内犯罪必须适用我国刑法，而我国公民在中华人民共和国领域之外犯我国刑法规定之罪的，根据上述规定，无论当地法律是否确定为是犯罪，也无论其行为侵犯的是我国国家利益或者我国其他公民利益，还是其他国家的国家利益或者国民利益，一般适用我国刑法。但是在特殊情形下（即按本法规定的最高刑为三年以下有期徒刑的犯罪），也可以不追究刑事责任。

《刑法》第十条的规定："凡在中华人民共和国领域外犯罪，依照本法应当负刑事责任的，虽然经过外国审判，仍然可以依照本法追究，但是在外国已经受过刑罚处罚的，可以免除或者减轻处罚。"该规定一方面表明作为享有独立主权的国家，我国的司法审判权不受外国审判效力的约束；另一方面也考虑到了实际情况，既然行为人在外国已经接受了部分或全部刑罚，就不应当让他重新接受刑罚。这种规定合乎情理，兼顾了原则性和公平性，也体现出定性和定量的统一。

4.我国刑法的保护管辖权。我国《刑法》第八条规定："外国人在中华人民共和国领域外对中华人民共和国国家或者公民犯罪，而按本法规定的最低刑为三年以上有期徒刑的，可以适用本法，但是按照犯罪地的法律不受处罚的除外。"外国人在我国领域内犯罪，必须一律适用我国《刑法》（享有外交特权和豁免权的除外）。为保护我国国家和公民的利益，对于外国人在我国领域外对我国国家或者公民的犯罪，我国《刑法》也有权管辖。但是，由于行为人身在国外，而且是外国人，受外国法律保护，如果单方面强调我国刑法的管辖权，通常是不太实际的，因此适用我国刑法的保护原则具有一定的条件。

5.我国刑法的普遍管辖权。我国《刑法》第九条规定："对于中华人民共和国缔结或者参加的国际条约所规定的罪行，中华人民共和国在所承担条约义务的范围内行使刑事管辖权的，适用本法。"根据该条规定，对于我国缔结或参加的国际条约所规定的犯罪，不论犯罪分子是哪国人，不论罪行发生在什么地方，只要罪犯在我国境内被发现，我国就应当在所承担条约义务范围内，行使刑事管辖权。

（二）刑法的时间效力

刑法的时间效力，指的是刑法生效和失效的时间，以及刑法对它生效以前发生的行为是否具有溯及既往的效力。刑法生效即刑法开始发生效力，刑法失效即刑法对新发生的犯罪不再具有效力。

1.刑法的生效时间。刑法的生效时间有两种方式：一种是自公布之日起生效；另一种是公布之后经过一段时间再生效。

我国立法机关对于一些重大法律，通常会采取第二种做法，这主要是为了在新的法律生效之前进行法律的宣传教育，让司法工作人员做好实施新法的准备，给广大群众预留出理解新法内容的时间。

2.刑法的失效时间。刑法的失效时间也有两种方式：一是明示失效，即由国家立法机关明确规定或者宣布某一项法律失去效力。如《刑法》第四百五十二条第二款规定："列于本法附件一的全国人民代表大会常务委员会制定的条例、补充规定和决定，已纳入本法或者已不适用，自本法施行之日起，予以废止。"二是自然失效，即随着新的法律的颁布实施，具有同一内容的旧法律、法令失去效力，或者由于法律实施所依存的现实条件已经消失，旧法自动废止。如我国的《刑法修正案》通常规定"本修正案自公布之日起施行"，这意味着当修正案施行（即生效）时，由它所修正的相应刑法条文就自行失效。

3.刑法的溯及力。刑法的溯及力，也称刑法溯及既往的效力，是指刑法对它生效以前发生的、未经审判或者判决尚未确定的案件是否能够适用的问题。刑法能适用于它生效以前的案件就叫作有溯及力，反之就是无溯及力。

我国《刑法》第十二条第一款规定："中华人民共和国成立以后本法施行以前

的行为，如果当时的法律不认为是犯罪的，适用当时的法律；如果当时的法律认为是犯罪的，依照本法总则第四章第八节的规定应当追诉的，按照当时的法律追究刑事责任，但是如果本法不认为是犯罪或者处刑较轻的，适用本法。”此外，该条第二款规定：“本法施行以前，依照当时的法律已经作出的生效判决，继续有效。”根据上述法律规定，可以看出我国现行《刑法》关于溯及力问题的规定，采取“从旧兼从轻”的原则。

第二节 犯 罪

一、犯罪的定义和特征

（一）犯罪的定义

《刑法》第十三条规定：“一切危害国家主权、领土完整和安全，分裂国家、颠覆人民民主专政的政权和推翻社会主义制度，破坏社会秩序和经济秩序，侵犯国有财产或者劳动群众集体所有的财产，侵犯公民私人所有的财产，侵犯公民的人身权利、民主权利和其他权利，以及其他危害社会的行为，依照法律应当受刑罚处罚的，都是犯罪，但是情节显著轻微危害不大的，不认为是犯罪。”这是我国《刑法》对犯罪的定义。

其中，“情节显著轻微危害不大的，不认为是犯罪”，被称为犯罪定义的“但书”。例如，已满十四周岁不满十六周岁的人强拿硬要少量财物，符合抢劫特征，但是情节显著轻微，危害不大的，不认为是犯罪。“但书”是区分“违法行为”与“犯罪行为”的标准，我国对危害行为的惩罚是由两个层次的法律构成的：第一层次是治安管理处罚法以及市场监督、海关、税务等行政、经济法规中的处罚规定，违反这些规定的属于“违法行为”；第二层次才是刑法，违反刑法的属于“犯罪”。“但书”的刑事政策意义在于，可以缩小犯罪或刑事处罚的范围，避免给一些轻微的危害行为（或违法行为）打上犯罪的标记，有利于行为人改过自新，还可以合理配置司法资源，集中力量惩罚严重的犯罪行为。

（二）犯罪的特征

1.严重的社会危害性。犯罪是严重危害社会的行为，具有严重的社会危害性，这是犯罪最基本的特征。这种社会危害性具体表现为《刑法》第十三条主要以列举的方式所提到的各种危害。首先，犯罪是一种行为，而不是思想。犯罪的社会危害性就体现在它是一种能够给国家、社会利益或公民合法权益造成或者足以造成严重实际损害的行为。其次，行为的社会危害性是不以人的意志为转移的客观存在，但是，它的大小、轻重、有无，要受现实社会的政治、经济、文化等条件的制约。最后，行为的社会危害性的大小，还受行为的手段、后果、时间、地点，行为人的主观因素、个人生理和心理情况等条件的影响。因此，要用辩证的、历史的、全面的观点考察行为的社会危害性。

2.刑事违法性。犯罪是具有严重社会危害性的行为，但并非行为只要有严重危害社会的性质就当然属于犯罪。在坚持罪刑法定原则的背景下，犯罪认定的标准只能是根据《刑法》的明文规定，即只有《刑法》所明文规定禁止的行为，才属于犯罪行为。否则，即便行为有严重的社会危害性，也不能被视为犯罪。

刑事违法性这一特征是行为的严重社会危害性在法律上的体现，因为从立法的角度来看，国家制定和实施刑法的目的是为了禁止某些特定的行为，而之所以这样，是因为这些行为具有严重的社会危害性，运用道德的谴责或一些严厉性较弱的法律、法规已难以对其进行有效地规制。因此，一定的社会危害性是刑事违法性存在的根据，二者之间在一定程度上体现为内容和形式的关系。

对于某一行为，只有当它不但具有社会危害性，而且具有刑事违法性时，才可能被认定为犯罪。犯罪具有严重的社会危害性，因而是国家的刑事法律所严厉禁止的违法行为。因此，所有的犯罪行为都触犯刑事法律，即具有刑事违法性。

3.应受刑罚惩罚性。任何违反国家法律的行为都需要承担一定的法律后果，违反国家刑事法律的禁止规定、具有严重的社会危害性的犯罪，必然是应当受到刑罚制裁的行为。国家通过刑罚来防止犯罪行为的发生，刑罚是最严厉的制裁方法，这一制裁方法只能适用于犯罪这种严重危害社会并违反刑法规范的行为。犯罪是刑罚发动的前提，适用刑罚是犯罪的法律后果，因此，犯罪都具有应受刑罚惩罚性的基本特征。如果某一行为不具备这个特征，即使具有严重的社会危害性和刑事违法性，也只是违法行为，还不能构成犯罪。

然而，应受刑罚惩罚性并不意味每种犯罪都受到实际的刑罚处罚。换言之，它并不排斥对有关犯罪适用刑法中“免除处罚”或“免予刑事处罚”的规定，某些案件中对犯罪的定罪免刑与犯罪的应受刑罚惩罚性特征并不矛盾。

综上所述，严重的社会危害性、刑事违法性以及应受刑罚惩罚性是犯罪的三个基本特征，这三者之间是密切联系的。其中，严重的社会危害性是犯罪的本质特征，是刑事违法性和应受刑罚惩罚性的存在根据；刑事违法性和应受刑罚惩罚性是社会危害性在法律层面上的表现和后果。

二、犯罪构成

（一）犯罪构成的概念

犯罪构成，是指我国《刑法》规定的决定某个具体行为的社会危害性及其程度，因而是该行为构成犯罪所必须齐备的一切主观和客观要件组合成的有机整体。换言之，某个具体行为成为犯罪所必须符合的那些条件的总和，就是刑法理论上所说的“犯罪构成”。依据我国《刑法》的规定，任何犯罪的成立都必须同时具备四个条件，即犯罪客体、犯罪客观方面、犯罪主体、犯罪主观方面。我国刑法中的犯罪构成具有以下特征：（1）犯罪构成是成立犯罪所必须具备的客观要件和主观要件的有机结合；（2）犯罪构成的组成要素能够评价或表明行为的社会危害性及其程度；（3）犯罪构成是刑法所明文规定的，具有法定性。

（二）犯罪构成的分类

1.基本的犯罪构成和修正的犯罪构成。基本的犯罪构成，是指《刑法》分则条文就某一犯罪的既遂状态所规定的犯罪构成。例如，《刑法》第二百三十二条规定：“故意杀人的，处死刑、无期徒刑或者十年以上有期徒刑；情节较轻的，处三年以上十年以下有期徒刑。”该条规定了故意杀人罪的基本构成，包括故意实行杀人行为和造成死亡结果。修正的犯罪构成，是指为了适应认定故意犯罪过程中各种停止形态或数个行为人共同犯罪的需要，在以基本的犯罪构成为前提的情况下，通过《刑法》总则条文对基本构成包含的某些要件加以修改、变更而形成的犯罪构成，通常包括故意犯罪的未完成形态如犯罪预备、未遂和中止等形态，以及共同犯罪形态，如帮助犯、教唆犯等。如《刑法》第二十二条关于预备犯的规定是对某一具体犯罪基本构成中客观方面特有要件的修改、变更；第二十九条关于教唆犯的规定则是对特定犯罪基本构成中主体及客观方面特有要件的修改、变更。

2. 标准的犯罪构成和派生的犯罪构成。标准的犯罪构成，又称普通的犯罪构成，是指《刑法》条文对具有通常社会危害程度的行为所规定的犯罪构成。因为刑法通常以此为基准设置处罚，所以也作为处罚的基准形态。派生的犯罪构成，是指以标准的犯罪构成为基础，因为具有较轻或较重的法益侵害程度而从标准的犯罪构成中派生出来的犯罪构成。后者相对于标准犯罪构成的处罚基准形态而言属于处罚减轻或加重的形态，包括减轻的犯罪构成与加重的犯罪构成。如《刑法》第二百三十二条规定：“故意杀人的，处死刑、无期徒刑或者十年以上有期徒刑；情节较轻的，处三年以上十年以下有期徒刑。”其中，适用“处死刑、无期徒刑或者十年以上有期徒刑”的法律后果的构成要件（故意杀人且致人死亡、侵害了生命法益），属于故意杀人罪的标准的犯罪构成。而故意杀人“情节较轻的”，是适用“三年以上十年以下有期徒刑”较轻法律后果的构成要件，属于故意杀人罪的派生的犯罪构成（减轻的犯罪构成）。

（三）犯罪客体

1.犯罪客体的概念和种类

犯罪客体，是指我国《刑法》所保护、被犯罪行为所侵害的社会主义社会关系。行为之所以能够被认定为犯罪，首先就在于它侵犯了一定的社会关系，而其所侵犯的社会关系越重要，该行为的社会危害性也就越大。犯罪客体是任何行为构成犯罪的必备要件之一，没有侵犯犯罪客体的行为是不可能构成犯罪的。对犯罪客体可按其范围大小划分为三种：一般客体、同类客体和直接客体。

（1）一般客体。犯罪的一般客体，是指一切犯罪所共同侵害的社会利益，即社会主义社会利益的总体。犯罪的一般客体反映犯罪行为的共同本质，是刑法保护客体的最高层次。直接客体、同类客体都是社会利益总体（即一般客体）的组成部分，三者之间是个别、局部与整体的关系。无论犯罪行为直接侵害了何种社会利益，归根到底都是对社会主义社会利益的侵害。

（2）同类客体。犯罪的同类客体，是指我国刑法所保护的而为某一类犯罪所共同侵犯的社会关系，或者说是某一类犯罪共同侵犯的社会关系的某一方面或者某一部分。同类客体是一类犯罪所侵犯的社会利益的共同属性。犯罪的同类客体具有犯罪的分类功能和《刑法》分则体系的建构功能。不同的犯罪之间会存在一些共性，某些犯罪所侵犯的客体是相同的或者相近的。不同的同类客体，体现了不同的社会危害性。如危害国家安全罪较之侵犯财产罪更具有社会危害性；又如人身权利较之财产权利更值得刑法保护，所以故意杀人罪比盗窃罪有更大的社会危害性。

（3）直接客体。犯罪的直接客体，是指某一具体犯罪直接侵犯的、我国《刑法》所保护的某一种具体的社会关系。如交通肇事罪的直接客体是交通运输安全，盗窃罪的直接客体是财产所有权。犯罪的直接客体是研究犯罪客体的重点，也是司法实践中依据客体而区分罪与非罪、此罪与彼罪的标准，《刑法》分则中所提到的犯罪客体通常就是指犯罪的直接客体。根据犯罪侵害的具体社会关系数量的多少，直接客体又被分为简单客体和复杂客体。某一种犯罪直接侵害一种具体的社会关系，叫作简单客体，也称单一客体，我国《刑法》中所规定的犯罪的客体多数都是简单客体。犯罪行为直接侵犯两种以上的具体社会关系，就是复杂客体，比如抢劫罪同时侵害财产所有权和公民的人身权利。区分简单客体和复杂客体也有利于正确定罪量刑。

2.犯罪对象和犯罪客体的联系与区别。犯罪对象是指犯罪行为直接作用的具体物或者具体人，比如故意伤害罪中的被害人、盗窃罪中被窃取的公私财物。

犯罪对象和犯罪的直接客体有密切的联系，表现在：（1）直接客体是犯罪行为侵害的具体社会关系，而犯罪对象是犯罪直接作用的具体物或具体人；具体物是具体社会关系的物质表现，具体人是具体社会关系的主体或承担者。（2）犯罪行为通过作用于犯罪对象来侵害犯罪客体。犯罪对象和犯罪客体又有显著的区别：（1）犯罪客体决定犯罪性质，犯罪对象却不能；（2）犯罪客体是任何犯罪构成的必备要件，而犯罪对象只是某些犯罪的必备要件；（3）任何犯罪都会侵害犯罪客体，但并不是所有犯罪中犯罪对象都会受到损害；（4）犯罪客体是犯罪分类的基础，犯罪对象则不是。

（四）犯罪客观方面

1.犯罪客观方面的概念。犯罪客观方面，是指《刑法》所规定的，说明在什么条件下、通过什么样的行为侵害某种客体并造成怎样的危害后果的客观事实特征，亦即犯罪活动的客观外在表现，它又称犯罪构成的客观方面。犯罪客观方面包括危害行为、危害结果，犯罪的时间、地点、方法等要素。其中，危害行为是每一种犯罪成立都必不可少的犯罪构成客观方面的必备要件。

2.危害行为。危害行为是指表现人的意志或者意识，危害社会并被刑法所禁止的动与静。危害行为必须是受人的意志和意识支配的举动，因此，缺乏意志或者意识的身体活动，即使造成客观上的损害后果，也不是刑法意义上的危害行为，不能当作犯罪处理。这类缺乏意志或者意识的身体活动主要有生理上的条件反射动作、睡梦中的动作（梦游）、身体被外力强制下的动作等。危害行为是任何一个具体犯罪构成的基础，在犯罪论体系中处于核心的地位。没有危害行为，就没有犯罪。

危害行为的基本形式有作为和不作为两种。

作为，是指犯罪人在其犯罪意志支配下，积极实施刑法所禁止的危害社会的行为，即不当为而为，刑法禁止做而去做，大多数犯罪行为都以作为的形式出现，如撬门入室盗窃他人财物、持刀拦路抢劫等。在具体的司法实践中，作为的方式主要有以下几种：（1）利用自己身体的作为，这也是最为常见的方式，如用拳头打伤他人，用言语对他人实施诈骗活动等。（2）利用物质性工具的作为，如使用枪支、刀具杀害他人，利用网络进行诈骗等。（3）利用自然力实施的作为，如放火、决水等都属于此类。（4）利用动物实施的作为，如行为人驱使恶狗咬伤他人等。（5）利用他人实施的作为，这是指将他人当作工具而实施的危害行为，最为典型的就是教唆未达到刑事责任年龄的人进行犯罪。

不作为，是指犯罪人在其犯罪意志支配下，消极地拒不实施法律要求其履行义务的行为，亦即当为而不为，也就是应该实施并且能够实施某种积极行为但却拒不实施。例如，调度员故意放弃职责，不进行调度，致使列车发生相撞事故，因而构成犯罪的行为。以不作为的形式构成犯罪，在客观方面必须具备以下条件：（1）行为人负有实施某种行为的特定义务。其义务来源有以下几个方面：①法律明文规定的义务。②职务或者业务所要求的义务。如值班医生对病重的患者有抢救的义务、消防队员有消除火患的义务等。③法律行为引起的义务。例如，监护人对自己监护下的精神病人，在发生侵害法益的危险时，有防止其发生的义务；将弃婴抱回家中的人，对该婴儿负有的抚养义务。④先行行为引起的义务。这是指在行为人的行为使得刑法所保护的社会关系处于危险状态时，要求行为人实行特定的行为，以防止危险发生的义务。如果行为人不履行这种义务，就是以不作为的形式实施危害行为。（2）行为人有履行特定义务的实际可能。一般认为，这是不作为成立的重要条件。行为人如果没有选择自己行为的自由，就不应当承担其后果的责任。（3）行为人未履行特定义务。这是构成不作为的现实条件。只有在行为人具有作为能力，而且也具有作为的义务，却没有实施一定的作为的时候，不作为才成立。

3.危害结果。危害结果又称犯罪结果，是指犯罪行为对我国《刑法》所保护的社会关系所造成的实际损害。危害结果在许多犯罪中是定罪的主要根据之一。绝大多数过失犯罪都要求发生法定的物质性危害结果才构成犯罪，如过失致人死亡罪，必须发生死亡结果才能构成该罪。有些条文规定，如果犯罪行为发生了某种严重的危害结果，则加重其法定刑，如抢劫、强奸致人重伤、死亡等。

4.刑法中的因果关系。刑法中的因果关系是危害行为与危害结果之间的一种客观的引起与被引起的关系。确认行为与结果存在因果关系，是让行为人对该结果负刑事责任的客观基础。刑法中的因果关系具有以下特点：（1）客观性。危害行为与危害结果之间的因果关系不受行为人主观认识的影响。行为人是否料想到自己的行为可能导致该种危害结果，对因果关系的有无不发生任何影响。（2）相对性。原因与结果是相对的，某一现象既是前一现象的结果又是后一现象的原因。因此，需从整个因果链条中抽出一对现象来研究。刑法研究因果关系的目的是解决行为人对危害结果是否应当承担刑事责任，所以在认定因果关系时应当抽取危害行为与危害结果这对现象，研究其因果关系。（3）必然性。因果关系一般表现为两种现象之间有着内在的、必然的、合乎规律的引起与被引起的关系。这是因果关系基本的和主要的表现形式。（4）复杂性。因果关系往往会呈现出复杂的形态，主要表现为多因一果及一因多果。

5.犯罪客观方面的其他要件：犯罪的时间、地点、方法。任何犯罪行为都是在一定的时间、地点，以一定的方式方法实施的。但是在一般情况下，刑法对犯罪的时间、地点、方法不作特别的限定，所以它们通常不是犯罪构成的客观要件。但是，如果刑法把时间、地点、方法明文规定为某种犯罪的构成条件时，它们就成为构成该罪不可缺少的条件。

（五）犯罪主体

1.犯罪主体的概念。犯罪主体，是指实施了犯罪行为，并且依法应当承担刑事责任的自然人和单位。只有达到刑事责任年龄并且具备刑事责任能力的自然人和《刑法》明确规定的单位，才可能成为犯罪主体。

2.刑事责任能力。刑事责任能力，是指行为人构成犯罪并承担刑事责任所必须具备的刑法意义上的辨认或控制自己行为的能力。刑事责任能力包括辨认行为能力和控制行为能力。只有具备刑事责任能力的自然人，才能成为自然人犯罪主体，才能把他的行为定为犯罪并予以处罚。犯罪主体的辨认能力就是行为人对自己行为的意义、性质和后果等的认识能力，而控制能力则是指行为人决定自己是否实施犯罪行为的能力。辨认能力是刑事责任能力的前提和基础，控制能力是刑事责任能力的关键。

我国《刑法》将刑事责任能力分为以下几种：（1）完全刑事责任能力。凡年满十八周岁、精神和生理功能健全且智力与知识发展正常的人，都是完全刑事责任能力人，他们可以成为任何一种犯罪的犯罪主体。（2）完全无刑事责任能力。完全无刑事责任能力人对自己实施的任何危害行为都不负刑事责任。完全无刑事责任能力人分为两类：一类是不满十二周岁的未成年人；另一类是行为时因患精神病而不能辨认或者不能控制自己行为的精神病人。一个被确认为无刑事责任能力的精神病人，必须同时符合两个标准：一是他在实施危害行为时处于精神病状态；二是由于精神病病理机制使他不能辨认或者控制自己的行为。前一标准是医学标准，后一标准是心理学标准（又称法学标准）。（3）相对无刑事责任能力。我国《刑法》中相对无刑事责任能力人是指已满十二周岁不满十六周岁的未成年人。这类人只对部分犯罪负刑事责任。其中已满十四周岁不满十六周岁的未成年人只对下列八种罪负刑事责任：故意杀人、故意伤害致人重伤或者死亡、强奸、抢劫、贩卖毒品、放火、爆炸、投放危险物质罪。已满十二周岁不满十四周岁的未成年人，犯故意杀人、故意伤害罪，致人死亡或者以特别残忍手段致人重伤造成严重残疾，情节恶劣，经最高人民检察院核准追诉的，应当负刑事责任。（4）减轻刑事责任能力。又称限制刑事责任能力，我国《刑法》明文规定的限制刑事责任能力的人有：已满十二周岁不满十八周岁的未成年人；已满七十五周岁的人；尚未完全丧失辨认或者控制自己行为能力的精神病人；又聋又哑的人和盲人。《刑法》规定：未成年人犯罪，应当从轻或者减轻处罚。已满七十五周岁的人故意犯罪的，可以从轻或减轻处罚；过失犯罪的，应当从轻或减轻处罚。尚未完全丧失辨认或者控制自己行为能力的精神病人犯罪的，可以从轻或者减轻处罚。又聋又哑的人或者盲人犯罪的，可以从轻、减轻或者免除处罚。

3.刑事责任年龄。刑事责任年龄，是指法律所规定的行为人对自己实施的刑法所禁止的危害社会的行为负刑事责任所必须达到的年龄。就自然人而言，达到一定年龄才能具备刑事责任能力，才能作为犯罪主体对自己实施的危害行为负刑事责任。我国《刑法》将刑事责任年龄划分为三个阶段：(1) 完全不负刑事责任年龄阶段。不满十二周岁是完全不负刑事责任年龄的阶段，这一阶段的人是完全无刑事责任能力的人。这一阶段的人实施任何危害行为，一概不负刑事责任。(2) 相对负刑事责任年龄阶段。我国《刑法》规定，已满十四周岁不满十六周岁的未成年人只对规定的八种罪负刑事责任。年满十二周岁不满十四周岁的未成年人，只可能对规定的两种罪负刑事责任。(3) 完全负刑事责任年龄阶段。已满十六周岁是完全负刑事责任年龄阶段。处于这个年龄阶段的行为人，对自己实施的一切犯罪行为都要负刑事责任。

4.自然人犯罪主体的特殊身份。《刑法》规定，达到刑事责任年龄并且具备刑事责任能力是自然人犯罪主体的必备要件。只要具备该条件即可成立的犯罪主体，叫作一般犯罪主体。比如，任何具备刑事责任能力的人都可以成为盗窃罪的犯罪主体。特殊犯罪主体则是指除要求具备刑事责任能力条件外，还要求具有特定的职务或者身份才能构成的犯罪主体。比如，挪用公款罪的犯罪主体仅限于国家工作人员，枉法裁判罪的主体只限于司法工作人员。

5.单位犯罪。单位犯罪，是指由公司、企业、事业单位、机关、团体实施的依法应当承担刑事责任的危害社会的行为。并非所有的犯罪都可由单位构成，只有法律明文规定单位可以成为犯罪主体的犯罪，单位才能成为犯罪主体并承担刑事责任。单位犯罪多数为故意犯罪，少数属于过失犯罪。对单位犯罪的处罚，《刑法》第三十一条规定，单位犯罪的，对单位判处罚金，并对其直接负责的主管人员和其他直接责任人员判处刑罚，即对单位犯罪一般实行“双罚”原则。《刑法》分则有特别规定只实行“单罚”的，依照规定。从《刑法》现有的规定看，在单罚的场合一般只处罚直接负责的主管人员和其他直接责任人员。

(六) 犯罪主观方面

1.犯罪主观方面的概念。犯罪主观方面，是指犯罪主体对自己的行为及其危害结果所持的心理态度，包括罪过（故意和过失）、犯罪目的和犯罪动机。其中，罪过是一切犯罪构成所必须具备的主观要件。

2.犯罪故意。犯罪故意是指行为人明知自己的行为会发生危害社会的结果，并且希望或者放任这种结果发生的心理态度。犯罪故意主要分为以下两种类型：

(1) 直接故意，是指行为人明知自己的行为必然发生或者可能发生危害社会的结果，并且希望这种结果发生的心理态度。这种希望的心理态度会通过意图达到、积极追求、努力使结果实现等主动性极其强烈的行为表现出来。(2) 间接故意，是指行为人明知自己的行为可能发生危害社会的结果，并且放任这种结果发生的心理态度。所谓间接故意就是既不积极追求，也不排斥、反对，而是任随事态自由发展。间接故意通常存在于下列三种情形中：其一，为实现某种犯罪意图而放任另一危害结果发生；其二，为实现一个非犯罪意图而放任危害结果发生；其三，突发性的犯罪，不计后果，放任严重危害结果发生。

直接故意与间接故意的区别表现在：其一，在认识因素上，直接故意的行为人认识到危害结果发生的必然性或可能性，间接故意的行为人只是认识到危害结果发生的可能性而不会认识到必然性；其二，在意志因素上，直接故意希望危害结果发生，间接故意放任结果发生。

3.犯罪过失。犯罪过失是指行为人应当预见自己的行为可能发生危害社会的结果，因为疏忽大意而没有预见，或者已经预见而轻信能够避免，以致发生这种结果的心理态度。犯罪过失分为以下两种：(1) 疏忽大意的过失，是指行为人应当预见自己的行为可能发生危害社会的结果，因疏忽大意而没有预见，以致发生这种结果的心理态度。比如，做手术的医生不负责任、马虎大意，将手术器械遗留于患者腹中致危害发生。(2) 过于自信的过失，是指行为人预见到自己的行为可能发生危害社会的结果，但轻信能够避免，以致发生这种结果的心理态度。比如，驾驶员自恃经验丰富、技术高超，自认为不会肇事，遂置已发现的危险状况于不顾，违章行驶导致伤亡事故。

4.犯罪目的和犯罪动机。犯罪目的是指犯罪人希望通过犯罪行为达到某种结果的心理状态，是危害结果在犯罪人头脑中预先的观念的存在。犯罪动机是指刺激犯罪人实施犯罪行为以达到犯罪目的的内心冲动或内心起因。比如，为图谋钱财而实施杀人行为，谋财是犯罪动机，追求他人死亡的结果是犯罪目的。只有直接故意犯罪存在犯罪目的和犯罪动机，间接故意犯罪和过失犯罪则不存在犯罪目的和犯罪动机。

5.意外事件和不可抗力。(1) 意外事件。《刑法》第十六条规定："行为在客观上虽然造成了损害结果，但是不是出于故意或者过失，而是由于不能抗拒或者不能预见的原因所引起的，不是犯罪。"意外事件是指客观上虽然造成了损害结果，却是由于不能预见的原因所引起的行为。意外事件的主要特征是：其一，行为人的行为在客观上造成了损害结果。这种损害结果是由行为人的行为直接引起的，存在着刑法上的因果关系。其二，行为人在主观上对自己的行为造成的损害结果没有任何过错。行为人对自己的行为所造成的损害结果，在主观上既非出于故意，亦非出于过失，基于此，又可将其称为无罪过事件。其三，损害结果的产生是由于不能预见的原因引起的。在这一情况下，行为人没有预见到自己的行为可能造成损害结果，根据行为当时的情况来判断，他既不可能预见，也不应当预见。例如，在一段较为偏僻且崎岖的山路上，司机甲于风雨交加的夜晚驾车通过，轧死了躺在路中间睡觉的精神病人。这种情况属于非常规的事情，司机甲根本无法预见。因此，该事件就属于意外事件，司机甲不构成犯罪，不负刑事责任。（2）不可抗力。根据《刑法》第十六条的规定，不可抗力是指客观上虽然造成了损害结果，是由于不能抗拒的原因所引起的行为。不可抗力也具备三个特征，前两个特征和意外事件完全相同，只是在损害结果的产生原因上，不可抗力与意外事件存在区别。在不可抗力的场合下，损害结果的产生是由于不能抗拒的原因引起的。在这一情况下，行为人虽认识到自己的行为会发生损害结果，但由于当时的主客观条件的限制，行为人无力排除或防止损害结果的发生。

三、正当行为

正当行为，是指形式上与犯罪行为相似，但因实质上不具有社会危害性，不可能构成犯罪，而为法律所允许的行为。正当行为一般包括正当防卫行为、紧急避险行为、履行法定义务行为、行使合法权利行为、依法执行命令行为、经被害人同意行为。我国现行《刑法》只规定了正当防卫和紧急避险。

（一）正当防卫

1.正当防卫的概念和成立条件。正当防卫，是指为了使国家、公共利益、本人或者他人的人身、财产和其他权利免受正在进行的不法侵害，对不法侵害人所实施的制止其不法侵害且没有明显超过必要限度造成重大损害的行为。

正当防卫的成立必须同时具备下列条件：（1）防卫行为针对的必须是不法侵害，这是正当防卫的起因条件。不法侵害包括故意犯罪行为、尚未构成犯罪的违法侵害行为以及无刑事责任能力人实施的侵害等。对以下几类行为，不能实施或者无法实施正当防卫：其一，履行法定义务行为、行使合法权利行为、依法执行命令的行为等合法行为；其二，对正当防卫行为不能实行反防卫；其三，对紧急避险不能实行正当防卫；其四，对意外事件不能实行正当防卫；其五，对防卫过当、避险过当不能实行正当防卫；其六，对过失犯罪、不作为犯罪无法实行正当防卫。（2）必须是对正在进行中的不法侵害才能实施正当防卫，这是正当防卫的时间条件。首先，不法侵害必须是实际存在的。假如事实上不存在不法侵害，行为人误以为存在，而对假想中的不法侵害人进行防卫，就属于假想防卫而不是正当防卫。其次，不法侵害必须是正在进行之中。如果不法侵害尚未开始或者已经结束，则不能实行正当防卫，否则就是防卫不适时（事先防卫或者事后防卫）。（3）必须是为了使国家、公共利益、本人或者他人的人身、财产和其他权利免受正在进行的不法侵害，才能进行正当防卫。这是正当防卫的目的条件。（4）必须针对不法侵害者本人实施防卫行为，这是正当防卫的对象条件。对于实施不法侵害的自然人本人以外的第三人、其他无辜公民、动物、财产或者法人、单位、社会组织等，不能进行正当防卫。（5）正当防卫不能明显超过必要限度并造成重大损害，这是正当防卫的限度条件。对“必要限度”应理解为，只要防卫行为在当时具体情况下能够及时、有效地制止不法侵害，没有超出制止不法侵害所必需的范围（即防卫行为的强度和力度虽然较大，但与不法侵害行为的强度、力度之间不存在过于悬殊的差异），即便造成重大损害，也还在必要限度内；或者防卫行为虽然超出制止不法侵害所必需的范围，但是没有造成重大损害，也不属于明显超过必要限度。

2.防卫过当。防卫过当，是指正当防卫明显超过必要限度，对不法侵害人造成重大损害的行为。防卫过当构成犯罪的，其罪名应当依照《刑法》分则具体条文的规定确定。防卫过当构成犯罪的，应当减轻或者免除处罚。

我国《刑法》规定，对正在进行行凶、杀人、抢劫、强奸、绑架以及其他严重危及人身安全的暴力犯罪，采取防卫行为，造成不法侵害人伤亡的，不属于防卫过当，不负刑事责任。

（二）紧急避险

1.紧急避险的概念和成立条件。紧急避险，是指为使国家、公共利益、本人或他人的人身、财产和其他权利免受正在发生的危险，在迫不得已的情况下损害另一个较小合法权益而保全较大合法权益的行为。

紧急避险的成立必须具备以下条件：（1）必须存在威胁合法权益的实际危险，这是紧急避险的起因条件。危险是某种可能对合法权益造成损害的紧迫事实状态。行为人误以为存在而实际上并不存在危险时实施所谓的紧急避险的，叫作假想避险。（2）必须是危险正在发生，这是紧急避险的时间条件。紧急避险必须在危险已经出现而又尚未结束时实行。如果危险尚未发生或者已经结束，行为人实行避险的，是避险不适时，造成重大损害的，要负刑事责任。（3）必须是为了保护合法权益免受正在发生的危险的损害，这是紧急避险的目的条件。（4）紧急避险的对象，只能是无辜的第三者的合法权益，这是紧急避险的对象条件。（5）紧急避险只能在迫不得已的情况下实施，这是紧急避险的限制条件。迫不得已，是指在当时除了损害无辜的第三者的较小的合法权益之外，再也没有其他的方法来避免更大的合法权益免受损害。（6）紧急避险行为不能超过必要限度，造成不应有的损害，这是紧急避险的限度条件。这就要求紧急避险行为造成的损害，必须小于所要避免的损害。换言之，损害的利益必须小于而不能等于更不能大于所保护的利益。（7）紧急避险的特别例外。我国《刑法》规定，职务上、业务上负有特定责任的人（如消防队队员、民航机组人员等），不能为了避免本人遭受危险而实施紧急避险，这是紧急避险的主体限制条件。

2.避险过当。紧急避险超过必要限度造成不应有损害的行为，就是避险过当。即由于行为人主观上的放任或者过失，使避险时损害的利益等于甚至超过了所要保护的利益。避险过当要负刑事责任，但是应当减轻或者免除处罚。

四、故意犯罪的停止形态

（一）故意犯罪停止形态的概念

故意犯罪的停止形态，是指故意犯罪在其产生、发展和完成的过程及阶段中，因主客观原因而停止下来的各种犯罪状态，包括犯罪既遂、犯罪预备、犯罪未遂、犯罪中止。故意犯罪的这几种停止形态只存在于直接故意犯罪之中，过失犯罪和间接故意犯罪中不存在故意犯罪的停止形态。

（二）犯罪既遂

1. 犯罪既遂的概念。犯罪既遂，是指犯罪人故意实施的行为已经具备了《刑法》规定的某种犯罪的全部构成要件的犯罪形态。犯罪既遂是故意犯罪的完成形态。对犯罪既遂应直接按照《刑法》分则对某种具体罪规定的法定刑幅度进行处罚。

2. 犯罪既遂的类型。犯罪既遂的类型有以下几种：（1）结果犯，是指以发生法律规定的危害结果为标准，行为人不仅实施了《刑法》规定的某种犯罪行为，而且造成了法定的危害结果，才构成既遂的犯罪，如故意伤害罪、盗窃罪、诈骗罪。（2）危险犯，是指以具备足以造成严重危害后果的危险状态为标准，行为人实施《刑法》规定的某种犯罪行为，只要达到足以造成某种严重危害后果的危险状态，即使某种严重危害后果尚未发生，也构成既遂的犯罪，如放火罪、爆炸罪等。（3）行为犯，是指以实施法律规定的行为的完成为标准，行为人只要完成《刑法》规定的某种犯罪行为，无论危害结果是否发生都构成既遂的犯罪，如强奸罪、脱逃罪等。（4）举动犯，是指以实行犯罪行为为标准，行为人一着手实施犯罪的实行行为立即构成既遂的犯罪，如传授犯罪方法罪，组织、领导、参加恐怖组织罪等。

（三）犯罪预备

1. 犯罪预备的概念。犯罪预备，是指行为人为了实行犯罪而实施的准备犯罪工具和制造犯罪条件的行为。其具有以下特征：（1）行为人已经实施了犯罪预备行为。预备行为，是指为犯罪所作的准备活动，可以是为犯罪创造一些有利条件，也可以是为犯罪清除一些障碍，还可以是为犯罪后摆脱查处进行一些反侦查的布置。（2）行为人客观上未着手实行犯罪行为。犯罪预备必须停止在犯罪预备阶段，且不可能继续发展进入着手实行阶段。如抢劫犯拦住他人时，即被公安人员抓获；再如盗窃犯在深夜外出物色财物时，被巡逻的民警抓住。犯罪预备中，行为人没有着手实施实行行为，这是犯罪预备与犯罪未遂相互区分的关键。（3）未能着手实行犯罪是由于行为人意志以外的原因所造成的。犯罪停止于预备阶段，可以是因为行为人自动停止，也可以是因为行为人意志以外的原因使其不得不停止进一步实施的行为。如果是前一种情况，则不构成犯罪预备，应以犯罪中止论。（4）行为人主观上有明确的犯罪故意，目的是“为了犯罪”。《刑法》第二十二条所规定的“为了犯罪”，一般是指为了顺利实行犯罪。在很多犯罪中，预备阶段是必经阶段，如果缺乏“为了犯罪”的目的，即使行为具有一定的社会危害性，也不能以预备犯处理。

2. 预备犯的刑事责任。我国《刑法》规定，对于预备犯，可以比照既遂犯从轻、减轻处罚或者免除处罚。

（四）犯罪未遂

1. 犯罪未遂的概念。犯罪未遂，是指犯罪人已经着手实施具体犯罪的实行行为，因意志以外的原因而没有达到犯罪完成状态的一种犯罪停止形态。犯罪未遂的特征表现为：（1）行为人已经着手实行犯罪。（2）犯罪未完成而停止下来。行为人在着手实行犯罪以后，犯罪“未得逞”，即犯罪未达既遂形态而停止下来。（3）犯罪停止在未完成形态是犯罪分子意志以外的原因所致。

2. 犯罪未遂的类型。犯罪未遂的类型有：（1）实行终了的未遂和未实行终了的未遂。这是以犯罪行为是否实行终了为标准所进行的划分。例如，盗窃保险柜的罪犯正在开柜时被抓获，属于未实行终了的未遂；盗窃保险柜的罪犯已将柜子打开，但柜中并无财物，因而未得逞的，属于实行终了的未遂。（2）能犯未遂和不能犯未遂。罪犯的行为有达到犯罪既遂的可能的，比如盗窃保险柜的罪犯正在开柜时被抓获，并且保险柜中确有财物的，就叫作能犯未遂；犯罪行为没有达到犯罪既遂的可能的，比如罪犯盗窃的保险柜中并无财物，致使犯罪无法得逞的，就属于不能犯未遂。

3. 未遂犯的刑事责任。犯罪未遂也是犯罪，必须受刑罚处罚。《刑法》规定，对未遂犯，可以比照既遂犯从轻或者减轻处罚。

（五）犯罪中止

1. 犯罪中止的概念。犯罪中止，是指在犯罪过程中，罪犯自动放弃犯罪或者自动有效地防止犯罪结果发生，致使犯罪未达既遂的一种犯罪停止形态。其具有以下特征：（1）时间性，即必须在犯罪过程中。所谓犯罪过程，就是从犯罪预备开始到犯罪既遂以前的全过程，这是犯罪中止的时间性条件。如果犯罪已经既遂，则不存在犯罪中止问题。犯罪明显告一段落归于未遂后，有某种补救行为的，也不成立中止。（2）自动性，即自动放弃犯罪或者自动有效地防止犯罪结果发生。所谓自动放弃犯罪，是指罪犯出于自己的主观意志放弃了自认为当时可以进行到底的犯罪行为，比如投毒杀人的罪犯将已下过剧毒的、被害人正要端杯畅饮的水杯打碎、毁弃。所谓自动有效地防止犯罪结果发生，是指在犯罪行为实行终了、犯罪结果尚未发生的特定场合，行为人自动采取积极行动实际有效地阻止了犯罪结果的发生，如在被害人喝下有毒饮料后，下毒的罪犯立即将其送往医院抢救脱险。（3）彻底性，即行为人彻底放弃了原来的犯罪。这一特征意味着，行为人在主观上彻底打消了原来的犯罪意图，在客观上彻底放弃了自认为本可能继续进行的犯罪行为，而且从主客观的统一上行为人也不打算以后再继续实施此项犯罪。（4）有效性，即中止不仅仅是一个良好的愿望，还应当有客观的放弃犯罪或阻止结果发生的实际行动，并有效地阻止犯罪结果发生。在通常情况下，行为人自动放弃正在预备或实行的犯罪就具备有效性；在犯罪实行终了、犯罪结果将要发生的特定场合，行为人采取积极行动实际阻止犯罪结果发生，才能具备有效性。例如甲投毒杀害其妻乙，乙服毒后十分痛苦，甲见状不忍心，速将其妻乙送往医院救治，乙未死。甲的中止行为具有有效性，因此成立犯罪中止。如果行为人虽有意放弃犯罪并采取了防止犯罪结果发生的措施，但未能有效阻止犯罪结果发生的，不成立犯罪中止。假设甲虽将其妻乙送至医院抢救，但其妻乙抢救无效而死亡，因甲的行为未能阻止危害结果的发生，即缺乏中止的有效性条件，也就不能成立犯罪中止。

2. 犯罪中止与犯罪预备、犯罪未遂的区别。自动性是犯罪中止的本质特征，也是它与犯罪预备、犯罪未遂区别的标志。在把握自动性时尤其要注意，自动中止犯罪不必一律达到真诚悔悟的程度。犯罪人真诚悔悟是自动性最典型、最理想的情况，但却不是成立中止的要件。犯罪人因为他人规劝或者害怕受到刑罚的惩罚、上天的报应等而放弃犯罪的，即使其内心并未达到真诚悔悟的程度，也不妨碍成立犯罪中止。自动性的关键在于“自动放弃犯罪”，与此相对，预备犯、未遂犯是遭遇意志以外的原因而“被迫放弃犯罪”。

3. 中止犯的刑事责任。我国《刑法》规定，对于中止犯，没有造成损害的，应当免除处罚；造成损害的，应当减轻处罚。

五、共同犯罪

（一）共同犯罪的概念和构成条件

共同犯罪，是指二人以上共同故意犯罪。共同犯罪的成立必须具备以下条件：（1）共同犯罪的主体必须是两个以上达到刑事责任年龄、具有刑事责任能力的自然人或者符合法定犯罪主体条件的单位。（2）两个以上的犯罪主体侵害同一犯罪客体，触犯同一个具体的犯罪罪名。（3）在客观方面有共同的犯罪行为，即各个行为人都共同参与实施某种犯罪活动，每个人的行为彼此联系、互相配合，组合成一个有机的共同犯罪活动的整体。（4）在主观方面，各个犯罪主体之间有共同的犯罪故意。所谓共同的犯罪故意，是指不仅各个行为人都是故意犯罪，而且通过犯意联络，各行为人都还明知有其他人与自己互相配合共同实施犯罪。

（二）共同犯罪的形式

1. 任意的共同犯罪与必要的共同犯罪。任意的共同犯罪，是指根据《刑法》分则条文规定，单个人可以实行的犯罪而由二人以上共同故意实施的情形。《刑法》分则条文中的大多数故意犯罪，都是以单个主体实行这些犯罪为假设规定的，例如故意杀人罪、抢劫罪、盗窃罪等，不过二人以上也可以实行这些犯罪。如果由二人以上共同实施，就属于任意的共同犯罪。必要的共同犯罪，是指《刑法》分则条文明文规定的必须由二人以上共同故意实施的犯罪。《刑法》之所以这样规定，主要在于某些性质的犯罪在结构上不可能由单个人完成。这类犯罪在理论上主要包括对向犯和多众犯两类。

2. 事前通谋的共同犯罪与无事前通谋的共同犯罪。事前通谋的共同犯罪，是指各个共同犯罪人在着手实行犯罪行为之前已经形成共同犯罪故意的共同犯罪。所谓“事前”，就是行为人在实行犯罪之前，或者说是犯罪的实行行为被着手实施之前；所谓“通谋”，就是二人以上为了实施特定的犯罪，相互之间进行意思联络，并就实现犯罪的方式进行商议。在司法实务中，事前通谋的共同犯罪形态比较多见。事前无通谋的共同犯罪，是指行为人在着手实行犯罪之前没有通谋，而在着手实行犯罪之际和实行过程中才形成共同犯罪意思的共同犯罪。例如，甲准备单独实行盗窃犯罪，正当开始实行盗窃行为时，遇到了乙，双方随即产生共同盗窃的意思，并共同实行了盗窃的行为。

3. 简单共同犯罪和复杂共同犯罪。简单共同犯罪，即行为人在共同犯罪中都实施了《刑法》分则规定的基本犯罪构成行为。一般认为，构成共同正犯要具备两个条件：（1）二人以上有共同实行犯罪的意思或者故意；（2）二人以上有共同实行犯罪的事实。复杂共同犯罪，是指各共同犯罪人之间存在不同分工的共同犯罪。具体表现为：部分行为人实施了实行行为，其他人实施的是非实行行为，如教唆行为、帮助行为等。所以，在复杂共同犯罪中，犯罪人可分为组织犯、实行犯、教唆犯和帮助犯等。

4. 一般共同犯罪和特殊共同犯罪。一般共同犯罪，是指共同犯罪人之间不存在组织形式的共同犯罪。其特点是：（1）二人即可构成，不要求三人以上；（2）共同犯罪人之间的结合是暂时的，不具有长期稳定性，行为人通常是为实施某个罪行而结伙，犯罪完成后即告解散；（3）共同犯罪人之间不具有组织性，各个行为人之间不存在领导与被领导的关系，他们是否参与犯罪也没有强制要求。特殊共同犯罪，也称为有组织的共同犯罪，是指各共同犯罪人之间建立起组织形式的共同犯罪。法律上将实施某类犯罪的组织称为犯罪集团。如我国《刑法》第二十六条第二款规定："三人以上为共同实施犯罪而组成的较为固定的犯罪组织，是犯罪集团。"犯罪集团具有以下特征：（1）人数较多，即三人以上，且这些人都已达到刑事责任年龄、具备刑事责任能力，重要成员固定或基本固定。（2）经常纠集在一起进行一种或数种严重的犯罪活动。（3）有明显的首要分子，犯罪组织是具有特定结构的共同体，一般其成员之间有领导与被领导的关系。（4）有预谋地实行犯罪活动；（5）不论作案次数多少，对社会造成的危害或其具有的危险性都很严重。

（三）共同犯罪的认定

在我国，学术界通常以主观上有无共同犯罪故意作为标准认定共犯。下列情形貌似共同犯罪，但因缺乏共同故意或故意内容不一致，不认为是共同犯罪。

1. 过失犯罪不构成共同犯罪。二人以上共同过失犯罪的，不以共同犯罪论处，分别追究刑事责任。值得注意的是，在外国刑法中有过失犯罪成立共同犯罪的先例。近年来，我国越来越多的学者意识到，依据社会需要，有必要承认共同过失犯。有关交通肇事罪的司法解释规定："交通肇事后，单位主管人员、机动车辆所有人、承包人或者乘车人指使肇事人逃逸，致使被害人因得不到救助而死亡的，以交通肇事罪的共犯论处。"

2. 把他人当工具利用的不构成共同犯罪。这种情形称为间接正犯或间接实行犯，分两种情况：第一，利用没有责任能力或没有达到责任年龄的人去实行犯罪的，利用者和被利用者之间不是共犯，利用者为间接实行犯。第二，利用不知情的他人的行为。例如，甲委托乙将一个手提箱带到广州，到广州后手提箱中被查出藏有毒品。如果乙确实不知情，乙不是甲运输毒品的共犯。

3. 事前无通谋、事后提供帮助的行为不构成共同犯罪。如事后的窝藏、包庇行为，窝赃、销赃行为以及事后帮助他人毁灭证据的行为等，不是共同犯罪。不过，如果是事先通谋的，以共犯论。

4. 过限行为不构成共同犯罪。过限行为是指在共同犯罪中，有共同犯罪人实施了超出共同犯罪故意范围的行为，超出共同犯罪故意范围的行为即过限行为或过剩行为。过限行为由实施者个人承担责任，其他人不承担共犯责任。

5. 同时犯不构成共同犯罪。二人以上同时同地侵害同一对象，但彼此缺乏共同犯罪的意思联络的，不是共犯。

（四）共同犯罪人的分类及法律责任

1. 主犯。主犯，是指组织、领导犯罪集团进行犯罪活动或者在共同犯罪中起主要作用的犯罪分子。对组织、领导犯罪集团的主犯，按照集团所犯全部罪行处罚；其他主犯按其参与的或组织、指挥的全部犯罪处罚。

2. 从犯。从犯，是指在共同犯罪中起次要或者辅助作用的犯罪分子。对于从犯，应当从轻、减轻或者免除处罚。

3. 胁从犯。胁从犯，是指被胁迫参加犯罪的人。对胁从犯，应按照其犯罪情节减轻或者免除处罚。

4. 教唆犯。教唆犯，是指故意唆使他人犯罪，本人不亲自实施犯罪实行行为的犯罪分子。对于教唆犯，应当按照他在共同犯罪中所起的作用处罚。教唆不满十八周岁的人犯罪的，应当从重处罚。

六、罪数形态

（一）罪数形态概述

1. 罪数的概念和判断标准。罪数，简单讲，是关于犯罪的个数。我国确定罪数的通说采取犯罪构成说，即凡是行为人以一个犯意，实施一个行为，符合一个犯罪构成的，就是一罪；凡是以数个犯意，实施数个犯罪行为，符合数个犯罪构成的，就是数罪。

2. 法条竞合。法条竞合，是指《刑法》中有一些条文之间在内容上存在重复或交叉的情况。法条竞合适用法律的基本规则是：（1）特别法优于一般法。即适用特别法条，排斥一般法条的适用。（2）重法优于轻法。例如，《刑法》第一百四十九条第二款规定，生产、销售第一百四十一条至第一百四十八条规定的假药、劣药、有毒、有害食品等特定伪劣产品，构成各该条规定的犯罪，同时又构成第一百四十条规定的生产、销售伪劣产品罪的，依照处罚较重的规定定罪处罚。即优先适用重法条。

（二）实质的一罪

刑法中有一些貌似数罪、实际是一罪的情况，主要有继续犯、想象竞合犯、结果加重犯。

1. 继续犯。继续犯，又称持续犯，是指作用于同一对象的一个犯罪行为从着手实行到实行终了，犯罪行为与不法状态在一定时间内同时处于继续状态的犯罪。最典型的是非法拘禁罪，即非法将他人拘禁，在释放之前，不法拘禁行为和他人身体遭受非法拘禁的状态处于同步持续之中。继续犯有以下四个特征：（1）一个犯罪故意。（2）侵犯同一客体。（3）犯罪行为能够对客体形成持续、不间断的侵害。（4）犯罪完成、造成不法状态后，行为仍能继续影响不法状态，使客体遭受持续侵害。如非法拘禁罪，行为人一旦着手实行拘禁行为，犯罪行为与被害人被非法剥夺自由的不法状态便同时、持续地存在。行为人将被害人非法拘禁之后，犯罪即告既遂。如果行为人继续扣押被害人，不仅意味着被害人被非法剥夺自由的不法状态持续存在，而且意味着其非法拘禁被害人的行为本身也在继续。《刑法》分则对于继续犯设置了专门法条，规定了具体罪名，确定了相应法定刑，对于继续犯应当依据《刑法》分则的规定论处，不实行数罪并罚。犯罪行为对客体侵害的时间长短以及侵害的程度反映出犯罪的不同社会危害性，这些可以在量刑的时候加以考虑。

2. 想象竞合犯。想象竞合犯，是指一个行为触犯数种罪名的犯罪。例如，行为人仅仅开一枪，却造成一人重伤、一人死亡，一个开枪行为同时触犯了故意伤害罪和故意杀人罪两个罪名，即属想象竞合犯。我国《刑法》中尽管没有规定想象竞合犯的概念，但在刑法理论和司法实践中，想象竞合犯得到了比较广泛的认可：（1）行为人实施了一个犯罪行为。这是想象竞合犯成立的前提条件，也是其区别于集合犯、牵连犯等犯罪的根本所在。（2）一行为触犯了数个罪名。其客观表现是一个行为造成了数个实际的犯罪结果，这数个结果分别属于不同的犯罪，把这一个行为与其所造成的每一个结果联系起来看，都构成一种犯罪。想象竞合犯是实质上的一罪，对其处罚采取“从一重处断”的原则。也就是在犯罪人同时触犯的数个罪名中，选择最重的一罪处罚。

3. 结果加重犯。结果加重犯，是指实施基本犯罪构成的行为，同时又造成一个基本犯罪构成以外的结果，刑法对其规定较重法定刑的情况。结果加重犯的特征是：（1）行为人实施了一种犯罪行为。这是结果加重犯成立一罪的基础。（2）一行为造成了两种犯罪结果，即基本结果与加重结果。结果加重犯的本质特征是一种行为两种结果，其中的一种结果（基本结果）是行为在通常的情况下应有的结果，即正常的结果；而另一种结果（加重结果）是行为通常不会产生的结果，而且是与基本犯罪的行为性质不相一致的结果。如故意伤害罪，造成伤害结果是伤害行为通常应有的结果，且与故意伤害罪性质相一致的结果；而造成被害人死亡的结果则不是伤害行为的正常结果，也不是与伤害罪性质相一致的结果，造成该种结果的，才能成立故意伤害罪的结果加重犯。（3）法律规定加重其法定刑。这是构成结果加重犯的一个重要条件，如果一个犯罪行为出现了与该犯罪的性质不相一致的加重结果，刑法规定按照另一重罪论处，这就不属于结果加重犯。（4）行为人对加重的结果具有罪过，具有故意或过失。由于刑法对结果加重犯规定了比基本犯罪较重的法定刑，所以对结果加重犯只能依照刑法的规定，在较重的法定刑幅度内量刑，而不实行数罪并罚。

（三）法定的一罪

法定的一罪，是指数个独立的犯罪行为依据《刑法》的规定作为一罪定罪处罚的情况，主要有结合犯、集合犯。

1. 结合犯。结合犯，是指两个以上各自独立成罪的犯罪行为，根据《刑法》的明文规定，结合成另一独立的新罪的犯罪形态。结合犯的特征是：(1) 结合犯所结合的数罪，原为刑法规定为数个独立的犯罪。(2) 数个独立的犯罪结合成为一个新罪。数个独立的犯罪结合成为一个新罪的方式是“甲罪+乙罪=丙罪（或甲乙罪）”。此外，还有一种形式的结合是否属于结合犯，即“甲罪+乙罪=甲罪（或乙罪）”，我国通说对此持否定意见。目前我国《刑法》中尚无结合犯的规定。(3) 数个独立的犯罪结合成为一个新罪，是根据《刑法》的明文规定。例如，根据日本刑法典，行为人实施强盗（抢劫）行为之际又强奸了被害人，构成强盗强奸罪。由于结合犯是刑法规定将原来的数罪结合成为一个新罪，并规定相应的法定刑，应当依照刑法规定以新罪一罪论处，不实行数罪并罚。

2. 集合犯。集合犯，是指行为人以实施不定次数的同种犯罪行为为目的，实施了数个同种犯罪行为，刑法规定作为一罪论处的犯罪形态。集合犯的特征是：(1) 行为人以实施不定次数的同种犯罪行为为目的。例如《刑法》第三百三十六条规定的非法行医罪，行为人就是意图实施不定次数的非法行医行为。(2) 实施了数个同种的犯罪行为，即刑法要求行为人具有多次实施同种犯罪行为的意图，并且行为人一般也是实施了数个同种犯罪行为的。所谓“同种犯罪行为”，是指数个行为的法律性质是相同的。集合犯的数个同种的犯罪行为，必须触犯的是同一个罪名。(3) 刑法将数个同种犯罪行为规定为一罪。集合犯是法定的一罪，根据《刑法》的规定以一罪论处，不实行数罪并罚。

（四）处断的一罪

处断的一罪，是指本为数罪，但是按一罪定罪处罚的情况。处断的一罪主要包括连续犯、牵连犯、吸收犯。

1. 连续犯。连续犯，是指行为人基于同一或者概括的犯罪故意，在一定时间内连续多次实施同一性质的犯罪行为，触犯相同罪名的犯罪。连续犯的特征是：(1) 实施数个性质相同的犯罪行为。所谓数个犯罪行为，是指两个以上。每一个犯罪行为单独看，都足以构成犯罪。所谓性质相同的犯罪行为，是指数个犯罪行为的性质都是《刑法》中规定的某一种犯罪。(2) 数个犯罪行为具有连续性。连续犯，一般是在较短的时间内连续实施某种犯罪行为。连续是指行为的次数连续，而不是一个行为在时间上的连续。(3) 数个犯罪行为出于同一或概括的故意。这是成立连续犯的主观基础。所谓出于同一或概括的故意，是指出于犯某一种罪的犯意。这种犯意既可以是明确的，如选定某仓库为目标，反复实施盗窃；也可以是概括的，如出于盗窃的犯意，到处寻找着手的机会和对象等。连续犯的犯意，一般应为故意，而不能是过失。(4) 数个犯罪行为触犯相同罪名。这是连续犯按照一罪处理的理由。例如，甲基于报复的意思，一连杀死乙家五口人。如果行为分别触犯不同罪名的，如行为人出于非法占有他人财物的故意，连续实施数个犯罪行为，有的行为触犯盗窃罪的罪名、有的触犯抢夺罪的罪名，不属于连续犯。连续犯实际上是数行为犯同种数罪。鉴于连续犯只有一个概括或同一的犯罪故意，实施的数行为又具有连续性，在我国一般按一罪进行处罚。但是，因为我国司法习惯对判决宣告前的同种数罪不论是否具有连续性均不实行数罪并罚，所以，连续犯（具有连续性之同种数罪）在解决数罪并罚问题上没有实际价值，只是在追诉时效计算上具有一定的意义。

2. 牵连犯。牵连犯，是指出于一个犯罪目的，实施数个犯罪行为，数行为之间存在手段与目的或者原因与结果的牵连关系，分别触犯数个罪名的犯罪。前者如伪造公文证件（手段行为）组织他人出国（目的行为），后者如强奸妇女后（原因行为）因害怕被害人报案而将其非法拘禁（结果行为）等。牵连犯也是我国刑法中常见的一种犯罪类型。牵连犯的特征是：（1）行为人出于一个犯罪目的。行为人实施的数行为，不论是手段行为还是结果行为，最终都附属于或服务于目的行为，为彻底实现犯罪目的而服务。（2）行为人实施了数个犯罪行为，数行为单独看，都是独立成罪的行为。（3）数行为之间有牵连关系。所谓牵连关系，是指相互依存、不可分离的关系，即一罪或数罪是他罪的手段行为或结果行为。（4）犯罪的手段行为或者结果行为分别触犯了另外的罪名，即与目的行为或原因行为属于不相同的罪名。我国刑法理论通说认为，牵连犯应择一重罪处罚，但是《刑法》有特别规定的除外。如为骗取保险金而杀害被保险人或放火烧毁保险标的，又构成故意杀人罪或放火罪的，依照《刑法》的规定应实行数罪并罚。

3. 吸收犯。吸收犯，是指一个犯罪行为因为是另一个犯罪行为的必经阶段、组成部分、当然结果，而被另一个犯罪行为吸收的情况。吸收犯的特征是：（1）吸收犯必须具有数个犯罪行为。这是吸收犯成立的前提。（2）吸收犯的数个行为之间必须具有吸收关系。吸收关系包括如下三种：其一，重行为吸收轻行为。这里所说的行为的轻重，主要是根据行为的性质来区分的，重行为在行为的性质上较轻行为严重，前后的行为有轻有重时，轻行为应为重行为所吸收。其二，实行行为吸收预备行为。预备行为是实行行为的先行阶段，尽管并非每种具体犯罪都有预备行为，但是许多犯罪往往是经过预备然后转入实行行为的。在这种情况下，预备行为为实行行为所吸收，仅依实行行为所构成的犯罪定罪。其三，主行为吸收从行为。在我国对共同犯罪人进行分类的情况下，主犯或教唆犯的行为是主行为，从犯的行为是从行为。所谓主行为吸收从行为，是根据共同犯罪人在共同犯罪中的分工和作用区分的。吸收犯仅按吸收之罪处断，不实行数罪并罚。

第三节 刑 罚

一、刑罚的概念、特征和目的

刑罚，是刑法规定的由国家审判机关依法对犯罪人所适用的限制或剥夺其某种权益的最严厉的强制性法律制裁方法。刑罚同其他法律制裁方法相比较，具有如下基本特征：（1）刑罚是最严厉的强制方法。（2）刑罚只能由国家最高立法机关制定。（3）刑罚只能由国家审判机关依照《刑事诉讼法》规定的程序适用。（4）刑罚只适用于触犯《刑法》、构成犯罪的自然人或者单位。（5）适用刑罚必须以《刑法》为根据。(6)刑罚的执行机关是特定的。

刑罚具有特殊预防的目的和一般预防的目的。特殊预防的目，是通过适用刑罚对已经犯罪的人进行惩罚改造，预防他们重新犯罪。特殊预防的对象是已经犯罪的人。特殊预防的目的通过以下三个途径实现：(1)使受刑人与社会隔离或被剥夺再犯条件而不能再犯罪。(2)使受刑人感受到刑罚惩罚的痛苦而不敢再犯罪。(3)使受刑人受到教育改造而不愿再犯罪。一般预防的目的，是通过制定、适用与执行刑罚，预防尚未犯罪的人实施犯罪。一般预防的对象不是犯罪分子，不可能对其直接适用刑罚，只能通过对犯罪人适用刑罚这一客观事实，对其他社会成员产生心理影响。具体而言，一般预防的实现方式主要是通过刑罚的威慑功能、安抚功能、教育与鼓励功能来体现的。

二、刑罚的种类

我国刑罚分为主刑和附加刑两大类。主刑有五种，即管制、拘役、有期徒刑、无期徒刑和死刑；附加刑有四种，即罚金、剥夺政治权利、没收财产和驱逐出境。

(一)主刑

主刑，又称基本刑，是对犯罪适用的主要刑罚方法。其特点是只能独立适用，不能附加适用，对只犯一种罪的同一犯罪人一次只能判处一个主刑，不能同时适用数个主刑。

1. 管制。管制是由法院判决，对犯罪分子不予关押，但限制其一定自由，依法实行社区矫正的刑罚方法。管制的期限为三个月以上两年以下，数罪并罚时最高不能超过三年。被判处管制的犯罪分子，在劳动中应当同工同酬。判处管制，可根据犯罪情况，同时禁止犯罪分子在执行期间从事特定活动，进入特定区域、场所，接触特定的人。

2. 拘役。拘役是短期剥夺犯罪分子人身自由，就近关押并强制劳动教育改造的刑罚方法。拘役的期限是一个月以上六个月以下，数罪并罚时最高不能超过一年。被判处拘役的犯罪分子每月可以回家一天至两天；参加劳动的，可以酌量发给报酬。

3. 有期徒刑。有期徒刑是剥夺犯罪分子一定期限的人身自由，予以关押并强制劳动和教育改造的刑罚方法。其期限为六个月以上十五年以下。

4. 无期徒刑。无期徒刑是剥夺犯罪分子终身自由，予以关押并予强制劳动和教育改造的刑罚方法。

5. 死刑。死刑是剥夺犯罪分子生命的最严厉的刑罚方法。我国《刑法》对死刑的适用规定了严格的限制，具体如下：首先，死刑只适用于罪行极其严重的犯罪分子。其次，对死刑的适用对象予以限制，犯罪的时候不满十八周岁的人和审判时怀孕的妇女不适用死刑。审判时已满七十五周岁的人不适用死刑，但以特别残忍手段致人死亡的除外。再次，对死刑规定了严格的核准程序。死刑除依法由最高人民法院判决的以外，都必须报请最高人民法院核准；死刑缓期执行的，可以由高级法院判决或者核准。最后，在死刑的执行制度上进行限制。对于应当判处死刑的犯罪分子，如果不是必须立即执行的，可以判处死刑同时宣告缓期两年执行。死刑缓期执行期间，罪犯都应参加劳动、接受教育改造。死缓期满后的处理办法有三种：其一，对于在死刑缓期执行期间没有故意犯罪的，两年期满以后，减为无期徒刑；其二，对于在死刑缓期执行期间确有重大立功表现的，两年期满以后，减为二十五年有期徒刑；其三，对于在死刑缓期执行期间故意犯罪，情节恶劣的，报请最高人民法院核准后执行死刑。

（二）附加刑

附加刑，是补充主刑适用的附加的刑罚方法。其特点是既能独立适用，又能附加适用。

1. 罚金。罚金是法院判处罪犯向国家缴纳一定数量金钱的刑罚方法。它主要适用于经济犯罪、贪财图利的犯罪、与财产有关的犯罪。判处罚金，应当根据犯罪情节决定罚金数额。罚金在判决指定的期限内一次或者分期缴纳。期满不缴纳的，强制缴纳。对于不能全部缴纳罚金的，人民法院在任何时候发现被执行人有可以执行的财产，应当随时追缴。由于遭遇不能抗拒的灾祸等原因缴纳确实有困难的，经人民法院裁定，可以延期缴纳、酌情减少或者免除。

2. 剥夺政治权利。剥夺政治权利是剥夺犯罪分子参加国家管理和政治活动权利的刑罚方法。《刑法》规定，对于危害国家安全的犯罪分子必须附加剥夺政治权利；对于故意杀人、强奸、放火、爆炸、投毒、抢劫等严重破坏社会秩序的犯罪分子，可以附加剥夺政治权利；对于被判处死刑、无期徒刑的犯罪分子，应当剥夺政治权利终身。剥夺政治权利，是指剥夺下列权利：选举权和被选举权；言论、出版、集会、结社、游行、示威自由的权利；担任国家机关职务的权利；担任国有公司、企业、事业单位和人民团体领导职务的权利。剥夺政治权利由公安机关执行。

3. 没收财产。没收财产是把犯罪分子个人所有财产的一部分或者全部，强制无偿地收归国有的一种刑罚方法。在判处没收财产时，不得没收属于犯罪分子家属所有或者应有的财产，只能没收属于犯罪分子个人所有财产的一部分或者全部。没收财产由人民法院执行。

4. 驱逐出境。驱逐出境是指强制犯罪的外国人离开中国国（边）境的刑罚方法。该种刑罚只适用于犯罪的外国人，不适用于犯罪的本国人。附加适用的，必须在所判处的主刑执行完毕以后再执行。

三、刑罚裁量制度

（一）量刑的概念

量刑，是指法院对于犯罪分子依法裁量决定刑罚的一种刑事审判活动。量刑是法院在定罪的基础上，依法决定对犯罪分子是否判处刑罚，判处何种刑罚，判处多重刑罚。我国《刑法》规定的量刑原则是，以犯罪事实为根据，以刑事法律为准绳。

（二）累犯

累犯是从重处罚的法定情节之一。累犯，是指因犯罪受过一定的刑罚处罚，在刑罚执行完毕或者赦免以后的一定时期，又犯应判处一定刑罚之罪的罪犯。累犯分为两种：（1）一般累犯，是指被判处有期徒刑以上刑罚，刑罚执行完毕或者赦免以后，在五年以内再犯应当判处有期徒刑以上刑罚之罪的犯罪分子。但是过失犯罪和不满十八周岁的人犯罪的除外。（2）特别累犯，是指犯危害国家安全犯罪、恐怖活动犯罪、黑社会性质的组织犯罪，在刑罚执行完毕或者赦免以后，在任何时候再犯上述任一类罪的犯罪分子。《刑法》规定，对于累犯应当从重处罚，并且不得适用缓刑和假释。

（三）自首、坦白和立功

1. 自首。自首是法院审判时必须予以考虑的、可据以对罪犯从轻处罚的法定情节之一。所谓自首，是指犯罪分子犯罪以后，自动投案、如实供述自己罪行的行为，以及被采取强制措施的犯罪嫌疑人、被告人和正在服刑的罪犯，如实供述司法机关还未掌握的本人其他罪行的行为。自首分为一般自首和特别自首。犯罪后自动投案，如实供述自己罪行的属于一般自首；被采取强制措施的犯罪嫌疑人、被告人和正在服刑的罪犯，如实供述司法机关还未掌握的本人其他罪行的，属于特别自首。行为人在犯罪后自首的，均可以从轻或者减轻处罚，其中，犯罪较轻的，可以免除处罚。

2. 坦白。一般是指犯罪分子被动归案之后，自己如实交代犯罪事实的行为。坦白的本质在于，它是犯罪分子被动归案后如实交代罪行的行为。《刑法修正案（八）》第八条在《刑法》第六十七条中增加一款作为第三款，规定："犯罪嫌疑人虽不具有前两款规定的自首情节，但是如实供述自己罪行的，可以从轻处罚；因其如实供述自己罪行，避免特别严重后果发生的，可以减轻处罚。"此即为坦白的立法规定。

3. 立功。立功是指犯罪分子在归案后揭发、检举他人犯罪行为，查证属实；提供重要线索，从而使其他案件得以侦破；协助司法机关抓捕其他罪犯；在押期间制止他人犯罪等有益于社会的行为。犯罪分子有立功表现的，可以从轻或者减轻处罚；有重大立功表现的，可以减轻或者免除处罚。

（四）数罪并罚

1.数罪并罚的概念。数罪并罚，是法院对犯罪分子一人所犯的数种罪，分别定罪量刑后，按照法定的并罚原则及刑期计算方法决定应当执行的刑罚的制度。

2.数罪并罚的原则：（1）并科原则，亦称相加原则，是指将一人所犯数罪分别宣告的各罪刑罚绝对相加、合并执行的合并处罚规则。（2）吸收原则，是指对一人所犯数罪采用重罪吸收轻罪或者重刑吸收轻刑的合并处罚规则。吸收原则对于死刑、无期徒刑等刑种的并罚较为适宜，且适用颇为便利。（3）限制加重原则，亦称限制并科原则，是指以一人所犯数罪中法定（应当判处）或已判处的最重刑罚为基础，再在一定限度之内对其予以加重作为执行刑罚的合并处罚规则。限制加重原则克服了并科原则和吸收原则或失之于严酷或失之于宽纵的弊端，处罚方式较为灵活。（4）折中原则，亦称混合原则，是指对一人所犯数罪的合并处罚不单纯采用并科原则、吸收原则或限制加重原则，而是根据法定的刑罚性质及特点兼采并科原则、吸收原则或限制加重原则，以分别适用于不同刑种和宣告刑结构的合并处罚规则。

按照《刑法》第六十九条的规定，我国确立了以限制加重原则为主、以吸收原则和并科原则为补充的折中原则。

3.不同情况下数罪并罚原则的具体适用：（1）判决宣告以前一人犯数罪的并罚。《刑法》第六十九条规定：判决宣告以前一人犯数罪的，除判处死刑和无期徒刑的以外，应当在总和刑期以下、数刑中最高刑期以上，酌情决定执行的刑期；但是管制最高不能超过三年，拘役最高不能超过一年，有期徒刑总和刑期不满三十五年的，最高不能超过二十年，总和刑期在三十五年以上的，最高不能超过二十五年。数罪中有判处有期徒刑和拘役的，执行有期徒刑。数罪中有判处有期徒刑和管制，或者拘役和管制的，有期徒刑、拘役执行完毕后，管制仍须执行。数罪中有判处附加刑的，附加刑仍须执行，其中附加刑种类相同的，合并执行；种类不同的，分别执行。这一条规定了数罪并罚的法定原则。例如，某人在判决宣告前犯有三种罪，分别被判处有期徒刑十年、八年、五年，并附加剥夺政治权利三年。该罪犯被判总和刑期为二十三年，数刑中的最高刑期为十年。人民法院依据上述规定应当在十年以上二十年以下酌情决定对其执行的刑期，并剥夺政治权利三年。（2）判决宣告以后、刑罚执行完毕以前发现漏罪的并罚。《刑法》第七十条规定：判决宣告以后，刑罚执行完毕以前，发现被判刑的犯罪分子在判决宣告以前还有其他罪没有判决的，应当对新发现的罪作出判决，把前后两个判决所判处的刑罚，依照本法第六十九条的规定，决定执行的刑罚。已经执行的刑期，应当计算在新判决决定的刑期以内。这种并罚的方法通常称为“先并后减”。例如，某罪犯犯有甲罪，被判处有期徒刑五年，在执行三年之后，发现某罪犯之前尚犯有乙罪未经判决，对乙罪判处有期徒刑八年，则应适用“先并后减”，首先对甲罪和乙罪依照《刑法》第六十九条的规定进行并罚，应在八年以上、十三年以下有期徒刑的区间内确定刑罚，决定执行十年有期徒刑，则还应减去已经执行的三年，最后某罪犯再执行七年即可刑满释放。（3）判决宣告以后、刑罚执行完毕以前又犯新罪的并罚。《刑法》第七十一条规定：判决宣告以后、刑罚执行完毕以前，被判刑的犯罪分子又犯罪的，应当对新犯的罪作出判决，把前罪没有执行的刑罚和后罪所判处的刑罚，依照本法第六十九条的规定，决定执行的刑罚。这种并罚的方法通常称为“先减后并”。因为犯罪分子是在服刑期间重新犯罪，所以这种并罚的方法比上述两种情况实际处刑要重。例如，某罪犯被判有期徒刑十二年，执行十年后又犯新罪，被判处有期徒刑十三年。把前罪没有执行的两年和新罪判处的十三年相加确定总和刑期，依照《刑法》第六十九条的规定，人民法院应当在十三年以上、十五年以下有期徒刑区间内决定对其执行的刑期。如果决定执行有期徒刑十四年，由于该罪犯已经服刑十年，实际上其总计执行的刑期是二十四年。

（五）缓刑

缓刑，是指对罪犯所判处的刑罚附条件不执行的一种刑罚制度。我国《刑法》

规定的缓刑制度包括一般缓刑和战时缓刑，战时缓刑只适用于在战时犯罪的没有现实危险的军人。

一般缓刑，是指法院对于被判处拘役或三年以下有期徒刑的犯罪分子，根据其犯罪情节和悔罪表现，认为暂缓执行原判刑罚，确实不致再危害社会的，规定一定的考验期，犯罪分子在考验期内没有发生法定撤销缓刑的情形，原判刑罚就不再执行的制度。对累犯和犯罪集团的首要分子，不适用缓刑。

被宣告缓刑的犯罪分子，在缓刑考验期内，依法实行社区矫正。被宣告缓刑的犯罪分子，在缓刑考验期内，应遵守下列规定：（1）遵守法律、行政法规，服从监督；（2）按照考察机关的规定报告自己的活动情况；（3）遵守考察机关关于会客的规定；（4）离开所居住的市、县或者迁居，应当报经考察机关批准。

四、刑罚执行制度

（一）减刑

减刑，是指对于被判处管制、拘役、有期徒刑、无期徒刑的犯罪分子，因其在刑罚执行期间确有悔改或立功表现，适当减轻其原判刑罚的制度。减刑必须经过法定的程序，由执行机关向罪犯服刑地的中级以上人民法院提出减刑建议书，由法院依法组成合议庭审理后作出减刑裁定。减刑以后实际执行的刑期不能少于下列期限：判处管制、拘役、有期徒刑的，不能少于原判刑期的二分之一；判处无期徒刑的，不能少于十三年；限制减刑的死刑缓期执行的犯罪分子，缓期执行期满后依法减为无期徒刑的，不能少于二十五年，缓期执行期满后依法减为二十五年有期徒刑的，不能少于二十年。

（二）假释

假释，是指对于被判处有期徒刑、无期徒刑的罪犯，因其在执行一定刑期后确有悔改表现，不致再危害社会，所以附条件地将其提前释放的刑罚制度。但是，对于累犯以及因故意杀人、强奸、抢劫、绑架、放火、爆炸、投放危险物质或者有组织的暴力性犯罪被判处十年以上有期徒刑、无期徒刑的犯罪分子，不得假释。被假释的罪犯要在考验期内依法接受社区矫正，如果没有发生应当撤销假释的法定情形，假释考验期满，就认为原判刑罚已经执行完毕，并公开予以宣告。有期徒刑的假释考验期限，为没有执行完毕的刑期；无期徒刑的假释考验期限为十年。对于犯罪分子的假释，由执行机关向中级以上人民法院提出假释建议书。人民法院应当组成合议庭进行审理，对符合假释条件的，裁定予以假释。非经法定程序不得假释。

五、刑罚的消灭

（一）时效

1.追诉时效的期限。刑法上的时效，是指经过一定的期限，对刑事犯罪不得追诉或者对所判刑罚不得执行的一项法律制度。时效有追诉时效和行刑时效两种，我国《刑法》只规定了追诉时效。追诉时效是指依法对犯罪分子追究刑事责任的有效期限。我国《刑法》规定，犯罪经过下列期限不再追诉：（1）法定最高刑为不满五年有期徒刑的，经过五年；（2）法定最高刑为五年以上不满十年有期徒刑的，经过十年；(3）法定最高刑为十年以上有期徒刑的，经过十五年；(4）法定最高刑为无期徒刑、死刑的，经过二十年。如果二十年后认为必须追诉的，报请最高人民检察院核准。

2. 追诉期限的计算。追诉期限从犯罪之日起计算；犯罪行为有连续或者继续状态的，从犯罪行为终了之日起计算。在追诉期限以内又犯罪的，前罪追诉的期限从犯后罪之日起计算。在人民检察院、公安机关、国家安全机关立案侦查或者在人民法院受理案件以后，逃避侦查或者审判的，不受追诉期限的限制。被害人在追诉期限内提出控告，人民法院、人民检察院、公安机关应当立案而不予立案的，不受追诉期限的限制。

(二）赦免

赦免，是国家宣告对于犯罪分子免予追诉或免除执行全部或者一部分刑罚的法律制度。赦免分为大赦和特赦两种，我国法律只规定特赦，没有规定大赦。我国《宪法》规定，特赦由全国人民代表大会常务委员会决定，由国家主席发布特赦令。

我国特赦有以下特点：(1）特赦的对象是成批的罪犯。(2）特赦的条件是必须关押和改造一定的时间且在服刑的过程中确有改恶从善的表现，释放后不具有现实社会危险性。(3）特赦具有严格的程序。每次特赦都是由全国人大常委会根据中共中央或者国务院的建议作出决定，并由最高人民法院和高级人民法院负责执行，在设有国家主席期间，均由国家主席颁布特赦令。(4）特赦的效力只及于刑而不及于罪。即特赦的效力只是免除执行剩余的刑罚或者减轻原判刑罚，而不是宣布其罪归于消灭。

第七章 刑事诉讼法

第一节 刑事诉讼概述

一、刑事诉讼的概念和基本原则

刑事诉讼是国家司法机关在当事人和其他诉讼参与人的参加下，依法解决犯罪嫌疑人、被告人刑事责任，揭露犯罪、证实犯罪和惩罚犯罪分子的活动。

刑事诉讼针对并解决的是犯罪案件应当怎样处理、刑事诉讼怎样进行等程序性问题。

我国刑事诉讼的基本原则是由刑事诉讼法明文规定的，贯穿刑事诉讼全过程，司法机关和诉讼参与人进行刑事诉讼活动必须遵循的基本准则。

1.侦查权、检察权、审判权由专门机关依法行使原则。依照法律规定，公安机关负责刑事案件的侦查、拘留、执行逮捕、预审；检察院负责批准逮捕、提起公诉和检察机关直接受理案件的侦查、提起公诉；法院负责审判。国家安全机关办理危害国家安全的刑事案件，行使与公安机关相同的职权。军队保卫部门对军队内部发生的刑事案件行使侦查权。中国海警局履行海上维权执法职责，对海上发生的刑事案件行使侦查权。罪犯在监狱内的犯罪案件由监狱进行侦查。国家在各级海关设立的走私犯罪侦查部门，专门负责对走私犯罪案件的侦查工作。

法院、检察院和公安机关进行刑事诉讼时，必须依法行使各自职权，应当分工负责，互相配合，互相制约，以保证准确有效地执行法律。

2.未经法院依法判决不得确定任何人有罪原则。我国《刑事诉讼法》第十二条规定："未经人民法院依法判决，对任何人都不得确定有罪。"这项原则的主要含义和要求是：（1）只有法院有确定某人有罪的权力。（2）在法院发生法律效力的判决宣告前，不能将任何人作为有罪的人或罪犯对待。（3）疑罪从无。（4）法院的一切判决都必须依法作出。未经法院判决不得确定任何人有罪的原则，实质上就是无罪推定原则，体现了国际通行的无罪推定原则的基本精神，其确立是我国刑事诉讼制度的一大进步。

3.有权获得辩护原则。《宪法》和《刑事诉讼法》规定，犯罪嫌疑人、被告人有权获得辩护，公安机关、检察院和法院有义务保证他们获得辩护。公安机关、检察院、法院应当允许并认真听取犯罪嫌疑人、被告人进行申辩和解释，应当告知他们享有辩护权等诉讼权利。在特定情况下应当依法为他们指定辩护人帮助其行使辩护权。对于辩护意见中的正确部分应当予以采纳。

4.具有法定不追究刑事责任情形不追诉原则。我国《刑事诉讼法》规定，对于有下列情形之一的，不追究刑事责任，已经追究的，应当撤销案件，或者不起诉，或者终止审理，或者宣告无罪。这些情形是：（1）情节显著轻微，危害不大，不认为是犯罪的；（2）犯罪已过追诉时效期限的；（3）经特赦令免除刑罚的；（4）依照刑法告诉才处理的犯罪，没有告诉或者撤回告诉的；（5）犯罪嫌疑人、被告人死亡的；（6）其他法律规定免予追究刑事责任的。

二、刑事诉讼主体

刑事诉讼主体，是指在刑事诉讼中能独立行使诉讼权利、承担诉讼义务，具有独立的诉讼地位和诉讼职能，对刑事诉讼的产生、发展起作用的机关、单位和个人，包括国家专门机关、当事人以及其他诉讼参与人。

1. 刑事诉讼中的国家专门机关。刑事诉讼中的国家专门机关，是指依据刑事诉讼法及其他有关法律规定，有权进行刑事诉讼活动的国家机关，统称公安司法机关。这主要包括：法院、检察院、公安机关、国家安全机关、监察委员会、监狱、军队保卫部门和海关走私犯罪侦查局。

2. 刑事诉讼当事人。刑事诉讼当事人是刑事诉讼中不可或缺并伴随诉讼过程始终的参加者，他们与诉讼结果有着直接的利害关系，其行为对诉讼的进程产生直接的影响。当事人包括：被害人、自诉人、犯罪嫌疑人、被告人、附带民事诉讼原告人和被告人。

3. 刑事诉讼其他诉讼参与人。刑事诉讼其他诉讼参与人，是指除当事人之外参与诉讼活动并在诉讼中享有一定诉讼权利、承担一定诉讼义务的参与人，包括法定代理人、诉讼代理人、辩护人、证人、鉴定人和翻译人员。

第二节　我国刑事诉讼的主要制度

一、刑事诉讼管辖

刑事诉讼管辖，是指根据刑事诉讼法的规定，公安机关、检察院、法院和其他国家专门机关立案受理刑事案件的权限和分工，以及各级人民法院之间、同级人民法院之间受理第一审刑事案件的权限和分工，包括立案管辖和审判管辖。

（一）立案管辖

立案管辖是指公安机关、检察院、法院和其他国家专门机关立案受理刑事案件的权限和分工。

1. 法院直接受理的案件。法院直接受理的案件，就是由法院立案审理，而不需要经过公安机关或检察院立案侦查，也不需要检察院提起公诉的案件，也称自诉案件，主要有：（1）告诉才处理的案件，包括侮辱罪、诽谤罪，暴力干涉婚姻自由罪，虐待罪，侵占罪。（2）被害人有证据证明的轻微刑事案件。具体包括：故意伤害罪；重婚罪；遗弃罪；妨害通信自由罪；非法侵入他人住宅罪；生产、销售伪劣商品罪（严重危害社会秩序和国家利益的除外）；侵犯知识产权罪（严重危害社会秩序和国家利益的除外）；属于《刑法》分则第四章、第五章规定的，对被告人可以判处三年有期徒刑以下刑罚的其他轻微刑事案件。（3）被害人有证据证明对被告人侵犯自己人身、财产权利的行为应当依法追究刑事责任，而公安机关或检察院不予追究被告人刑事责任的案件。

2. 检察院直接受理的案件。检察院直接受理的案件，是指应当由检察院自行立案侦查的案件。这主要包括：(1) 检察院对诉讼活动实行法律监督中发现司法工作人员利用职权实施的非法拘禁、刑讯逼供、非法搜查等侵犯公民权利、损害司法公正的犯罪案件；(2) 对于公安机关管辖的国家机关工作人员利用职权实施的其他重大的犯罪案件，需要由检察院直接受理的时候，经省级以上检察院决定，可以由检察院立案侦查。

3. 监察委员会直接受理的案件。监察委员会依法对涉嫌贪污贿赂、滥用职权、玩忽职守、权力寻租、利益输送、徇私舞弊以及浪费国家资财等职务违法和职务犯罪进行调查。

4. 公安机关直接受理的案件。除应当由法院、检察院、监察委员会、国家安全机关、军队保卫部门和监狱以及海关走私犯罪侦查部门依法直接受理的刑事案件外，其他刑事案件依法一律由公安机关立案侦查。

(二) 审判管辖

审判管辖是指各级法院之间，普通法院同专门法院之间以及同级法院之间，在审判第一审刑事案件上的分工，包括级别管辖、地域管辖、专门管辖、指定管辖。

级别管辖是指各级法院在审判第一审刑事案件的权限上的分工。最高法院管辖具有全国意义的重大刑事案件；高级法院管辖具有全省（或直辖市、自治区）意义的重大刑事案件；中级法院管辖危害国家安全犯罪案件，以及可能判处无期徒刑、死刑的普通刑事案件；基层法院管辖除由上级法院管辖之外的绝大多数第一审刑事案件。

地域管辖指的是同级法院之间在审判第一审刑事案件上的权限和分工。划分地域管辖依据以犯罪地为主，以被告人居住地为辅的原则。犯罪地包括犯罪的行为发生地和结果地。被告人的居住地包括被告人的户籍所在地与经常居所地。

专门管辖是专门法院同普通法院之间及专门法院之间在审判第一审刑事案件上的权限分工。目前，我国已经设立的，有权审理刑事案件的专门法院有军事法院和铁路运输法院。海事法院由于不办理刑事案件，不在此列。

指定管辖是指在特定情况下，由上级法院指定下级法院管辖某一具体刑事案件。上级法院可以指定下级法院审判管辖不明或者有争议的案件，也可以指定下级法院将案件移送其他法院审判。

二、刑事诉讼的回避制度

回避是指与案件或案件当事人有利害关系或其他特殊关系的侦查、检察、审判人员，以及书记员、鉴定人、翻译人员，不得参加该案诉讼活动的一项诉讼法律制度。

回避的理由包括：司法工作人员是本案的当事人或者是当事人的近亲属的；本人或者他的近亲属和本案有利害关系的；担任过本案证人、鉴定人、辩护人或者诉讼代理人的；与本案当事人有其他关系（如同学、战友、情人、朋友等关系），可能影响案件公正处理的；违反规定会见当事人及其委托代理人或接受其“请客送礼”的；参与过前一诉讼程序又参与后一诉讼程序的。

回避分为自行回避、申请回避和指令回避三种。回避程序包括回避的启动和决定。在侦查、起诉和审判等各个诉讼阶段，有关组织或个人都可以启动回避程序，使有关司法工作人员退出刑事诉讼。公安机关的司法工作人员的回避，由县级以上公安机关负责人决定；公安机关负责人的回避，由同级检察院检察委员会决定。检察人员的回避，由检察长决定。检察长的回避，由检察委员会讨论决定。法院审判人员等司法工作人员的回避，由法院院长决定。法院院长的回避，由审判委员会讨论决定。

回避请求依法上报后，诉讼应当暂时停止或延期进行。但是，对侦查人员的回避作出决定前，侦查人员不能停止对案件的侦查。

三、刑事诉讼的辩护制度

辩护是指刑事案件的犯罪嫌疑人、被告人及其辩护人反驳指控，提出有利于己方的事实和理由，以证明犯罪嫌疑人、被告人无罪、罪轻或者应当减轻、免除处罚，维护其合法权益的诉讼活动。

以辩护权实施主体为标准，辩护可以分为自行辩护和辩护人辩护。辩护人的辩护又有委托辩护和指定辩护、律师辩护和非律师辩护的区分。

（一）辩护人的范围

犯罪嫌疑人、被告人在刑事诉讼任何阶段都可以自行辩护，也可以委托下列人员担任辩护人帮助自己行使辩护权：

1. 律师。律师是指依法取得律师执业证书，为社会提供法律服务的执业人员。

2. 人民团体或者犯罪嫌疑人、被告人所在单位推荐的人。对涉及国家秘密的案件，人民团体或犯罪嫌疑人、被告人所在单位推荐的人，要经过检察院或者法院的审查同意，才能担任辩护人。

3. 犯罪嫌疑人、被告人的监护人、亲友。犯罪嫌疑人、被告人的亲戚、朋友与犯罪嫌疑人、被告人有着特殊的关系，相互间比较了解、比较信任，由他们担任辩护人，也有利于维护犯罪嫌疑人、被告人的合法权益。

正在被执行刑罚或者依法被剥夺、限制人身自由的人，本案的证人，同犯罪嫌疑人、被告人的犯罪活动有牵连的人，现职的公安人员、检察人员、审判人员以及任期内的陪审员，无行为能力或限制行为能力的人，外国人和无国籍人，不得担任辩护人。曾担任法官、检察官的律师，从法院、检察院离任后两年内，不得担任诉讼代理人或者辩护人。

（二）辩护人的权利和义务

1. 辩护人的权利。辩护人的权利主要有：（1）根据事实和法律、独立进行辩护，人身权利不受侵犯。（2）有权查阅案件材料。辩护律师自检察院对案件审查起诉之日起，可以查阅、摘抄、复制本案的案卷材料。其他辩护人经法院、检察院许可，也可以查阅、摘抄、复制上述材料。(3) 辩护人依法有权同犯罪嫌疑人、被告人会见和通信。辩护律师持律师执业证书、律师事务所证明和委托书或者法律援助公函要求会见在押的犯罪嫌疑人、被告人的，看守所应当及时安排会见，至迟不得超过四十八小时。辩护律师会见犯罪嫌疑人、被告人时不被监听。(4) 辩护律师有取证权。(5) 辩护人有参加法庭调查和法庭辩论的权利。(6) 经被告人同意，辩护人可以提出上诉。(7) 有要求司法机关依法解除强制措施的权利。(8) 有拒绝辩护的权利。对于委托事项违法，委托人利用律师提供服务从事违法活动或者委托人故意隐瞒与案件有关的重要事实的，律师有权拒绝辩护。

2. 辩护人的义务。辩护人的义务主要有：(1) 除法定情形外，不得拒绝辩护。(2) 不得帮助犯罪嫌疑人、被告人隐匿、毁灭、伪造证据或者串供，不得威胁、引诱证人作伪证以及进行其他干扰司法机关诉讼活动的行为。(3) 辩护人应当保守其在执业活动中知悉的国家秘密和当事人的商业秘密，不得泄露当事人的隐私。(4) 辩护律师不得私自接受委托，私自向委托人收取费用，收受委托人的财物。(5) 辩护律师不得违反规定会见法官、检察官。(6) 辩护律师不得向法官、检察官及其他工作人员请客送礼或行贿，或者指使、引诱当事人行贿。

四、刑事诉讼的强制措施

刑事诉讼中的强制措施，是指公安机关、检察院和法院为保障刑事诉讼活动的顺利进行，依法对犯罪嫌疑人、被告人采取的剥夺或限制其人身自由的强制方法。《刑事诉讼法》规定的强制措施有五种，即拘传、取保候审、监视居住、刑事拘留和逮捕。

1. 拘传。拘传是公安机关、检察院和法院对于未被逮捕、拘留的犯罪嫌疑人、被告人，依法强制其到案接受讯问的强制措施。被拘传人必须按时到场接受讯问。对于抗拒拘传的，可以使用戒具。拘传持续的时间不得超过十二小时，案情特别重大、复杂，需要采取拘留、逮捕措施的，传唤、拘传的时间不得超过二十四小时；两次拘传间隔的时间一般不得少于十二小时，不得以连续拘传的形式变相拘禁犯罪嫌疑人、被告人。

2. 取保候审。取保候审是公安机关、检察院和法院责令犯罪嫌疑人、被告人提出保证人或者交纳保证金，以保证其在取保候审期间不逃避和不妨碍诉讼并随传随到的一种强制方法。取保候审有保证人保证和保证金保证两种方式。被取保候审的犯罪嫌疑人、被告人未经执行机关批准不得离开所居住的市、县；住址、工作单位和联系方式发生变动的，在二十四小时以内向执行机关报告；在传讯的时候及时到案；不得以任何形式干扰证人作证；不得毁灭、伪造证据或者串供。取保候审由公安机关执行。取保候审最长不得超过十二个月。在取保候审期间，公安司法机关不得中断对案件的侦查、起诉和审理。

3. 监视居住。监视居住是指公安机关、检察院和法院责令犯罪嫌疑人、被告人在诉讼过程中，未经批准不得离开住处或指定的居所，并对其行动加以监视的一种方法。监视居住应当在犯罪嫌疑人、被告人的住处执行；无固定住处的，可以在指定的居所执行。对于涉嫌危害国家安全犯罪、恐怖活动犯罪，在住处执行可能有碍侦查的，经上一级检察院或者公安机关批准，也可以在指定的居所执行。但是，不得在羁押与监管场所、专门的办案场所与办案区域执行。

被监视居住的犯罪嫌疑人、被告人应当遵守以下规定：未经执行机关批准不得离开住处，无固定住处的，未经批准不得离开指定的居所；未经执行机关批准不得会见他人或者通信；在传讯的时候及时到案；不得以任何形式干扰证人作证；不得毁灭、伪造证据或者串供；将护照等出入境证件、身份证件、驾驶证件交执行机关保存。监视居住由公安机关执行。监视居住最长不得超过六个月。

4.刑事拘留。刑事拘留是公安机关和检察院在办理直接受理的案件中，对于现行犯或者重大嫌疑分子，在法定的紧急情况下，决定暂时剥夺其人身自由、予以羁押，并进行审查的一种方法。法院无权决定刑事拘留。刑事拘留的对象是现行犯或者重大嫌疑分子。执行拘留是公安机关的职权。公安机关执行拘留时，必须出示拘留证。检察院作出的拘留决定，应当由公安机关执行。公安机关和其他专门机关对于被拘留的人，应当在拘留后的二十四小时以内进行讯问。

5.逮捕。逮捕是公安机关、检察院和法院依法剥夺犯罪嫌疑人、被告人的人身自由、予以羁押，并进行审查的一种最严厉的方法。逮捕犯罪嫌疑人、被告人，必须经过检察院批准或者法院决定，由公安机关执行。因为适用条件的不同，逮捕分为一般逮捕和径行逮捕两种。检察院和法院有权决定逮捕。检察院有权批准逮捕，公安机关欲对犯罪嫌疑人实施逮捕强制措施，则必须报请检察院审查批准。执行逮捕是公安机关的职权。公安机关执行逮捕，必须填发逮捕证。任何人都不得阻挠、抗拒公安机关依法执行逮捕。对于抗拒的人，执行逮捕的人员可以依法使用警械和武器制止。逮捕后，应当在二十四小时内进行讯问，应当立即将被逮捕人送看守所羁押。除无法通知的以外，应当在逮捕后二十四小时以内，通知被逮捕人的家属。

五、刑事诉讼证据制度

刑事诉讼证据，是指侦查、检察、审判等人员依法收集和查对核实的，具备法律规定的表现形式，同刑事案件有关并能证明案件真实情况的材料。

我国《刑事诉讼法》规定的证据有八种，包括：物证，书证，证人证言，被害人陈述，犯罪嫌疑人、被告人供述和辩解，鉴定意见，勘验、检查、辨认、侦查实验等笔录，视听资料、电子数据。理论上将刑事诉讼证据分为：言词证据（人的陈述）和实物证据，控诉证据和辩护证据，原始证据和传来证据，直接证据和间接证据。

能够作为定案根据的刑事诉讼证据，必须具备客观性、相关性和合法性三个本质特征。司法机关工作人员应当严格遵守法定程序，全面、客观地收集、审查、核实和认定证据。严禁刑讯逼供和以威胁、引诱、欺骗以及其他非法方法收集证据。公安司法机关采用非法手段收集的证据应当予以排除，不得作为证据采纳。

公安司法机关的办案人员和诉讼当事人及其委托的辩护人、诉讼代理人，依法运用证据认定刑事案件事实的活动称之为刑事诉讼证明。证明的对象是：定罪事实、直接影响量刑的各种情况、涉及刑事诉讼程序的事实。一般情况下，控诉方承担证明责任。

证据必须经过查证属实，才能作为定案的根据。定罪时的证明标准是，犯罪事实清楚，证据确实、充分。法律规定，对一切案件的判处都要重证据，重调查研究，不轻信口供。只有被告人供述，没有其他证据的，不能认定被告人有罪和处以刑罚；没有被告人供述，证据确实、充分的，可以认定被告人有罪和处以刑罚。

第三节　刑事诉讼的流程

一、立案

立案是指公安机关、检察院和法院对报案、控告、举报和犯罪人的自首等方面的材料进行审查，判明是否有犯罪事实并需要追究刑事责任，依法决定是否作为刑事案件进行侦查或审判的诉讼活动。

有犯罪事实，并且需要追究刑事责任这是立案的两个条件。

立案的事实条件就是要求有犯罪事实。这是指有证据证明发生了刑法规定的危害社会的，依法应受刑罚处罚的危害行为。

需要追究刑事责任，这是立案的法律条件。行为人虽实施了危害行为，但如具备下列情形之一，不追究刑事责任，不立案：（1）情节显著轻微，危害不大，不认为是犯罪的；（2）犯罪已过追诉时效期限的；（3）经特赦令免除刑罚的；（4）依照刑法告诉才处理的犯罪，没有告诉或者撤回告诉的；（5）犯罪嫌疑人、被告人死亡的；（6）法律规定的其他免予追究刑事责任的。

公安司法机关审查立案材料后，认为具有犯罪事实且需要追究刑事责任，并属于自己管辖的案件，应作立案决定。对不具备立案条件的，公安司法机关作不立案决定，并通知当事人。控告人不服可向作出决定的公安机关、检察院申请复议，符合《刑事诉讼法》第二百一十条第三项的规定时，控告人有权直接向法院起诉。自诉人对法院不予受理或驳回起诉的裁定不服的，可以提起上诉。

二、侦查

侦查，是指公安机关、检察院对于刑事案件，依照法律进行的收集证据、查明案情的工作和有关的强制性措施。

侦查的具体方法又称为侦查行为，包括：（1）讯问犯罪嫌疑人。（2）询问证人、被害人。（3）勘验、检查。按照内容和对象的不同，勘验、检查分为：现场勘查、物品检验、人身检查、尸体检验。（4）搜查。（5）查封扣押物证、书证。（6）侦查实验。（7）鉴定。（8）辨认。（9）通缉。（10）技术侦查。技术侦查行为通常包括电子侦听、电话监听、电子监控、秘密拍照、录像、邮件检查等秘密的专门技术侦查手段。（11）秘密侦查和控制下交付。

公安机关对其侦查终结的、构成犯罪的案件，应作出移送审查起诉决定，向同级检察院提交《起诉意见书》，移送全部案卷材料和证据。同时将案件移送情况告知犯罪嫌疑人及其辩护律师。对于不构成犯罪或者不需要追究刑事责任的案件，公安机关应作出撤销案件的决定，制作《撤销案件决定书》并通知当事人。犯罪嫌疑人已被逮捕的，应当立即释放，发放释放证明，并通知原批准的检察院。

检察机关对其侦查终结的案件可以分别作出：提起公诉、不起诉或者撤销案件的决定。侦查机关对不够刑事处罚但需要给予行政处罚的，应依法予以行政处罚或者移交其他相关部门处理。

三、起诉

（一）公诉

刑事诉讼中的起诉分为公诉和自诉两种。公诉就是检察院代表国家依法向法院提起诉讼，要求追究被告人刑事责任的诉讼活动。需要提起公诉的案件，一律由检察院审查决定。

检察院审查案件适用专人审查、集体讨论、检察长决定的制度。讯问犯罪嫌疑人是审查起诉的必经程序。不经过讯问犯罪嫌疑人而决定起诉是不合法的。应当听取辩护人、被害人及其诉讼代理人的意见，并制作笔录附卷。

1. 提起公诉。提起公诉是指检察院代表国家依法向法院提起诉讼，要求对被告定罪处刑、追究其刑事责任的诉讼活动。检察院对公安机关侦查终结、监察委调查终结移送起诉的案件以及自行侦查终结的案件，经审查认为犯罪事实已经查清，证据确实、充分，犯罪嫌疑人的行为已经构成犯罪，依法应当追究刑事责任的，依法作出起诉决定，向有管辖权的法院提起公诉。

2. 不起诉。不起诉，是指检察院对公安机关侦查终结移送起诉、监察委调查终结移送起诉的案件以及自行侦查终结的案件，经审查认为犯罪嫌疑人具有法定不追究刑事责任的情形，或者犯罪情节轻微依法不需要判处刑罚或可免除刑罚的，以及证据不足不符合起诉条件的，作出不向法院提起公诉的一种决定。不起诉有四类：法定不起诉、酌定不起诉、证据不足不起诉、附条件不起诉。

（二）自诉

自诉是指被害人或其法定代理人为追究被告人的刑事责任而直接向法院提起的诉讼。自诉应当由被害人提起，如果被害人死亡、丧失行为能力或者因受强制、威吓等原因无法告诉，或者被害人是限制行为能力人以及被害人由于年老、患病、盲、聋、哑等原因不能亲自告诉，由其法定代理人、近亲属代为告诉。

自诉人提起自诉时，应当向法院提交刑事自诉状；如果提起附带民事诉讼的，还应当提交刑事附带民事自诉状。法院对自诉状和证据材料应当在十五日内审查完毕，如果认为符合受理条件的，应当决定立案，并书面通知自诉人或者代为告诉人。如果认为不符合受理条件，应当说服自诉人撤回起诉；自诉人不撤回起诉的，裁定不予受理。

四、审判

审判是指法院在控、辩双方及其他诉讼参与人参加下，依法对刑事案件进行审理和裁判的诉讼活动。审判由法院的审判组织负责进行。审判组织是指法院审理具体案件的法庭组织形式，分为独任庭、合议庭两种。审判委员会对重大或疑难案件的处理有最后决定权，因此也具有审判组织的性质。

法院的审判程序分为：第一审程序、第二审程序、死刑复核程序和审判监督程序。

(一) 第一审程序

第一审程序是指法院对第一审案件进行审判应当采取的方式、方法和应当遵循的规则等。

法院对提起公诉、自诉的案件进行审查后，对于起诉书中有明确的指控犯罪事实的，应当决定开庭审判。法院审判第一审案件应当公开进行。但是有关国家秘密或者个人隐私的案件，不公开审理；涉及商业秘密的案件，当事人申请不公开审理的，可以不公开审理。审判的时候被告人不满十八周岁的案件，不公开审理。

开庭审判的过程分为：宣布开庭、法庭调查、法庭辩论、被告人最后陈述、评议和宣判五个阶段。

合议庭经过评议，对于案件事实清楚，证据确实、充分，依法认定被告人有罪的，作出有罪判决。对于复杂、重大、疑难的案件，合议庭难以作出决定的，由合议庭报请院长提交审判委员会讨论决定。宣判可以分为当庭宣判和定期宣判。

法院根据已经查明的事实、证据和有关的法律规定，在对案件审理之后可以分别作出以下判决：第一，案件事实清楚，证据确实、充分，依据法律认定被告人有罪的，应当作出有罪判决。第二，起诉指控的事实清楚，证据确实、充分，但指控的罪名不当的，应当依照法律和审理认定的事实作出有罪判决。第三，案件事实清楚，证据确实、充分，依据法律认定被告人无罪的，应当判决宣告被告人无罪。第四，证据不足，不能认定被告人有罪的，应当以证据不足、指控的犯罪不能成立，判决宣告被告人无罪。第五，案件部分事实清楚，证据确实、充分的，应当作出有罪或无罪的判决；对事实不清、证据不足部分，不予认定。第六，被告人因未达到刑事责任年龄，不予刑事处罚的，应当判决宣告被告人不负刑事责任。第七，被告人是精神病人，在不能辨认、控制自己行为时造成危害结果，不予刑事处罚的，应当判决宣告被告人不负刑事责任。第八，犯罪已过追诉时效期限且不是必须追诉，或者经特赦令免除刑罚的，应当裁定终止审理。第九，属于告诉才处理的案件，应当裁定终止审理，并告知被害人有权提起自诉。第十，被告人死亡的，应当裁定中止审理；但有证据证明被告人无罪，经缺席审理确认无罪的，应当判决宣告被告人无罪。

(二) 第二审程序

第二审程序，是指上一级法院根据当事人的上诉或检察院的抗诉，对于下一级法院未生效的判决或裁定重新进行审理时适用的程序。我国实行两审终审制。提起第二审程序的方式是上诉、抗诉。

上诉，是指当事人（公诉案件被害人除外）或其法定代理人不服地方各级法院第一审刑事判决或裁定，依法请求一审法院的上一级法院对案件进行重新审理的诉讼活动。地方各级检察院认为本级法院第一审的判决、裁定确有错误时，应当向上一级法院提出抗诉。最高检察院如果认为最高法院的裁判确有错误，只能按照审判监督程序提出抗诉。不服判决的上诉和抗诉的期限为十日，不服裁定的上诉和抗诉的期限为五日，从接到判决书、裁定书的第二日起算。

第二审法院对上诉、抗诉案件进行审理后，有三种审判结果：(1) 维持原判。原判决认定事实正确，证据确实、充分，适用法律正确，量刑适当的，应当裁定驳回上诉或抗诉，维持原判。(2) 改判。原判决认定事实没有错误，但适用法律有错误；或者原判决认定事实没有错误，但量刑不当的；或者原判决事实不清、证据不足，但在二审中查清了事实的，应当撤销原判，重新判决。(3) 发回原审法院重新审判。第二审法院对原判决事实不清楚或者证据不足的，也可以裁定撤销原判，发回原审法院重新审判。对于二审中发现一审法院有违反法律规定的诉讼程序情形的，应当裁定撤销原判，发回原审法院重新审判。

(三) 死刑复核程序

死刑复核程序是指法院对判处死刑的案件进行复审核准所遵循的特别审判程序。死刑复核程序是我国《刑事诉讼法》规定的一项特别程序，只适用于判处死刑的案件。最高法院对死刑案件有核准权，高级法院对死刑缓期执行案件有核准权。

除最高法院判处的死刑案件外，凡是判处死刑立即执行的案件，以及中级法院判处死刑缓期两年执行而被告人不上诉的案件，都必须经过复核程序审查核准以后，才能发生法律效力，交付执行。

(四) 审判监督程序

审判监督程序是指法院、检察院对已经发生法律效力的判决和裁定，发现在认定事实或适用法律上确有错误，依法提起并对案件进行重新审判的一项特别审判程序。审判监督程序是一种救济程序，是为纠正错判而设立的补救程序，适用于一切确有错误的生效裁判。

各级法院院长对本院已经发生法律效力的判决和裁定，如果发现在认定事实上或者在适用法律上确有错误，提交本院审判委员会决定是否再审。最高法院对各级法院已经发生法律效力的判决和裁定，上级法院对下级法院已经发生法律效力的判决和裁定，如果发现确有错误，有权提审或者指令下级法院再审。最高检察院对各级法院已经发生法律效力的判决和裁定，上级检察院对下级法院已经发生法律效力的判决和裁定，如果发现确有错误，有权按照审判监督程序向同级法院提出抗诉。

法院按照审判监督程序重新审判的案件，应当另行组成合议庭进行。如果原来是第一审案件，应当按照第一审程序进行审判，所作的判决、裁定，可以上诉、抗诉；如果原来是第二审案件，或者是上级法院提审的案件，应当依照第二审程序进行审判，所作的判决、裁定，是终审的判决、裁定。

依照审判监督程序对案件重新审判的结果有以下几种：第一，原判决、裁定认定事实和适用法律正确、量刑适当的，应当裁定驳回申诉或者抗诉，维持原判决、裁定。第二，原判决、裁定认定事实没有错误，但适用法律错误，或者量刑不当的，应当撤销原判决、裁定，依法改判。第三，原判决、裁定定罪准确、量刑适当，但在认定事实、适用法律等方面有瑕疵的，应当裁定纠正并维持原判决、裁定。第四，依照第二审程序审理的案件，原判决、裁定认定事实不清或者证据不足的，可以在查清事实后改判，也可以裁定撤销原判，发回原审法院重新审判。第五，原判决、裁定事实不清或者证据不足，经审理事实已经查清的，应当根据查清的事实依法裁判；事实仍无法查清，证据不足，不能认定被告人有罪的，应当撤销原判决、裁定，判决宣告被告人无罪。

对再审改判宣告无罪并依法享有申请国家赔偿权利的当事人，法院宣判时，应当告知其在判决发生法律效力后可以依法申请国家赔偿。

五、执行

执行是指司法机关和法律授权的其他组织，将已经发生法律效力的判决、裁定所确定的刑罚等内容付诸实施，以及解决实施过程中出现的特定问题而进行的活动。执行具有合法性、及时性、强制性、执行主体宽泛性的特点。

执行的机关分为三种：交付执行机关、执行机关和执行的监督机关。法院是交付执行机关。监狱、法院、公安机关、社区矫正机构是执行机关。检察院是执行的监督机关。

最高人民法院的执行死刑命令，由高级人民法院交付一审人民法院执行，一审人民法院接到执行死刑命令后，应当在7日内执行。执行死刑的这一法定期限必须严格遵守，不得借故延期执行。死刑采用枪决或者注射等方法执行。死刑可以在刑场或者指定的羁押场所内执行。执行死刑应当公布，不应示众。

财产刑和附带民事的裁定和判决由第一审法院负责裁判执行的机构执行。财产刑包括罚金和没收财产。

对被判处死刑缓期两年执行、无期徒刑、有期徒刑的罪犯，由公安机关依法将该罪犯送交监狱执行刑罚。

对被判处有期徒刑的罪犯，在被交付执行刑罚前，剩余刑期在三个月以下的，由看守所代为执行。对被判处拘役的罪犯，由公安机关执行。对被判处剥夺政治权利的罪犯，由公安机关执行。执行期满，应当由执行机关书面通知本人及其所在单位、居住地基层组织。

对被判处管制、宣告缓刑、假释或者暂予监外执行的罪犯，依法实行社区矫正，由社区矫正机构负责执行。

第四编　民事法编

第八章　民法典：总则

第一节　基本规定

一、民法的概念

民法，是调整平等主体的自然人、法人和非法人组织之间的人身关系与财产关系的法律规范的总称。《中华人民共和国民法典》（以下简称《民法典》）自2021年1月1日起施行，共7编、1 260条，各编依次为总则、物权、合同、人格权、婚姻家庭、继承、侵权责任，以及附则。

与其他法律部门相比，民法有如下特点：（1）民法所调整的社会关系是横向的、平等的。自然人、法人和非法人组织之间发生的社会关系种类众多，主体的平等性是区分国家社会生活和民事社会生活的重要标志。作为民法的核心特点，主体的平等性主要包括两方面内容：一是民事主体之间的人格独立、互不隶属，不存在人身依附关系；二是民事主体之间在社会关系发生时意思自治、行动自主，任何一方都不能命令他方服从自己。（2）并非所有平等民事主体之间的社会关系均由民法调整，民法调整的只是平等民事主体之间的财产关系和人身关系。人身关系是指民事主体之间基于人格和身份形成的、与人身不可分离的无直接物质利益因素的民事法律关系；财产关系是指民事主体之间基于物质利益而形成的民事法律关系。

二、民法的基本原则

民法的基本原则，是指导民事立法、民事司法和进行民事活动的基本准则。它体现了民法的基本价值，集中反映了民事立法的目的和方针，对各项民事法律制度和民法规范起着统帅和指导作用。

1. 平等原则。《民法典》规定："民事主体在民事活动中的法律地位一律平等。"平等原则，又称民事主体地位平等原则，是指民事主体享有独立、平等的人格，在具体的民事法律关系中互不隶属、地位平等，各自能独立地表达自己的意志，其合法权益平等地受法律的保护。平等原则是市场经济的本质特征和内在要求在民法上的具体体现，是民法最基础、最根本的一项原则。

2. 自愿原则。《民法典》规定："民事主体从事民事活动，应当遵循自愿原则，按照自己的意思设立、变更、终止民事法律关系。"自愿原则，也称为意思自治原则，是指民事主体在进行民事活动时意志独立、行为自主，有权根据自己的意愿从事民事活动，并自觉承受相应的法律后果。基于意思自治原则，法律赋予并且保障每个民事主体都具有在一定的范围内通过民事法律行为来调整相互之间关系的可能性。民事主体在参加民事活动过程中有权根据个人意思确定民事法律关系的内容，且所决定的内容对民事活动的当事人而言具有法律约束力。意思自治原则被称为民法的核心，是民事主体成为民事权利享有者、民事义务履行者与民事责任承担者的基本保障。

3. 公平原则。《民法典》规定："民事主体从事民事活动，应当遵循公平原则，合理确定各方的权利和义务。"公平原则是公平和正义的道德观在法律上的体现，它要求民事主体从事民事活动时秉持公平理念，公正、平允、合理地确定各方的权利和义务，并依法承担相应的民事责任。该原则有两层含义：一是民事主体应依据社会公认的公平观念从事民事活动。当事人双方在设立权利和义务时应大致相当，不能相差悬殊，在行使权利、履行义务、承担民事责任时应以公平为理念，维持当事人之间的利益均衡。二是立法者和裁判者在民事立法和司法过程中应保障民事主体之间的利益均衡。

4. 诚实信用原则。《民法典》规定："民事主体从事民事活动，应当遵循诚信原则，秉持诚实，恪守承诺。"诚实信用原则也称诚信原则，它要求民事主体在进行民事活动时，秉持诚实、善意，信守承诺，在不侵害他人与社会的利益的前提下追求自身的利益。该原则对建设诚信社会、规范经济秩序、引领社会风尚具有重要意义，所以，诚实信用原则被称为民法的"帝王条款"，是各国民法公认的基本原则。此外，由于诚信原则具有高度的概括性和抽象性，司法机关可以在当事人没有约定或法律没有具体规定时，依据此项原则填补合同漏洞、弥补法律空白、解释法律条款，以平衡民事主体之间、民事主体与社会之间的利益，进而实现社会的公平与正义。

5. 守法与公序良俗原则。《民法典》规定："民事主体从事民事活动，不得违反法律，不得违背公序良俗。"守法与公序良俗原则要求民事主体在从事民事活动时，不得违反法律的强制性规定，不违背公共秩序和善良风俗。公共秩序是指政治、经济、文化等领域的基本秩序和根本理念，是与国家和社会整体利益相关的基础性原则、价值和秩序；善良习俗是指基于社会主流道德观念的习俗，也被称为社会公共道德，是全体社会成员所普遍认可、遵循的道德准则。

6. 绿色原则。《民法典》规定："民事主体从事民事活动，应当有利于节约资源、保护生态环境。"绿色原则的主要内容有三：一是确立了国家立法规范民事活动的基本导向，要以节约资源、保护生态环境作为制定相关民事立法的重要考量因素；二是强调民事主体要本着有利于节约资源、保护生态环境的理念从事民事活动，树立可持续发展观；三是要求司法机关在审判民事案件、适用民事法律规定时秉持保护生态环境、节约资源的理念。

三、民事法律关系

（一）民事法律关系的概念

民事法律关系，是基于民事法律事实并由民事法律规范调整形成的民事权利义务关系，是民法所调整的平等主体之间的财产关系和人身关系在法律上的表现。

民事法律关系是平等主体之间所发生的社会关系，相关权利义务的确立都基于主体的平等地位。民事法律关系虽然也体现国家的意志，但民事法律关系的产生、变更和消灭多取决于当事人的意思自治。由于民事法律关系中当事人地位的平等性，因而民事责任一般只能与违法行为造成的权利损害相适应，即只具有补偿性而不具有惩罚性。

（二）民事法律关系的要素

民事法律关系的要素，是指构成民事法律关系必须具备的条件，它由主体、内容、客体三要素组成。任何民事法律关系，都不能缺少这三种要素，任何要素发生变化，民事法律关系也要发生相应的变化。

1. 民事法律关系的主体。民事法律关系的主体（简称民事主体），是指参与民事法律关系，享有民事权利和承担民事义务的自然人、法人和非法人组织。它具有法律地位的平等性和意思的自主性两个特点。

2. 民事法律关系的内容。民事法律关系的内容，是指民事法律关系主体所享有的民事权利和承担的民事义务。民事权利，是指民事主体为实现某种利益而依法为某种行为或不为某种行为的自由（可能性），一般来说，权利是可以行使也可以不行使的，它是一种自由或可能性。具体包括：（1）权利人依法直接享有某种利益或者实施一定行为的自由；（2）权利人可以请求义务人为一定行为或不为一定行为，以保证其享有或实现某种利益的自由；（3）上述两种自由是有法律保障的，即当权利受到侵犯时，权利人有权请求有关国家机关予以救济。民事义务，是指义务人为满足权利人的利益而为一定行为或不为一定行为的必要性。具体包括：（1）义务人必须依据法律的规定或合同的约定为一定行为或不为一定行为；（2）义务人必须履行义务；否则，要依法承担责任。民事义务的履行保障了民事权利的实现，民事权利的实现有赖于民事义务的履行。

3. 民事法律关系的客体。民事法律关系的客体，是指民事法律关系的主体享有的民事权利和承担的民事义务所共同指向的对象，如物、行为、智力成果、人身利益等。

（三）民事法律事实

1. 民事法律事实的概念。民事法律事实，是指由民事法律规范规定的能够引起民事法律关系的产生、变更或消灭的客观情况。民事法律关系是民事法律规范的规定和实际发生的民事法律事实共同作用的结果。民事法律事实确认的根据是民事法律规范。但任何具体的民事法律关系的产生、变更或消灭，都是以民事法律事实的存在为客观依据的。

2. 民事法律事实的分类。根据客观事实是否与人的意志相关，民事法律事实可分为事件和行为：（1）事件。事件是指与人的意志无关，能够引起一定民事法律后果的客观现象，可分为自然事件（也称绝对事件）和人为事件（也称相对事件）：绝对事件，是指不是由人们的行为而是由某种自然原因而引起的事件，如自然灾害、时间的流逝等；相对事件是由人们的行为所引起的，但它的出现在该法律关系中并不以权利主体的意志为转移。如战争、罢工等。（2）行为。行为是指受人的意志支配所进行的并能够引起一定民事法律后果的民事法律事实，可分为事实行为和法律行为：法律行为以意思表示为要素，是旨在产生、变更或消灭民事法律关系的行为，如订立合同、登记结婚等；而事实行为又称非表示行为，是指行为人主观上并没有产生、变更或消灭民事法律关系的意思，但客观上因法律的规定而产生一定的法律后果的行为，如侵权行为、无因管理、不当得利等。

第二节　民事主体

民事主体，是指在民事法律关系中享有权利或承担义务的当事人。享有权利的一方称为权利主体，承担义务的一方称为义务主体。在我国，民事主体主要有自然人、法人和非法人组织。

一、自然人

（一）自然人的民事权利能力

自然人即生物学意义上的人，是基于出生而取得民事主体资格的人。自然人既包括我国公民，也包括外国人和无国籍的人。

自然人的民事权利能力，是指法律赋予自然人享有民事权利、承担民事义务的资格。自然人的民事权利能力始于出生，终于死亡。凡是自然人，均享有法律赋予的平等的民事权利能力，非依法不得加以限制和剥夺。

（二）自然人的民事行为能力

自然人的民事行为能力，是指自然人能够以自己的独立行为参与民事活动，取得民事权利和承担民事义务的资格。自然人一经出生即当然享有民事权利能力，但要独立从事民事活动、实施民事法律行为，还必须具有相应的辨识自己行为的能力，即民事行为能力。自然人的辨识能力与其年龄、智力和精神健康等因素密切相关，根据自然人辨识能力的不同，将自然人划分为三类：

1. 完全民事行为能力人，是指达到一定年龄、精神状态正常，能以自己的独立行为进行民事活动，取得民事权利和承担民事义务的自然人。年满十八周岁的、精神状态正常的成年人为完全民事行为能力人。年满十六周岁不满十八周岁的未成年人，以自己的劳动收入为主要生活来源的，视为完全民事行为能力人。

2. 限制民事行为能力人，是指不能完全辨认自己行为，以自己意志享有民事权利和承担民事义务的资格受到一定限制的自然人。限制民事行为能力人可以独立实施纯获利益的民事法律行为或者与其年龄、精神健康状况相适应的民事法律行为。超出上述范围的民事活动须由其法定代理人代理实施或者经其法定代理人的事前同意、事后追认。八周岁以上的未成年人与不能完全辨认自己行为的成年人为限制民事行为能力人。

3. 无民事行为能力人，是指不具有以自己的独立行为参与民事活动、取得民事权利和承担民事义务资格的自然人。无民事行为能力人由其法定代理人代理实施民事法律行为。不满八周岁的未成年人和不能辨认自己行为的成年人为无民事行为能力人。

（三）监护

在我国，监护是保障无民事行为能力人和限制民事行为能力人的人身、财产及其他合法权益，弥补其民事行为能力的不足而设置的一项民事法律制度。在监护法律关系中，履行监护和保护职责的人称为监护人；被监护和保护的人称为被监护人。被监护人包括两类：一类是未成年人；另一类是无民事行为能力和限制民事行为能力的成年人。法定监护人与监护顺序如下：

1. 未成年人的监护人是未成年人的父母，但当未成年人的父母已经死亡或没有监护能力时，应由下列有监护能力的人按顺序担任监护人：（1）未成年人的祖父母、外祖父母；（2）成年的兄、姐；（3）其他愿意担任监护人的个人或者组织。

2. 无民事行为能力或限制民事行为能力的成年人，由下列有监护能力的人按顺序担任监护人：（1）配偶；（2）父母、子女；（3）其他近亲属；（4）其他愿意担任监护人的个人或者组织。

此外，为了更大限度的保护被监护人的法律权益，尊重被监护人的个人情况和意愿，监护设立方式主要有：（1）遗嘱监护。被监护人的父母担任监护人的，可以通过遗嘱指定子女在其死后的监护人。（2）意定监护。具有完全民事行为能力的成年人，可以与其近亲属或其他愿意担任监护人的个人或者组织协商，以书面形式确定自己在丧失或者部分丧失民事行为能力时的监护人。（3）协议监护。在确定监护人时，具有监护资格的人可以协议确定监护人，但协议应当尊重被监护人的真实意愿。（4）国家监护。没有依法具有监护资格的人的，监护人由民政部门担任，也可以由具备履行监护职责条件的被监护人住所地的居委会、村委会担任。

监护人主要承担以下职责：（1）保护被监护人的人身、财产权利以及其他合法权益；（2）代理被监护人实施民事法律行为；（3）代理被监护人进行诉讼以维护其合法权益。监护人在履行上述职责时，还应遵循两项基本原则：一是最有利于被监护人的原则；二是尊重被监护人真实意愿的原则。

（四）宣告失踪与宣告死亡

1. 宣告失踪。宣告失踪，是指自然人下落不明达到法定的期限，经利害关系人申请，人民法院依照法定程序宣告其为失踪人的一项民事法律制度。宣告自然人失踪须具备以下条件：（1）自然人下落不明满二年。（2）利害关系人向人民法院提出申请。利害关系人包括被申请宣告的失踪人的配偶、父母、子女、兄弟姐妹、祖父母、外祖父母、孙子女、外孙子女以及其他与被申请人有民事权利义务关系的人。

（3）人民法院依照法定程序进行宣告。法院受理申请后，发出寻找下落不明人的公告，公告期限为三个月，届满后仍不能确定被申请人下落的，法院作出宣告失踪的判决。

2. 宣告死亡。宣告死亡，是指经利害关系人申请，法院依照法定的条件和程序，判决宣告下落不明满一定期限的自然人死亡的民事法律制度。宣告自然人死亡须具备以下条件：（1）自然人下落不明满四年，因意外事故下落不明满二年。因意外事故下落不明，有关部门证明其确无生还可能的，不受两年期限的限制。（2）利害关系人向法院提出申请。（3）人民法院依法定程序进行宣告。法院受理申请后发出寻找失踪人公告，公告期一年；因意外事故下落不明的，公告期三个月。公告期满仍不能确定失踪人下落的，法院依法作出宣告被申请人死亡的判决。判决宣告之日，即为失踪人的死亡时间。因意外事件下落不明宣告死亡的，意外事件发生之日视为其死亡的日期。

二、法人及非法人组织

法人，是指具有民事权利能力和民事行为能力，依法独立享有民事权利和承担民事义务的组织。法人应当依法成立，有自己的名称、组织机构、住所、财产或者经费。法人成立的具体条件和程序，依照法律、行政法规的规定。设立法人，法律、行政法规规定须经有关机关批准的，依照其规定。

非法人组织，是指不具有法人资格，但是能够以自己的名义从事民事活动的组织，包括个人独资企业、合伙企业、不具有法人资格的专业服务机构等。非法人组织也可以以自己的名义享有权利和承担义务，但与法人不同，非法人组织由其出资人或设立人承担无限责任。

根据法人设立的宗旨及履行的社会职能不同，将法人分为营利法人、非营利法人与特别法人三类。

1. 营利法人。营利法人是指以取得利润并分配给股东等出资人为目而成立的法人，包括有限责任公司、股份有限公司和其他企业法人等。

2. 非营利法人。非营利法人是指为公益目的或者其他非营利目的成立，不向出资人、设立人或者会员分配所取得利润的法人，包括事业单位、社会团体、基金会、社会服务机构等。其与营利法人最主要的区别不在于是否从事经营活动并获取利润，而在于是否将利润分配给出资人。

3. 特别法人。我国将机关法人、农村集体经济组织法人、城镇农村的合作经济组织法人、基层群众性自治组织法人视为特别法人。其中，有独立经费的机关和承担行政职能的法定机构从成立之日起，具有机关法人资格，可以从事为履行职能所需要的民事活动。

第三节　民事权利

民事权利可以依据民事法律行为、事实行为、法律规定的事件或者法律规定的其他方式取得。以民事权利的内容为标准，可以将民事权利分为人身权、财产权、知识产权等。

一、人身权

（一）人身权的概念

人身权，是人格权和身份权的合称，是指以人身利益为内容，与权利人的人身不可分离的权利。人身权主要具有以下特征：(1) 非财产性。人身权不直接以财产利益为内容，而以人身利益为内容，不能用金钱衡量其价值。(2) 不可转让性。人身权与民事主体不可分离决定了人身权的不可转让性，一般不能买卖、赠与或继承。(3) 法定性。人身权的取得基于法律的直接规定，民事主体不能通过约定或者单方行为创设法律规定以外的人身权。

（二）人格权

人格权，是以民事主体依法固有的人格利益为客体，以维护和实现人格平等、人格尊严、人身自由为目的的权利。《民法典》规定："自然人的人身自由、人格尊严受法律保护。"除了这种以框架性人格权的方式确立的"一般人格权"外，《民法典》还规定了各种"具体人格权"。其中，自然人享有生命权、身体权、健康权、姓名权、肖像权、名誉权、荣誉权、隐私权、婚姻自主权等权利；法人与非法人组织享有名称权、名誉权、荣誉权等权利。因人格权关系到每个人的人格尊严，是民事主体最基本的权利，所以我国《民法典》将"人格权"独立成编，该编主要涉及自然人和其他民事主体的"具体人格权"的相关内容。

1.生命权、身体权和健康权

生命权是指自然人的生命安全和生命尊严受法律保护。任何组织或者个人不得侵害他人的生命权。它是自然人享有的最基本人格权。

身体权是指自然人的身体完整和行动自由受法律保护。任何组织或者个人不得侵害他人的身体权。禁止以任何形式买卖人体细胞、人体组织、人体器官、遗体。

健康权是指自然人的身心健康受法律保护。任何组织或者个人不得侵害他人的健康权。

2.姓名权和名称权

姓名权是指自然人有权依法决定、使用、变更或者许可他人使用自己的姓名，但是不得违背公序良俗。

法人、非法人组织享有名称权，有权依法决定、使用、变更、转让或者许可他人使用自己的名称。

3.肖像权

肖像权是指自然人有权依法制作、使用、公开或者许可他人使用自己的肖像。肖像是通过影像、雕塑、绘画等方式在一定载体上所反映的特定自然人可以被识别的外部形象。

4.名誉权和荣誉权

民事主体享有名誉权。名誉是对民事主体的品德、声望、才能、信用等的社会评价。任何组织或者个人不得以侮辱、诽谤等方式侵害他人的名誉权。

民事主体享有荣誉权。任何组织或者个人不得非法剥夺他人的荣誉称号，不得诋毁、贬损他人的荣誉。

5.隐私权和个人信息保护

自然人享有隐私权。隐私是自然人的私人生活安宁和不愿为他人知晓的私密空间、私密活动、私密信息。任何组织或者个人不得以刺探、侵扰、泄露、公开等方式侵害他人的隐私权。

自然人的个人信息受法律保护。个人信息是以电子或者其他方式记录的能够单独或者与其他信息结合识别特定自然人的各种信息，包括自然人的姓名、出生日期、身份证件号码、生物识别信息、住址、电话号码、电子邮箱、健康信息、行踪信息等。

6. 婚姻自主权

婚姻自主权是指自然人享有的结婚、离婚自由不受他人干涉的权利。

（三）身份权

身份权，是指由亲属关系而得以享有的利益为内容，具有一定亲属关系的人相互之间享有的权利。如父母对未成年子女的抚养、监护，夫妻之间的扶养等。

二、财产权

财产权，是指以财产利益为内容，直接体现某种物质利益的权利，主要包括物权与债权。

（一）物权

物权，是权利人依法对特定的物享有直接支配和排他的权利，包括所有权、用益物权和担保物权。物权的客体包括不动产、动产及法律规定的可以作为物权客体的权利；物权的种类和内容由法律规定，采取物权法定原则。

（二）债权

债权，是因合同、侵权行为、无因管理、不当得利以及法律的其他规定，权利人请求特定人为或者不为一定行为的权利。

1. 合同，是平等主体的自然人、法人、非法人组织之间设立、变更、终止民事权利义务关系的协议。《民法典》规定："依法成立的合同，对当事人具有法律约束力。"合同依法成立后，即在当事人之间产生债权债务关系。基于合同所产生的债为合同之债，属于意定之债。

2. 侵权行为，是指侵害他人民事权益的行为。《民法典》规定："民事权益受到侵害的，被侵权人有权请求侵权人承担侵权责任。"因侵权行为，侵权人与被侵权人之间形成的债权债务关系为侵权行为之债。

3. 无因管理，是指没有法定的或者约定的义务，为避免他人利益受损失而进行管理的行为。管理他人事务的人为管理人，因管理人管理其事务而受益的人为受益人，管理人有权请求受益人偿还由此支出的必要费用。因无因管理产生的债称为无因管理之债，无因管理之债并不是基于当事人的意愿设定的，而是根据法律的规定，为法定之债。

4. 不当得利，是指没有法律根据，取得不当利益，造成他人损失的情形。《民法典》规定："因他人没有法律根据，取得不当利益，受损失的人有权请求其返还不当利益。"不当得利之债是法律为纠正不当得利，直接赋予当事人的权利义务，属于法定之债。

5. 法律的其他规定。除了上述债发生的主要原因外，法律的其他规定也会引起债的发生，从而使民事主体依法享有债权，如婚姻法中规定，当父母不履行抚养义务时，未成年的或不能独立生活的子女，有要求父母给付抚养费的权利。

三、知识产权

知识产权是民事主体对其创造的客体依法享有的专有权利。在我国，权利人依法就下列客体享有专有的权利：（1）作品；（2）发明、实用新型、外观设计；（3）商标；（4）地理标志；（5）商业秘密；（6）集成电路布图设计；（7）植物新品种；（8）法律规定的其他客体。

第四节　民事法律行为及代理

一、民事法律行为

（一）民事法律行为的概念

民事法律行为，是民事主体通过意思表示设立、变更、终止民事法律关系的行为。它主要具有以下特征：（1）民事性。民事法律行为的主体是民事主体，非民事主体的行为，如司法机关的裁决、行政机关的行政行为都不是民事法律行为。（2）目的性。民事法律行为是以发生一定的民事法律效果为目的行为，只有以设立、变更、终止民事法律关系为目的的行为才是民事法律行为。（3）表意性。民事法律行为以意思表示为核心要素。意思表示是民事主体意欲发生一定法律效果的内心意思以一定的方式表达于外部的行为，是民事法律行为最核心的内容。

（二）民事法律行为的成立与生效

民事法律行为的成立须有一个或数个意思表示：基于单方的意思表示而成立的为单方民事法律行为，如订立遗嘱；基于双方意思表示一致而成立的为双方民事法律行为，如订立合同；基于多方的意思表示一致而成立的为多方民事法律行为，如订立合伙协议。一般来说，民事法律行为自成立时生效。

依照《民法典》的规定，一个有效的民事法律行为需要具备以下条件：

1. 行为人具有相应的民事行为能力。民事行为能力是行为人实施民事法律行为的"相应"保证，这里的"相应"强调行为人所实施的民事法律行为应当与其行为能力相匹配：（1）对于完全民事行为能力人而言，其行为能力不受限制，除法律特别规定外，可以从事一切民事法律行为；（2）对于限制民事行为能力人而言，其实施的与其年龄、智力、精神健康状况相适应的民事法律行为以及纯获利益的法律行为有效。除此之外的其他行为须经代理人的同意或追认；（3）对于无民事行为能力人而言，其实施的一切民事法律行为都是无效的。

2. 意思表示真实。意思表示真实，要求行为人在从事民事法律行为时的内心意思与外在行为相一致。民事法律行为的有效，是当事人实现意思自治的关键。意思表示作为法律行为的核心要素，其真实性对于保障行为人实现其行为目的至关重要，如行为人的意思表示不真实（受欺诈或胁迫）将会直接影响民事法律行为的效力。

3. 不违反法律、行政法规的强制性规定，不违背公序良俗。有效的民事法律行为必须是合法的，以符合法律、行政法规的规定为前提，且不得有违社会公共利益和善良风俗。

（三）无效的民事法律行为

无效的民事法律行为，是指业已成立，但因欠缺法定有效要件，在法律上当然自始不发生行为人预期之效力的民事法律行为。

依照《民法典》的相关规定，无效的民事法律行为主要包括：（1）无民事行为能力人实施的民事法律行为；（2）行为人与相对人以虚假的意思表示实施的民事法律行为；（3）行为人与相对人恶意串通，损害他人合法权益的民事法律行为；（4）违反法律、行政法规的强制性规定的民事法律行为；（5）违背公序良俗的民事法律行为。

虽然无效的民事法律行为因其欠缺法定要件而不受保护，行为人的意思表示不为法律所承认，不能产生行为人预期的法律效果，但这绝不等于无效的民事法律行为不产生法律后果，基于无效民事法律行为的违法性或行为人的过错性，行为人也要承担一定的法律后果：（1）民事法律行为无效的，行为人因该行为取得的财产，应当予以返还；（2）不能返还或者没有必要返还的，应当折价补偿；（3）有过错的一方应当赔偿损失，各方都有过错的，应当各自承担相应的责任。

（四）可撤销的民事法律行为

可撤销的民事法律行为，是指业已成立，但因欠缺法定有效要件，得因享有撤销权的一方行使撤销权时，自始无效的民事法律行为。依照《民法典》的相关规定，可撤销的民事法律行为主要有：

1. 基于重大误解而实施的民事法律行为。认定重大误解需满足下列条件：一是行为人主观上存在错误认识；二是行为的结果与行为人的意思相悖；三是行为人的错误认识与行为后果之间存在因果关系；四是行为人在客观上遭受了较大损失。

2. 一方或第三人以欺诈手段，使对方在违背真实意思的情况下实施的民事法律行为。民法中的欺诈，是指行为人故意欺骗他人，使对方陷入错误判断，并基于此错误判断作出意思表示的行为。这里的第三人，是指民事法律行为的双方当事人之外、与一方当事人存在某种关系的特定人。

3. 一方或第三人以胁迫手段，使对方在违背真实意思的情况下实施的民事法律行为。所谓胁迫，是指行为人通过威胁、恐吓等不法手段对他人思想上施加强制，由此使他人产生恐惧心理并基于恐惧心理作出意思表示的行为。

4. 乘人之危导致的显失公平，是指行为人一方利用对方处于危困状态或缺乏判断能力等情况，致使民事法律行为成立时显失公平的民事法律行为。判断是否为乘人之危导致的显失公平需要考察两个方面：一是主观上，当事人一方是否利用了对方处于危困状态或缺乏判断能力等情形；二是客观上，双方的权利义务是否达到显失均衡的状态。

（五）效力待定的民事法律行为

效力待定的民事法律行为，是指虽业已成立，但因当事人缺乏民事行为能力、代理权限或处分能力，其效力能否发生尚未确定，有待于其他行为或事实使其确定的民事法律行为。效力待定的民事法律行为经权利人追认后就成为完全有效的民事法律行为，并溯及于民事法律行为成立时发生效力。

二、代理

代理，是指代理人在代理权限范围内，以被代理人的名义独立与第三人为民事法律行为，由此产生的法律效果归属于被代理人的法律制度。在代理制度中，以他人名义代他人实施民事法律行为的人，称为代理人；由他人代为实施民事法律行为的人，称为被代理人；与代理人实施民事法律行为的人，称为第三人。代理有如下特征：

第一，代理是代理人在代理权限范围内独立为意思表示的行为。依照法律规定、当事人约定或者民事法律行为的性质，应当由本人亲自实施的民事法律行为，不得代理。例如，订立遗嘱、婚姻登记、收养子女等。

第二，代理是代理人以被代理人的名义实施的民事法律行为。代理包括委托代理和法定代理两种：委托代理人按照被代理人的委托行使代理权；法定代理人依照法律的规定行使代理权。

第三，代理行为的法律效果直接归属于被代理人。代理人在代理权限内，以被代理人名义实施的民事法律行为，对被代理人发生效力。

第五节　民事责任

一、民事责任的概念

民事责任是法律责任的一种，与行政责任、刑事责任相对。民事责任是指民事主体由于违反民事义务所应承担的责任。民事责任有两个主要特征：（1）民事责任是民事主体违反民事义务所应承担的责任，是以民事义务为基础的。民事义务分为两类：一是法律直接规定的义务；二是法律允许的范围内民事主体自行约定的义务。据此，违反民事义务包括违反法律规定的民事义务和违反当事人约定的民事义务两种。（2）民事责任具有强制性。不同于道德责任，强制性是法律责任的重要特征。民事责任的强制性表现在对不履行民事义务的行为予以制裁，即要求民事主体承担民事责任。

二、按份责任与连带责任

（一）按份责任

按份责任，是指责任人为多人时，各责任人按照一定的份额向权利人承担民事责任，各责任人之间无连带关系。二人以上依法承担按份责任，能够确定责任大小的，各自承担相应的责任；难以确定责任大小的，平均承担责任。

（二）连带责任

连带责任，是指依照法律规定或者当事人约定，两个或者两个以上当事人对共同产生的不履行民事义务的民事责任承担全部责任，并因此引起内部债权债务关系的一种民事责任。二人以上依法承担连带责任的，权利人有权请求部分或者全部连带责任人承担责任。在一个或数个连带责任人清偿了全部责任后，实际承担责任超过自己责任份额的连带责任人，有权向其他连带责任人追偿。

三、承担民事责任的方式、免责事由与责任竞合

（一）承担民事责任的方式

依照《民法典》的规定，承担民事责任的方式主要有：（1）停止侵害；（2）排除妨碍；（3）消除危险；（4）返还财产；（5）恢复原状；（6）修理、重作、更换；（7）继续履行；（8）赔偿损失；（9）支付违约金；（10）消除影响、恢复名誉；（11）赔礼道歉。上述这些承担民事责任的方式，可以单独适用，也可以合并适用。法律规定惩罚性赔偿的，依照其规定。

（二）免责事由

依照《民法典》的有关规定，行为人不承担或减轻民事责任的情形主要有：（1）因不可抗力不能履行民事义务的。不可抗力，是指不能预见、不能避免且不能克服的客观情况。（2）因正当防卫造成损害的。正当防卫，是指本人、他人的人身、财产权利遭受不法侵害时，行为人所采取的一种防卫措施。但如正当防卫超过必要的限度，造成不应有的损害时，正当防卫人应当承担适当的民事责任。（3）因紧急避险造成损害的。紧急避险，是指为了使本人或者他人的人身、财产权利免受正在发生的危险，不得已采取的紧急避险行为，造成损害的，不承担责任或者减轻责任的情形。（4）因自愿实施紧急救助行为造成受助人损害的。自愿实施紧急救助行为，是指一般所称的见义勇为或者乐于助人的行为，不包括专业救助行为。

（三）责任竞合

法律上所称竞合，既可以发生在同一法律部门，也可以发生在不同法律部门。

1. 违约责任与侵权责任的竞合

违约责任与侵权责任的竞合，是指义务人的违约行为既符合违约要件，又符合侵权要件，导致违约责任与侵权责任一并产生，受损害方既可以就违约责任行使请求权，也可以就侵权责任行使请求权，即发生两种请求权竞合的情况，此时，受损害方只能在两种请求权中选择其一。如果受损害方选择行使一种请求权并得到实现，那么另一种请求权即告消灭。

2. 民事责任与行政责任、刑事责任的竞合

民事主体因同一行为应当承担民事责任、行政责任与刑事责任，民事主体的财产不足以支付的，优先用于承担民事责任，即民事责任优先原则。

第六节　诉讼时效

一、诉讼时效的概念

诉讼时效，是指民事权利受到侵害的权利人在法定的时效期间内不行使权利，义务人可以提出诉讼时效抗辩从而使权利人权利效力受损的制度。《民法典》规定，权利人向人民法院请求保护民事权利的诉讼时效期间为三年。法律另有规定的，依照其规定。但自权利受到侵害之日起超过二十年的，人民法院不予保护；有特殊情况的，人民法院可以依据权利人的申请决定延长。

二、诉讼时效期间的起算、中止和中断

诉讼时效期间自权利人知道或者应当知道权利受到损害以及义务人之日起计算。此外，《民法典》对未成年人遭受性侵害的损害赔偿请求权的诉讼时效起算时间进行了特别规定，其诉讼时效期间自受害人年满十八周岁之日起计算。

诉讼时效的中止，是指在诉讼时效期间的最后六个月内，因发生如不可抗力、人身不控制等其他导致权利人不能行使请求权的障碍，诉讼时效期间中止，自中止时效的原因消除之日起满六个月，诉讼时效期间届满。

诉讼时效的中断，是指在诉讼时效进行期间，如存在权利人向义务人提出履行请求、义务人同意履行义务、权利人提起诉讼或者申请仲裁，以及与提起诉讼或者申请仲裁具有同等效力的其他情形的，诉讼时效中断，从中断、有关程序终结时起，诉讼时效期间重新计算。

第九章 民法典：物权

第一节 一般规定

一、物权的概念

物权是指权利人依法对特定的物享有直接支配和排他的权利，包括所有权、用益物权和担保物权。与其他权利相比较，物权具有以下特征：（1）物权是直接支配物的绝对权。绝对权又称为对世权，是指无须他人配合而可实现的权利。物权的权利主体是特定的，除其之外，任何非权利人都不得侵害或者干涉物权权利人的权利实现，不得妨碍物权人行使权利。（2）物权的客体是特定的独立物。物权是权利主体对物进行的直接支配，因此，物权的客体必须是特定的物。其他权利客体，例如行为、精神财富、智力成果，不可以成为物权客体。这是物权区别于其他民事权利的一个显著特征。物权客体必须具有独立性。因此，人体器官在脱离人体之前不可以成为物权客体。（3）物权以对物的直接支配并享受其利益为内容。对物进行支配，不是物权的目的而是实现物权的手段。物权的实现，要通过对物的直接管领、支配而取得。（4）物权是具有排他性的权利。一物之上可以并存多种物权，但不能并存内容相互冲突的物权。例如，以占有为权利实现前提的物权，通常不会并存于同一物之上。而对于权利内容并不冲突的多种物权权利，则可以并存于同一物之上。此时，对于多种物权，物权法中有明确的效力规则，确定物权的先后顺序。

二、物权的分类

为巩固社会所有制关系，物权法奉行物权法定基本原则，物权的种类和内容，是由法律规定的。根据《民法典》规定，可将我国物权分为以下几类：（1）自物权和他物权。自物权，即所有权，是指所有人依法可以对物进行占有、使用、收益和处分的权利。他物权，是指所有权以外的物权。（2）用益物权和担保物权。此种分类是在他物权项下进行的再分类。用益物权，是指以物的使用收益为目的的物权，包括地上权、地役权、永佃权等。担保物权，是指以担保债权为目的，即以确保债务的履行为目的的物权，包括抵押权、质权、留置权等。（3）动产物权和不动产物权。不动产物权，是指在不动产上设立的物权。不动产，是指不能移动或者虽能移动但会对其价值造成较大减损的物。动产，则是指不动产之外的物。动产价值通常较小，但考虑到飞机、船舶等特殊动产价值较大，物权法对特殊动产有特别规定。

三、物权法的基本原则

1. 物权法定原则。物权法定原则，是指物权只能依据法律设定，禁止当事人自由创设物权和变更物权。物权法定原则是物权法的基本原则，也是作为民法框架下的基本法律，区别于合同法等其他法律的重要标志。无论是种类强制，还是内容固定，都体现出物权法的强制性效力。但考虑到立法的局限性和社会发展的日新月异，对于新型物权类型也有吸纳、上升到物权的需求。因此，严格的物权法定原则呈现部分缓和趋势。

2. 一物一权原则。一物一权原则，也称物权客体特定主义，是指基于物权绝对性要求，为避免物权权利混乱和冲突，一物之上只能成立一个所有权，一个所有权的客体也应仅为一个物。通过一物一权原则，可以较好地明确权利范围，避免物权关系复杂化。对该原则的理解，要明确一物一权，仅指一物之上只有一个所有权。但并不妨碍在一物之上存在多个内容并不相互冲突的物权。

3. 公示、公信原则。公示公信原则是物权法的重要基本原则。物权法规定，不动产物权的设立、变更、转让和消灭，应当依照法律规定登记。动产物权的设立和转让，应当依照法律规定交付。这是物权公示公信原则的法律基础。通过公示公信原则，可以明确无物权的权利边界，稳定物权变动法律关系，保护善意第三人。

四、物权的变动

物权变动，是指物权的产生、变更和消灭。物权变动的原因一是法律行为，例如合同行为、赠与、遗赠等方式。二是其他原因，例如加工生产、取得实效、标的物添附等。三是基于某些公法上的原因，例如司法机关生效的判决、裁定或者人民政府的征收决定等。

我国物权法对物权变动作了具有特色的制度构建，主要表现在：

一是不动产物权变动原则上采取登记生效制度。即不动产物权的设立、变更和消灭，以登记作为权利变动的时间节点和要件判断。例如，国有土地上的房屋买卖，仅凭买卖合同并不能导致所有权变动，必须以变更登记作为所有权变动的前提条件。但考虑到我国农村土地物权变动的特殊性和传统，物权法对部分不动产物权变动并未严格采用登记生效模式，而是以合同成立并生效作为物权设立的前提。

二是动产物权变动以交付作为要件。动产物权的设立和转让，自交付时发生效力，法律另有规定的除外。交付以是否现实转移占有该物为标准，可以分为以下几种：（1）现实交付。即直接占有的转移。法律另外对于船舶、航空器和机动车等特殊动产的物权变动有特殊规定，实行登记对抗主义，未经登记，不得对抗善意第三人。（2）简易交付。即动产在转让合意达成以前已经被受让人占有，此时双方通过合意方式对转让行为进行确认。简易交付的，物权自法律行为生效时发生效力。（3）指示交付，是指动产在被第三人合法占有的条件下，出让人与受让人约定，由该第三人听从出让人的指示，直接将动产交付给受让人。（4）占有改定，是指出让人和受让人约定，动产的所有权转移给受让人，但由出让人继续占有该动产。该约定生效时，物权发生转移。

五、物权的保护

物权的保护，是指为了保障权利人对物利用的实现，在法律框架下，通过法定程序和方式，对其利益的自力救济和公力救济。其包括以下几种：（1）确权请求权。因物的归属和利用而产生争议的，利害关系人可以请求有关机关确认该物权的归属，明确其权利状态。(2) 返还原物请求权。所有人在其拥有所有权的物被他人非法侵夺时，有权要求非法占有人返还原物。(3) 排除妨碍请求权。权利人对其物进行利用过程中，受到他人不当干涉，影响其权利的实现。(4) 恢复原状请求权。当物权的标的物因他人的侵权行为而损坏时，如果能够修复，物权人可以请求侵权行为人加以修理以恢复物之原状。

第二节　所有权

一、所有权的一般规定

所有权是指权利人依法对自己的财产享有的占有、使用、收益、处分的权利，并排除他人非法干涉的无期限物权。

占有是权利主体对于物进行的事实上的管理和支配。占有权能在一定条件下可以与所有权分离。使用是所有权人对于物依其本来用途的利用，该利用并不会导致物的毁损、灭失，也不会改变物存在的形态。在市场经济条件下，收益是所有权中最重要的一项权能，能给所有权人带来孳息、利润等经济利益。处分是所有权内容的核心，是所有权必不可缺的一项权能。它可以分为事实上的处分和法律上的处分。事实上的处分，是在生活或生产中使物的物质形态发生变更或者消灭。法律上的处分，是指依照所有人的意思，通过某种民事行为对财产进行处理。

根据所有权的取得是否要基于原权利人的意志和已有权利，所有权的取得分为原始取得和继受取得两种方式。

原始取得，是指不以他人已有的所有权为根据，直接通过法律规定取得所有权。这主要有以下几种方法：(1) 劳动生产。民事主体通过自己的劳动生产活动获得劳动产品。(2) 收取孳息。对天然孳息和法定孳息，由权利人进行收取。(3) 添附。添附有加工、混合、附合三种情形。加工是指在他人的有价值的财产上附加自己的劳动，使之成为新的财产。混合是指不同所有人的动产结合在一起，难以分别。附合是指不同所有人的动产与动产或者动产与不动产结合在一起，如果分离将会毁损其价值或者在经济上不合理。(4) 无主财产，拾得遗失物、漂流物、失散的饲养动物。遗失物、漂流物、失散的饲养动物，招领期满无人认领的，所有权收归国家。(5) 国家强制。国家强制是指国家在法律规定的前提下，以公共利益作为考量，对民事主体财产权利采取的强制性手段，包括征收、没收、国有化等。

继受取得，是指财产所有人通过某种法律事实，从原所有人处取得财产所有权。具体方法包括买卖、互易、赠与、遗嘱继承、遗赠等。

二、共有

（一）共有的概念和种类

共有是指两个或两个以上的民事主体对同一项财产共同享有所有权。

物权法规定，共有包括按份共有和共同共有。两个以上单位、个人共同享有用益物权、担保物权的，参照本章规定。因此，共有包括按份共有、共同共有和准共有。

按份共有是共有的基本类型，是指两个或两个以上的民事主体对同一项财产按照既定份额享有所有权。所有权只有一个，但不同共有人之间对权利可以进行划分。这里的份额并非对共有财产进行实际分割，而是用来确定共有人对共有物享有权利、承担义务的范围。各共有人行使自己的份额，效力及于共有物的整体。

共同共有是指共有人基于法律或者合同效力，共同结合在一起，对所有权的享有。共同共有与按份共有最大的区别在于，共同共有并不存在应有份额，是不分割的共有权。这种共同关系，可以由法律直接规定，如夫妻关系；也可以由当事人以合同约定，如合伙关系。常见的共同关系包括夫妻共有关系、家庭共同经营关系、遗产继承关系。

（二）共有权的行使

对于共有权的行使，我国物权法确立的基本原则是约定优先，没有约定时，按照法律规定的方式行使，这一原则统一适用于按份共有和共同共有。

1. 共有财产的处分。除共有人之间另有约定外，处分共有的不动产或者动产以及对共有的不动产或者动产作重大修缮，应当经占份额三分之二以上的按份共有人或者全体共同共有人同意。

2. 有财产的分割。共有人对财产分割有约定时，如共有人约定不得分割共有的不动产或者动产，以维持共有关系的，应当按照约定，但共有人有重大理由需要分割的，可以请求分割。共有人对财产分割没有约定或者约定不明确时，按份共有人可以请求随时分割，共同共有人在共有的基础丧失或者有重大理由需要分割时可以请求分割。因分割对其他共有人造成损害的，应当给予赔偿。

三、建筑物区分所有权

（一）建筑物区分所有权的概念

建筑物区分所有权，是指区分所有建筑物的业主对其建筑物内的住宅、经营性住房等专有部分享有的专有权，对专有部分以外的共有部分享有共有和共同管理的权利。

（二）建筑物区分所有权的内容与行使

1. 专有权。专有权是指权利人享有的以区分所有建筑物的独立建筑空间为标的物的专有所有权。业主对建筑物专有部分享有占有、使用、收益和处分的权利。业主行使权利不得危及建筑物的安全，不得损害其他业主的合法权益。

专有权是建筑物区分所有的单独性灵魂。业主对自己的专有物，可以转让、出租、出借、抵押，也可以按照自己的意愿进行装修。但不得将专有部分与共有部分相分离，也不得违反使用目的，损害建筑物牢固和完整，侵害共有部分等。

2. 共有权。共有权是指以区分所有建筑物的共用部分为标的物，全体业主共同享有的不可分割的共同所有权，包括建筑物的基础、承重结构、通道、楼梯、消防设施等以及小区内道路、绿地、公用设施、物业管理用房以及其他公共场所等部分。

共有权是建筑物区分所有的共同性灵魂。业主对共有部分可以使用、收益以及共同处分。业主也应该维护共有部分的现状，不得随意侵占，不得擅自改变共有部分的使用用途，对共有部分产生的费用也应共同负担。

3.管理权。管理权是指区分建筑物的业主作为整栋建筑物所有人团体成员之一所享有的权利。业主的管理权，主要包括表决权、选举权和被选举权、监督权，作为业主，也应遵守业主自治机构作出的业主决议，聘任或者解聘物业管理单位。

第三节　用益物权

用益物权是指非所有权人对他人所有的物，进行占有、使用、收益的权利。用益物权制度重在对物的使用价值进行支配，可以物尽其用，最大限度地发挥物的价值。以物权法定为原则，我国用益物权包括土地承包经营权、宅基地使用权、建设用地使用权、地役权等。

一、土地承包经营权

（一）土地承包经营权的概念

土地承包经营权是指农村集体经济组织成员对集体所有或者国家所有，由集体经济组织长期使用的耕地、林地、草地等农业土地，采取家庭承包、公开协商方式承包，依法对所承包的土地等进行占有、使用、收益的权利。土地承包经营权是我国农村集体经济体制改革的产物，对于促进我国农村经济的发展起到了重大推动作用。自农村集体土地制度“三权分置”改革以来，土地承包经营权的内涵演化为集体土地所有权、集体土地承包权和土地经营权。

（二）土地承包权

1.土地承包权的取得

土地承包权的取得有两种方式：一种是基于法律行为而取得。通过土地承包合同取得土地承包权，是我国土地承包权取得的最主要方式。土地承包合同应为要式合同，采取书面形式。土地承包合同内容中，应明确权利人名称、土地坐落、面积、承包期限和用途等内容。土地承包权自土地承包合同生效时设立。依据不同用途土地，确立了不同的承包期限。耕地为三十年，草地为三十至五十年，林地为七十年。

通过招标、拍卖、公开协商方式也可以设立土地承包合同。此种方式，主要针对荒山、荒沟、荒丘、荒滩等“四荒地”适用，权利人享有较为充分的权能。

土地承包经营权还可以通过非法律行为而取得。继承是基于法律行为以外原因取得土地承包经营权的主要方式。《农村土地承包法》规定：土地承包经营权通过招标、拍卖、公开协商等方式取得的，该承包人死亡，其应得的承包收益，依照继承法的规定继承；在承包期内，其继承人可以继续承包。

2.土地承包权的内容

（1）土地承包权人的权利。土地承包权人享有对土地的占有、使用、收益的权利，同时享有依法流转的权利。在承包地被依法征收时，有权依照法律规定获得相应补偿。对于违法集资、摊派、罚款等行为，有拒绝的权利。

（2）土地承包权人的义务。土地承包权人应维持土地的农业用途，不得用于非农业建设。土地承包权人违法将承包地用于非农建设的，由县级以上地方人民政府有关行政主管部门依法予以处罚。承包人应依法保护和合理利用土地，不得给土地造成永久性损害。对承包地造成永久损害的，土地所有权人有权制止，并要求赔偿损失。

（三）土地经营权

为进一步完善农村土地用益物权功能，保护农民对土地的合法权益，中央系列重要决定中提到，要进一步完善农村土地承包经营权权能，依法保障农民对承包土地的占有、使用、收益等权利，施行集体土地所有权归属集体，承包权归属农民，经营权可以自由流转、抵押等制度，强化土地承包经营权流转制度。但农地流转不得改变土地集体所有性质，不得改变土地用途，不得损害集体和农民利益。

权利人可以通过转包、互换、转让等方式将土地经营权流转。流转的期限不得超过承包期的剩余期限。未经依法批准，不得将承包地用于非农建设。

二、宅基地使用权

（一）宅基地使用权的概念

宅基地使用权，是指农村居民对集体所有的土地占有和适用，自主利用该土地建造住房及其附属设施，以供居住的用益物权。从权利内容来看，虽然同为农村土地，但宅基地使用权的设立目的为满足农民住房需求，与土地承包经营权用途截然不同。

（二）宅基地使用权的取得与内容

宅基地使用权的性质是特殊的用益物权，与传统民法上的地上权存在一些区别。宅基地使用权的取得与集体经济组织成员的资格和福利密不可分。需要采取审批方式，一户只能申请拥有一处宅基地，其宅基地的面积不得超过省、自治区、直辖市规定的标准。

宅基地使用权可以在本集体经济组织内转让，凡已经行使了宅基地申请权且取得了宅基地的，因出卖房屋、抵押房屋导致无房屋居住的，不能再申请取得宅基地。宅基地使用权人有权在宅基地上建造住房及其附属设施，该权利不受期限限制。作为义务主体，宅基地使用权人不得非法转让宅基地使用权，应正当使用宅基地，不得随意改变用途。

三、建设用地使用权

（一）建设用地使用权的概念和特征

建设用地使用权是因建筑物或其他工作物而使用国家所有的土地的权利。建设用地使用权具有以下特征：（1）建设用地使用权以开发利用、生产经营和社会公益事业为目的。（2）建设用地使用权的标的物为国家所有的城镇土地，不包括集体所有的农村土地。（3）建设用地使用权人使用土地的范围限于建造并经营建筑物、构筑物及其附属设施。(4) 建设用地使用权的性质是地上权。

(二) 建设用地使用权的取得

建设用地使用权作为一种不动产物权，不动产物权的一般取得原因（如继承）自然也适用于建设用地使用权。在此只叙述建设用地使用权取得的几项特殊原因。

建设用地使用权取得方式有：

(1) 划拨方式。土地划拨是土地使用人按照一定程序提出申请，经主管机关批准即可取得土地使用权。划拨有两种方式：一是县级以上人民政府依法批准，在土地使用者缴纳补偿、安置等费用后，将国有土地交付给土地使用者使用；二是县级以上人民政府依法批准，将建设用地使用权无偿交付给土地使用者使用。

可以通过划拨方式取得的建设用地有：国家机关用地和军事用地；城市基础设施用地和公益事业用地；国家重点扶持的能源、交通、水利等基础设施用地；法律、行政法规规定的其他用地。上述以划拨方式取得建设用地，须经县级以上地方人民政府依法批准。

(2) 出让方式。建设用地使用权出让是国家以土地所有人身份将建设用地使用权在一定期限内有偿地让与土地使用者。建设用地使用权出让有三种形式：协议、招标和拍卖。根据我国物权法的规定，工业、商业、旅游、娱乐和商品住宅等经营性用地以及同一土地有两个以上意向用地者的，应当采取拍卖、招标等公开竞价的方式出让。

(3) 流转方式。建设用地使用权流转，是指土地使用人将建设用地使用权再转移的行为，如转让、互换、出资、赠与等。

(三) 建设用地使用权的内容和流转

建设用地使用权人对作为权利客体的土地，享有占有、使用、收益的权利，有权自主利用该土地建造并经营建筑物、构筑物及其附属设施。依出让方式取得的建设用地使用权，权利人还可依法转让、互换、出资、赠与或抵押，但法律另有规定的除外。通过划拨出让方式取得的建设用地使用权，土地使用者应当从事社会公益事业，不得以营利为目的使用国有土地。建设用地使用权人的义务是：(1) 支付建设用地使用权费用；(2) 合理利用土地；(3) 依法保护土地；(4) 恢复土地原状。

建设用地使用权可以依法进行流转：(1) 建设用地使用权可以依法转让。建设用地使用权转让、互换、出资或者赠与的，附着于该土地上的建筑物、构筑物及其附属设施一并处分，即房随地走；建筑物、构筑物及其附属设施转让、互换、出资或者赠与的，该建筑物、构筑物及其附属设施占用范围内的建设用地使用权一并处分，即地随房走。(2) 建设用地使用权可以进行抵押。(3) 建设用地使用权的期间届满，建设用地使用权消灭。这种消灭是建设用地使用权的终局消灭，不再存在。

四、地役权

地役权，是指在他人土地上设立的以供自己的土地方便和利益而使用的他物权。地役权人有权按照合同约定，利用他人的不动产，以提高自己不动产的效益。

其中，地役权人使用、经营的土地为需役地，他人的土地，即他人提供给地役权人使用的土地为供役地。

地役权是为利用他人土地而设立的用益物权。通过当事人意思表示一致，可以最大限度发挥物的利用价值，实现利益积极的增加。我国民法长期未规定地役权制度，只规定了相邻关系。但是相邻关系不能代替地役权，两者属于不同领域的制度，不能互相代替。

五、居住权

居住权人有权按照合同约定，对他人的住宅享有占有、使用的用益物权，以满足生活居住的需要。设立居住权，当事人应当采用书面形式订立居住权合同。居住权无偿设立，但是当事人另有约定的除外。设立居住权的，应当向登记机构申请居住权登记。居住权自登记时设立。居住权不得转让、继承。设立居住权的住宅不得出租，但是当事人另有约定的除外。居住权期限届满或者居住权人死亡的，居住权消灭。居住权消灭的，应当及时办理注销登记。

第四节　担保物权

一、抵押权

（一）抵押的概念

抵押，是指为担保债务的履行，债务人或者第三人不转移财产的占有将该财产抵押给债权人，债务人不履行到期债务或者发生当事人约定的实现抵押权的情形，债权人有权就该财产优先受偿。

抵押法律关系的当事人是抵押人和抵押权人。抵押人是指为保证债务的履行而提供抵押物的债务人或者第三人。抵押权人是指接受抵押担保的债权人。债务人或者第三人提供的用于保障债权实现的特定财产，称为抵押财产。债权人所享有的对在债务人不履行债务时依法以抵押物折价或者以拍卖、变卖抵押物的价款优先受偿的权利，称为抵押权。

（二）抵押财产

1. 抵押财产的范围。债务人或者第三人有权处分的下列财产可以抵押：（1）建筑物和其他土地附着物；（2）建设用地使用权；（3）海域使用权；（4）生产设备、原材料、半成品、成品；（5）正在建造的建筑物、船舶、航空器；（6）交通运输工具；（7）法律、行政法规未禁止抵押的其他财产。抵押人可以将以上所列财产一并抵押。经当事人书面协议，企业、个体工商户、农业生产经营者可以将现有的以及将有的生产设备、原材料、半成品、产品抵押，债务人不履行到期债务或者发生当事人约定的实现抵押权的情形，债权人有权就实现抵押权时的动产优先受偿。这就是动产浮动抵押制度。

2. 禁止抵押的财产。下列财产不得抵押：（1）土地所有权；（2）耕地、宅基地、自留地、自留山等集体所有的土地使用权，但法律规定可以抵押的除外；

(3) 学校、幼儿园、医疗机构等为公益目的成立的非营利法人的教育设施、医疗卫生设施和其他公益设施；(4) 所有权、使用权不明或者有争议的财产；(5) 依法被查封、扣押、监管的财产；(6) 法律、行政法规规定不得抵押的其他财产。

(三) 抵押物登记

1.抵押物登记的范围和抵押物登记的部门。设立抵押时应当办理抵押物登记的财产有：(1) 建筑物和其他土地附着物；(2) 建设用地使用权；(3) 海域使用权；(4) 正在建造的建筑物。

抵押物登记一般由抵押物的产权管理部门或者证照登记核发部门负责。当事人以上述必须办理抵押物登记的财产以外的其他财产抵押，自愿办理抵押物登记的，登记部门为抵押人所在地的公证部门。设定动产浮动抵押的，应当向抵押人住所地的市场监督管理部门办理登记。办理抵押物登记，应当向登记部门提供主合同和抵押合同、抵押物的所有权或者使用权证书的原件或者复印件。

2.抵押物登记的效力。法律规定，以必须办理抵押物登记的财产抵押的，抵押权自登记之日起生效。在这种情况下，登记是抵押权生效的要件，不履行这一手续，抵押权不发生法律效力。以必须办理抵押物登记的财产设定抵押的，抵押合同签订后，抵押人违背诚实信用原则拒绝办理抵押登记致使债权人受到损失的，抵押人应当承担民事责任。

当事人以其他财产抵押的，是否办理抵押物登记由当事人自行决定，法律并不作强制性规定。这时，登记并非抵押权生效的要件，抵押权自抵押合同生效之日起生效。如果当事人未办理抵押物登记，则不得对抗第三人。

(四) 抵押的效力

1.抵押担保的范围。抵押担保的范围，是指当债务人不履行债务时，抵押权人按照抵押合同约定或者法律规定，就抵押物变价所得价款优先受偿的债权范围。它包括主债权及利息、违约金、损害赔偿金和实现抵押权的费用。抵押合同另有约定的，从其约定。

2.抵押对租赁关系的影响。同一财产上抵押与租赁的关系，在实践中主要表现为两种情况：一是租赁在先，抵押在后；二是抵押在先，租赁在后。抵押对租赁关系的影响，应区别不同情况进行分析。

租赁在先，抵押在后，是指抵押人将已出租的财产用于抵押。这时，抵押人应当书面告知承租人，原租赁合同继续有效。就是说，已出租的财产是可以用于抵押的，抵押设立后，在该财产上已存在的租赁关系继续有效。抵押的效力对抵押物上已经存在的租赁关系不发生影响。这是符合其他国家在立法上所采取的“买卖不破租赁”的原则的。

抵押在先，租赁在后，是指抵押人将已抵押的财产用于出租。在这种情况下，抵押物是否登记直接影响到抵押权对租赁权的效力。无论是以动产还是以不动产设定抵押，只要登记，都可以取得对抗第三人的效力，当然也可以对抗承租人。但对于未登记的抵押权，则不得对抗租赁人。可见，登记与否对于租赁关系有着重大的影响。如果抵押人将已抵押的财产出租时未书面告知承租人该财产已抵押的，抵押人对抵押权实现造成承租人的损失承担赔偿责任，如果抵押人已书面告知承租人该财产已抵押的，抵押权实现造成承租人的损失，由承租人自己承担。

3.对抵押期间转让抵押物的限制。《民法典》规定：抵押期间，抵押人可以转让抵押财产。当事人另有约定的，按照其约定。抵押财产转让的，抵押权不受影响。抵押人转让抵押财产的，应当及时通知抵押权人。抵押权人能够证明抵押财产转让可能损害抵押权的，可以请求抵押人将转让所得的价款向抵押权人提前清偿债务或者提存。转让的价款超过债权数额的部分归抵押人所有，不足部分由债务人清偿。

（五）抵押权的实现

1.抵押权实现的方式。债务履行期届满债务人不履行债务的，抵押权人可以行使抵押权，以使自己的债权优先获得清偿。抵押权实现的方式有两种：一是抵押权人与抵押人协议以抵押物折价或者以拍卖、变卖该抵押物所得的价款受偿；二是协议不成的，抵押权人可以向人民法院提起诉讼。抵押物折价或者拍卖、变卖后，其所得价款一般不会与担保债权完全相同。其价款超过债权数额的部分归抵押人所有，不足部分由债务人清偿。

为债务人提供抵押担保的第三人，在抵押权人实现抵押权后，有权向债务人追偿。

2.抵押担保债权的清偿顺序。抵押权以抵押物登记为生效要件的，按照抵押物登记的先后顺序清偿。抵押物登记的顺序，通常是依据在登记部门登记材料中所记载的时间先后确定的。第一顺序抵押权人就拍卖、变卖抵押物的价款优先受偿，第二顺序抵押权人只能就第一顺序抵押权人充分受偿后的剩余部分受偿，依此类推。如果两个以上抵押物登记的顺序相同，则按照其债权比例清偿。

抵押权自抵押合同生效之日起设立的，抵押物已登记的优于未登记的受偿。如果抵押物均已办理登记的，按照抵押物登记的先后顺序清偿，顺序相同的，按照债权比例清偿。如果抵押物未办理登记的，按照债权比例清偿。

（六）最高额抵押

最高额抵押，是指为担保债务的履行，债务人或者第三人对一定期间内将要连续发生的债权提供担保财产的，债务人不履行到期债务或者发生当事人约定的实现抵押权的情形，抵押权人有权在最高债权额限度内就该担保财产优先受偿。

二、质押

（一）质押的概念

质押，是指为担保债务的履行，债务人或者第三人将其动产或权利出质给债权人占有或办理出质登记，债务人不履行到期债务或者发生当事人约定的实现质权的情形，债权人有权就该动产或权利优先受偿。质押可分为动产质押和权利质押。

在质押法律关系中，债务人或者第三人为出质人，债权人为质权人，用于质押的动产或者权利称为质物或者质权利。债权人所享有的依法处分质物或者质权利并就其价款优先受偿的权利，称为质权。

（二）动产质押

1.动产质押的概念。动产质押，是指债务人或者第三人将其动产移交债权人占有，将该动产作为债权的担保，债务人不履行债务或发生当事人约定的实现质权的情形，债权人有权依法以该动产折价或者以拍卖、变卖该动产的价款优先受偿。

动产质押与抵押都是以特定物提供的担保，有其相同之处，这主要表现在动产质权和抵押权都是通过折价、拍卖、变卖的方式实现的。但是，这两种担保方式的区别也是十分明显的，主要表现在：第一，动产质押的标的只能是动产，而抵押的标的既可以是动产也可以是不动产。第二，动产质押的设定必须转移质物的占有，抵押的设定不转移抵押物的占有。第三，动产质权自质物移交于质权人占有时生效，而对抵押权来说，应当办理抵押物登记的，自登记之日起生效，自愿办理抵押物登记的，自抵押合同生效之日起生效。第四，质押时质物虽然在质权人手中，但不允许其利用，抵押时抵押物仍留在抵押人手中，抵押人可以加以利用。

2.动产质押的效力。(1) 质押担保的范围。质押担保的范围可由当事人在质押合同中约定，当事人未作约定或者约定不明确的，应当适用法律规定的质押担保的范围，即包括主债权及利息、违约金、损害赔偿金、质物保管费用和实现质权的费用。(2) 对质物孳息的效力。质物孳息，是指由质物产生的收益，它可以分为天然孳息和法定孳息两类。除质押合同另有约定外，质权人有权收取质物的孳息。如果当事人双方对质权人是否可以收取孳息未作约定或者约定不明确，质权人亦有权收取质物的孳息。质权人收取的孳息应当首先充抵收取孳息的费用，其剩余部分再用来充抵主债权利息和主债权。

3.质权的实现。债务履行期届满债务人不履行债务的，质权人可以通过行使质权使自己的债权优先受偿。质权的实现方式有折价、拍卖和变卖。在实践中，其具体做法和抵押权实现方式基本相同。债务履行期届满，出质人请求质权人及时行使权利，而质权人怠于行使权利致使质物价格下跌的，由此造成的损失，质权人应当承担赔偿责任。

（三）权利质押

1.权利质押的概念。权利质押，是指以所有权以外的可转让的财产权利作为债权的担保，当债务人不履行债务时，债权人有权以处分该权利的价款优先受偿。权利质押和动产质押有很多相同之处，如出质人、质押合同的内容、质押担保的范围、质权的实现方式、第三人的追偿权等。关于动产质押的有关规定同样适用于权利质押。

2.可质押的权利范围。(1) 汇票、支票、本票；(2) 债券、存款单；(3) 仓单、提单；(4) 可以转让的基金份额、股权；(5) 可以转让的注册商标专用权、专利权、著作权等知识产权中的财产权；(6) 应收账款；(7) 法律、行政法规规定可以出质的其他财产权利。

3.权利质押的设定和效力。(1) 证券债权质押的设定和效力。以汇票、支票、本票、债券、存款单、仓单、提单出质的，当事人应首先签订书面的质押合同，然后由出质人在合同约定的期限内将权利凭证交付质权人。质权自权利凭证交付之日起生效。（2）基金份额、股权质押的设定和效力。以基金份额、股权出质设定质押的，出质人与质权人应当订立书面的质押合同。以基金份额、证券登记结算机构登记的股权出质的，质权自证券登记结算机构办理出质登记时设立。我国的证券登记结算机构就是中国证券登记结算有限责任公司，下设深圳分公司、上海分公司和北京分公司。以其他股权出质的，质权自市场监督管理部门办理出质登记时设立。质权经证券登记结算机构登记后，社会公众可以通过向证券登记机构查询的方式获得该质押的情况，从而使该质押的事实为公众知晓，以避免非法转让质押股权和重复质押。而以其他股权出质的，在市场监督管理部门进行登记，有利于市场监督管理部门对股权变动进行监督，从而保障质权人的质权能够得到顺利实现。（3）知识产权质押的设定和效力。以注册商标专用权、专利权、著作权等知识产权中的财产权出质的，出质人与质权人应当订立书面合同，并向其管理部门办理出质登记。这里的管理部门具体是指国家对商标、专利和出版具有管理权的行政主管部门。国家知识产权局是商标权和专利权出质登记的管理机关，国家版权局是著作权质押合同登记的管理机关。质权自有关主管部门办理出质登记之日起生效。（4）应收账款质押的设定和效力。以应收账款出质的，当事人应当订立书面合同。质权自信贷征信机构办理出质登记时设立。我国目前的信贷征信机构包括中国人民银行征信中心建立的中国人民银行企业和个人征信系统。

三、留置权

（一）留置的概念

留置，是指债务人不履行到期债务，债权人可以留置已经合法占有的债务人的动产，并有权就该动产优先受偿。

与其他担保方式不同，留置担保不是由当事人约定产生的，而是由法律直接规定产生的。根据法律规定，债务人不履行到期债务的，对于债权人合法占有的债务人的动产，债权人有留置权。债权人留置的动产，应当与债权属于同一法律关系。法律规定或者当事人约定不得留置的动产，不得留置。

（二）留置的效力

1. 留置担保的范围。留置担保的范围，是指在债务履行期届满时，债务人不履行债务，债权人在处理留置物后就其价款优先受偿的债权范围。留置担保的范围包括主债权及利息、违约金、损害赔偿金、留置物保管费用和实现留置权的费用。

2. 留置权人对留置物的保管。在留置期间，留置权人对留置物负有妥善保管的义务。如果因为保管不善致使留置物灭失或者毁损的，留置权人应当承担民事责任。留置权人未经债务人同意，不得将其出租或者提供担保，也不得使用留置物，但为了保管上的必要使用除外。

（三）留置权的实现

留置权的实现，是指在债权人留置财产后一定期限内债务人仍不履行债务时，债权人可以处置留置物并就该价款优先受偿。与抵押权和质权的实现不同，当债务人不履行到期债务时留置权人不得立即实现留置权，而应当给债务人一定的宽限期。过了宽限期债务人仍不履行债务时，留置权人方可实现留置权。宽限期不少于两个月，该期限可由当事人事先约定。如果当事人未作约定的，则由债权人在留置财产后确定两个月以上的期限，并通知债务人在该期限内履行债务。债权人未按规定期限通知债务人履行义务，直接变价处分留置物的，应当对此造成的损失承担赔偿责任。

过了宽限期债务人仍不履行债务的，债权人可通过折价、拍卖、变卖的方式实现留置权，使自己的债权得以清偿。留置物折价或者拍卖、变卖后，其价款超过债权数额的部分归债务人所有，不足部分由债务人清偿。

（四）留置权的消灭

留置权的消灭主要有以下几种原因：（1）主债权消灭。作为担保物权，留置权同其他担保物权一样因被担保债权消灭（清偿、抵销、免除、提存等）而消灭。例如，在留置期间债务人全部履行了合同约定的义务，债权人的债权都得以清偿，这时留置权也自然随债权的消灭而消灭。（2）债务人另行提供担保并被债权人接受。由于设定留置的目的是担保债权的实现，因此，虽然留置是法定担保方式，但只要有利于债权的实现，它可以被其他担保方式所替代。如果债务人提供了价值相当于担保债权的保证、抵押、质押等担保，并且债权人表示接受的，留置权消灭。当债务人不履行债务时，债权人不得处理留置物，而应将其返还债务人。（3）留置权人对留置财产丧失占有。丧失占有，是指留置权人丧失对留置物的事实上的控制。例如，当事人在留置期间，主动将留置物归还给债务人，此时留置权消灭。

除上述担保物权类型外，我国还有保证和定金两种担保方式。保证是以人的信用作为担保，不能是债务人本人提供。定金，是指为了确保合同的履行，当事人一方按照合同金额的一定比例预先给付对方当事人一定数额的货币。

对于定金的数额，允许当事人自行约定，但不得超过主合同标的额的百分之二十。如果当事人双方约定的定金数额超过这一标准的，其超过部分无效。实际交付的定金数额多于或者少于约定数额，视为变更定金合同，收受定金一方提出异议并拒绝接受定金的，定金合同不生效。

定金的效力主要表现在对不履行债务的当事人一方所进行的制裁，即适用定金罚则。定金的担保作用正是通过适用定金罚则来实现的。根据规定，给付定金的一方不履行约定的债务的，无权要求返还定金，收受定金的一方不履行约定的债务的，应当双倍返还定金。当事人部分不履行债务的，不履行部分适用上述规定。

因当事人一方迟延履行或者其他违约行为，致使合同目的不能实现，可以适用定金罚则。但法律另有规定或者当事人另有约定的除外。

因不可抗力、意外事件致使主合同不能履行的，不适用定金罚则。因合同关系以外第三人的过错，致使主合同不能履行的，适用定金罚则。受定金处罚的一方当事人，可以依法向第三人追偿。

第十章　民法典：合同

第一节　一般规定

一、合同的概念

合同是民事主体之间设立、变更、终止民事权利义务关系的协议。合同是当事人之间达成的一种协议，在现实生活中，人们可以就各式各样的事项达成协议，但并非任何协议都属于合同。合同是反映市场交易的法律形式，在社会主义市场经济条件下，交易活动大部分都是通过订立和履行合同来进行的。具有平等法律地位的自然人、法人、其他组织之间存在着大量的经济往来，而合同是联结他们之间经济关系的纽带。

合同具有如下特征：(1) 合同是作为平等主体的当事人实施的一种民事法律行为。(2) 合同是两方以上当事人意思表示一致的民事法律行为。(3) 合同是以设立、变更、终止民事权利义务关系为目的的民事法律行为。(4) 合同是当事人各方在平等、自愿基础上产生的民事法律行为。

从我国合同法律规范的调整对象来看，它主要调整平等主体之间的交易关系。婚姻、收养、监护等有关身份关系的协议，适用有关该身份关系的法律规定；没有规定的，可以根据其性质参照适用《民法典》合同编规定。

二、合同关系的相对性

合同是发生在当事人之间的一种法律关系，合同关系具有相对性。合同关系的相对性，是指合同主要在特定的合同当事人之间发生，合同当事人一方只能基于合同向与其有合同关系的另一方提出请求，而不能向与其无合同关系的第三人提出合同上的请求，也不能擅自为第三人设定合同上的义务。我国《民法典》第四百六十五条第二款规定：“依法成立的合同，仅对当事人具有法律约束力，但是法律另有规定的除外。”这就确认了合同相对性原则。根据合同相对性原则，只有合同当事人才能享有基于合同所产生的权利，并承担根据合同所产生的义务，当事人一方只能向对方行使权利并要求其承担义务，不能请求第三人承担合同上的义务，第三人也不得向合同当事人主张合同上的权利和承担合同上的义务。从这个意义上说，合同原则上不具有对第三人的拘束力。但在法律具有特别规定的情形下，合同也可以产生对第三人的效力，如《民法典》第五百二十二条第二款规定的利益第三人合同等。

第二节 合同的订立

一、合同订立的程序

（一）合同订立的概念

合同订立是指缔约当事人互为意思表示，并使双方意思表示趋于一致，达成合意的过程。这个过程主要包括要约和承诺两个阶段，每个阶段都有相应的法律规范进行调整，缔约当事人要受到要约邀请、要约、反要约、承诺、合同成立要件等制度的规范。

合同的订立与合同的成立有所不同。合同的订立是缔约当事人相互接触，互为意思表示，并使双方的意思表示趋于一致的过程。合同的成立是指缔约当事人意思表示一致，达成合意，合同得以产生和存在的事实，或者说是合同订立这一过程产生的最理想的结果。

（二）要约

1.要约的概念及构成要件。要约，又称为发盘、出盘、出价或报价等，是指一方当事人以缔结合同为目的，向相对人所作的意思表示，简言之，要约是希望和他人订立合同的意思表示。发出要约的一方当事人称为要约人，要约所指向的相对人称为受要约人、相对人。

一项有效的要约，通常要具备下列构成要件：(1) 要约是由特定人作出的意思表示。发出要约的目的旨在与受要约人成立合同，要约人必须是特定的，只有这样，受要约人才可能对其承诺而成立合同。(2) 要约必须向要约人希望与之订立合同的相对人发出。要约只有经过受要约人的承诺，才能达到要约人的目的，即与受要约人成立合同。相对人通常是特定人，例外情况下也可为不特定人。(3) 要约必须具有缔结合同的意图，即表明一经承诺，要约人即受此意思表示的拘束。能否构成一个要约要看这种意思表示是否表达了与被要约人订立合同的真实意愿。(4) 要约的内容必须具体确定。这要求要约的内容必须是确定的和完整的，表意必须明确清楚，不能模棱两可、产生歧义，要约的内容必须满足构成一个合同所必备的要素。

2.要约邀请。要约邀请，又称要约引诱，是邀请或者引诱他人向自己发出订立合同的要约的意思表示。要约邀请可以是向特定人发出的，也可以是向不特定的人发出的。要约邀请与要约不同，要约是一个一经承诺就成立合同的意思表示，而要约邀请只是邀请他人向自己发出要约，自己如果承诺才成立合同的意思表示。要约邀请处于合同的准备阶段，是希望他人向自己发出要约的意思表示，没有法律约束力。拍卖公告、招标公告、招股说明书、债券募集办法、基金招募说明书、商业广告和宣传、寄送的价目表等为要约邀请。商业广告和宣传的内容符合要约条件的，构成要约。

3.要约的生效。以对话方式作出的要约，相对人知道其内容时生效。以非对话方式作出的要约，到达相对人时生效。需要说明的是，这里的所谓“到达”，并不意味着相对人必须亲自收到，只要要约已进入受领人的控制领域，并在通常情况下可以期待受领人能够知悉意思表示的内容，就视为已经到达。以非对话方式作出的采用数据电文形式的要约，相对人指定特定系统接收数据电文的，该数据电文进入该特定系统时生效；未指定特定系统的，相对人知道或者应当知道该数据电文进入其系统时生效。当事人对采用数据电文形式的要约的生效时间另有约定的，按照其约定。

4. 要约的撤回和撤销。要约可以撤回。要约的撤回是指在要约发出之后但在发生法律效力以前，要约人欲使该要约不发生法律效力而作出的意思表示。要约得以撤回的原因是，要约尚未发生法律效力，所以不会对受要约人产生任何影响，不会对交易秩序产生任何影响。在此阶段，应当允许要约人使尚未生效的要约不产生预期的效力。撤回要约的通知应当在要约到达受要约人之前或者与要约同时到达受要约人。

要约可以撤销。要约的撤销是指要约人在要约发生法律效力之后而受要约人承诺之前，欲使该要约失去法律效力的意思表示。要约的撤销与要约的撤回不同在于：要约的撤回发生在要约生效之前，而要约的撤销发生在要约生效之后；要约的撤回是使一个未发生法律效力的要约不发生法律效力，要约的撤销是使一个已经发生法律效力的要约失去法律效力；要约撤回的通知只要在要约到达之前或与要约同时到达就发生效力，而要约撤销的通知要在受要约人作出承诺之前为受要约人所知道或在此之前到达受要约人。但是有下列情形之一的，要约不得撤销：一是要约人确定了承诺期限或者以其他形式明示要约不可撤销；二是受要约人有理由认为要约是不可撤销的，并已经为履行合同作了合理准备工作。

5. 要约的失效。要约的失效是指要约丧失法律效力，要约人与受要约人均不再受其约束。要约人不再承担接受承诺的义务，受要约人亦不再享有通过承诺使合同得以成立的权利。有下列情形之一的，要约失效：一是要约被拒绝；二是要约被依法撤销；三是承诺期限届满，受要约人未作出承诺；四是受要约人对要约的内容作出实质性变更。

（三）承诺

1. 承诺的概念及构成要件。承诺是受要约人同意要约的意思表示。在一般情况下，承诺生效时合同即告成立。能够使合同得以成立的有效承诺，通常要具备下列构成要件：（1）承诺必须由受要约人向要约人作出。（2）承诺的内容须与要约保持一致。受要约人对要约的内容作出实质性变更的，为新要约。承诺对要约的内容作出非实质性变更的，除要约人及时表示反对或者要约表明承诺不得对要约的内容作出任何变更以外，该承诺有效，合同的内容以承诺的内容为准。（3）承诺的方式应符合要约的要求。承诺应当以通知的方式作出，但是，根据交易习惯或者要约表明可以通过行为作出承诺的除外。（4）承诺应当在要约确定的期限内到达要约人。要约没有确定承诺期限的，要约以对话方式作出的，应当即时作出承诺；要约以非对话方式作出的，承诺应当在合理期限内到达。受要约人超过承诺期限发出承诺的，或者在承诺期限内发出承诺，按照通常情形不能及时到达要约人的，为新要约；但是，要约人及时通知受要约人该承诺有效的除外。受要约人在承诺期限内发出承诺，按照通常情形能够及时到达要约人，但因其他原因致使承诺到达要约人时超过承诺期限的，除要约人及时通知受要约人因承诺超过期限不接受该承诺的以外，该承诺有效。

2. 承诺的生效。以通知方式作出的承诺，如果是以对话方式作出，则相对人知道其内容时生效；如果以非对话方式作出，到达相对人时生效。承诺不需要通知的，根据交易习惯或者要约的要求作出承诺的行为时生效。采用数据电文形式订立合同的，承诺到达的时间适用上述采用数据电文形式的要约到达时间的规定。

3. 承诺的撤回。承诺也可以撤回，承诺的撤回是指受要约人阻止承诺发生法律效力的意思表示。撤回承诺的通知应当在承诺通知到达要约人之前或者与承诺通知同时到达要约人。

（四）合同成立的时间与地点

1. 合同成立的时间。承诺生效时合同成立，但是法律另有规定或当事人另有约定的除外。以对话方式作出的承诺，要约人知道其内容时承诺生效。以非对话方式作出的承诺，到达相对人时承诺生效。以非对话方式作出的采用数据电文形式的承诺，要约人指定特定系统接收数据电文的，该数据电文进入该特定系统时生效；未指定特定系统的，要约人知道或者应当知道该数据电文进入其系统时生效。当事人对采用数据电文形式的承诺的生效时间另有约定的，按照其约定。承诺不需要通知的，根据交易习惯或者要约的要求作出承诺的行为时生效。当事人采用合同书形式订立合同的，自双方当事人均签名、盖章或按指印时合同成立。当事人采用信件、数据电文等形式订立合同要求签订确认书的，签订确认书时合同成立。当事人一方通过互联网等信息网络发布的商品或者服务信息符合要约条件的，对方选择该商品或者服务并提交订单成功时合同成立，但是当事人另有约定的除外。

在特殊情况下，虽然法律、行政法规规定或者当事人约定采用书面形式订立合同，当事人未采用书面形式但是一方已经履行主要义务，对方接受时，该合同成立。采用合同书形式订立合同，在签名、盖章或按指印之前，当事人一方已经履行主要义务，对方接受时，该合同也成立。上述两种情况都是以“对方接受”的时间作为合同成立的时间。

2. 合同成立的地点。承诺生效的地点为合同成立的地点。采用数据电文形式订立合同的，收件人的主营业地为合同成立的地点；没有主营业地的，其住所地为合同成立的地点。当事人另有约定的，按照其约定。当事人采用合同书形式订立合同的，最后签名、盖章、按指印的地点为合同成立的地点，但是当事人另有约定的除外。

二、合同的内容

（一）合同的一般条款

合同的条款是合同中经双方当事人协商一致，规定双方当事人权利义务的具体条文。合同的内容即体现为合同的条款，合同的条款是否齐备、准确，决定了合同能否成立、生效和能否顺利地履行、实现订立合同的目的。合同的内容由当事人约定，一般包括以下条款：（1）当事人的名称或者姓名和住所；（2）标的；（3）数量；（4）质量；（5）价款或者报酬；（6）履行期限、地点和方式；（7）违约责任；（8）解决争议的方法。不同的合同，由其类型与性质决定，其主要条款或者必备条款可能是不同的。当事人可以参照各类合同的示范文本订立合同。实践中合同的示范文本对于提示当事人在订立合同时更好地明确各自的权利义务起到了积极作用。

（二）免责条款

免责条款是当事人双方在合同中事先约定的，旨在限制或免除其未来责任的条款。按照合同自由原则，当事人可以在法律规定的范围内自由约定合同条款，允许当事人通过订立协议而设立免责条款，对于鼓励交易、促进经济的发展具有重要的作用，为当事人事先预见风险和锁定风险提供了极大的方便。但对当事人设定的免责条款，法律从维护社会秩序、公共道德和利益的需要出发，须作出必要的限制：（1）免责条款不得违反法律、行政法规的强制性规定；（2）免责条款不得免除造成对方人身伤害的责任；（3）免责条款不得免除因故意或者重大过失造成对方的财产损失的责任。

（三）格式条款

格式条款是当事人为了重复使用而预先拟定，并在订立合同时未与对方协商的条款。采用格式条款的概念，意味着在一个合同中可以将所有的条款分为两类，即格式条款与非格式条款。格式条款的适用范围非常广泛，实践证明，格式条款确实具有节省时间、提高效率、降低成本的优点。但同时，它也存在着很大的弊端，即提供格式条款的一方可能利用自身的优势地位拟定对自己有利的条款，而对方当事人对此往往未能注意，或者对其真正含义并未完全理解，从而出现合同权利义务不公平的情况。因此，《民法典》合同编对格式条款的适用作了特别规定：（1）提供格式条款的一方有提示说明的义务，即应当采取合理的方式提示对方注意免除或减轻其责任等与对方有重大利害关系的条款，按照对方的要求，对该条款予以说明。提供格式条款的一方未履行提示或者说明义务，致使对方没有注意或者理解与其有重大利害关系的条款的，对方可以主张该条款不成为合同的内容。（2）格式条款具有《民法典》总则编关于民事法律行为无效规定情形的，具有《民法典》合同编规定的免责条款无效规定情形的，具有提供格式条款一方不合理地免除或者减轻其责任、加重对方责任、限制对方主要权利情形的，以及具有提供格式条款一方排除对方主要权利情形的，该格式条款无效。（3）对格式条款的理解发生争议的，应当按照通常理解予以解释。对格式条款有两种以上解释的，应当作出不利于提供格式条款一方的解释。格式条款和非格式条款不一致的，应当采用非格式条款。

三、缔约过失责任

（一）缔约过失责任的概念

缔约过失责任，是指在合同订立过程中，当事人一方违反诚实信用原则的要求，因自己的过错给对方当事人造成信赖利益的损失时，所应承担的损害赔偿责任。缔约过失责任具有如下特征：（1）缔约上的过失发生在合同订立过程中。缔约过失责任与违约责任的基本区别在于，前者发生在缔约过程中而不是合同成立以后。只有在合同尚未成立，或者虽然成立，但因为不符合法定的生效要件而被确认为无效或被撤销时，缔约人才应承担缔约责任。（2）一方违背其依诚实信用原则所应负的义务。根据诚实信用原则的要求，当事人在订立合同时负有一定的附随义务，包括告知义务、协作义务、忠实义务、保密义务等。（3）造成他人信赖利益的损失。缔约过失行为直接破坏了缔约关系，因此所引起的损害是指他人因信赖合同的成立和有效，但由于合同不成立或无效所蒙受的不利益，此种不利益即为信赖利益的损失。

（二）缔约过失责任的类型

依据我国《民法典》合同编的规定，缔约过失责任有以下类型：（1）假借订立合同，恶意进行磋商；（2）故意隐瞒与订立合同有关的重要事实或者提供虚假情况；（3）泄露或者不正当地使用在订立合同中知悉的商业秘密或者其他应当保密的信息；（4）有其他违背诚实信用原则的行为。

（三）缔约过失责任的赔偿范围

在缔约过失责任中，当以信赖利益作为赔偿的基本范围。信赖利益是指因相信合同的有效成立而导致的利益损失，主要包括直接损失和间接损失两种。所谓直接损失，是指因为相信合同的成立和生效所支出的各种费用，具体包括：（1）缔约费用，如与对方联系、赴实地考察以及检查标的物所支出的合理费用；（2）准备履行合同所支付的费用，如运送、保管标的物所支付的合理费用；（3）为支付上述各项费用所失去的利息。所谓间接损失，是指丧失与第三人另订合同的机会所产生的损失。

第三节 合同的效力

一、合同的生效

（一）合同生效的概念

合同生效，是指依法成立的合同得到国家法律的确认，在当事人之间产生了一定的法律约束力，即法律效力。合同生效与合同成立不同。合同的成立只是解决了当事人之间是否存在合意的问题，并不意味着已经成立的合同都能产生法律拘束力。换言之，即使合同已经成立，如果不符合法律规定的生效要件，仍然不能产生法律效力。

（二）合同的生效要件

合同的生效要件，是指已经成立的合同要发生法律效力所应具备的法定条件。依据《民法典》总则编的相关规定，合同的生效要件包括：（1）行为人具有相应的民事行为能力。自然人订立合同，应当具有相应的民事行为能力。对于法人而言，法人的行为能力是特殊的行为能力，法人应当在其核准登记的生产经营和业务范围内活动。然而，出于活跃经济、鼓励交易，保护善意相对人的考虑，当事人超越经营范围订立合同的效力，应当依照《民法典》相关规定确定，不得仅以超越经营范围确认合同无效。（2）意思表示真实。所谓意思表示真实，是指表意人的表示行为应当真实地反映其内心的效果意思。由于合同在本质上乃是当事人之间的一种合意，此种合意符合法律规定，依法律可以产生法律约束力；而当事人的意思表示能否产生此种约束力，则取决于此种意思表示是否同行为人的真实意思相符合，也就是说，意思表示是否真实。（3）不违反法律和社会公共利益。一方面，合同不得违反法律，这是指合同的各项条款必须符合法律、行政法规的强制性规定。所谓强制性规定，是指当事人必须遵守而不得协议加以改变的规定。另一方面，合同不得违反社会公共利益，即不得违背公序良俗。对于那些表面上虽未违反现行立法的禁止性规定，但实质上损害了民众的共同利益，破坏了社会经济生活秩序的合同行为，都应认为是违背了公序良俗。同时，将公序良俗作为衡量合同生效的要件，也有利于对社会公共道德的维护。（4）合同必须具备法律所要求的形式。对于合同的形式，当事人一般可以自主选择，但如果法律对合同的形式有特别规定的，必须遵守法律规定。《民法典》合同编明确规定，依法成立的合同，自成立时生效，但是法律另有规定或者当事人另有约定的除外。依照法律、行政法规的规定，合同应当办理批准等手续的，依照其规定。未办理批准等手续影响合同生效的，不影响合同中履行报批等义务条款以及相关条款的效力。应当办理申请批准等手续的当事人未履行义务的，对方可以请求其承担违反该义务的责任。

附生效条件的合同，自条件成就时生效，附解除条件的合同，自条件成就时失效。附生效期限的合同，自期限届至时生效；附终止期限的合同，自期限届满时失效。

二、效力待定合同

（一）效力待定合同的概念

效力待定合同，是指合同虽然已经成立，但因欠缺合同生效的要件，其效力能否发生尚不确定，须经权利人追认才能生效的合同。效力待定合同的效力在订立后悬而未决，主要是因为当事人不具备相应的民事行为能力、相应的资格或欠缺处分能力所造成的。为了在维护社会正常经济秩序和保护当事人合法权益的同时促成更多的市场交易，法律允许效力待定合同经权利人追认而生效。

（二）效力待定合同的种类

1. 限制民事行为能力人订立的与其年龄、智力、精神健康状况不相适应的合同。我国民法允许限制民事行为能力人独立订立纯获利益的合同、日常必需品合同，或者与其年龄、智力、精神健康状况相适应的合同。除此之外的合同，限制民事行为能力人均不能独立订立，应当由其法定代理人代理订立，或者在征得其法定代理人同意后订立。如果限制民事行为能力人未经其法定代理人同意就订立了此类合同，则该合同为效力待定的合同。如果法定代理人追认，则合同有效。具体规则为：合同相对人可以催告法定代理人自收到通知之日起三十日内予以追认。法定代理人未作表示的，视为拒绝追认。合同被追认前，善意相对人有权将该合同撤销。

2. 无代理权人订立的合同。行为人没有代理权、超越代理权或者代理权终止后仍然以被代理人名义订立的合同，只有经被代理人追认，才对被代理人发生效力。未经被代理人追认的，该合同对被代理人不发生效力，由行为人承担责任。相对人可以催告被代理人在自收到通知之日起三十日内予以追认。无权代理人以被代理人的名义订立合同，被代理人已经开始履行合同义务或者接受相对人履行的，视为对合同的追认。被代理人未作表示的，视为拒绝追认。合同被追认前，善意相对人有撤销的权利。

但是，并非所有的无代理权人订立的合同都必须经过追认才能生效。依据《民法典》总则编的规定，行为人没有代理权、超越代理权或者代理权终止后仍然以被代理人名义订立合同，相对人有理由相信行为人有代理权的，该代理行为有效，这被称为表见代理。依据同样的法理，法人的法定代表人或者非法人组织的负责人超越权限订立的合同，除相对人知道或者应当知道其超越权限外，该代表行为有效，订立的合同对法人或者非法人组织发生效力。

三、无效合同

（一）无效合同的概念

无效合同，是指合同虽然已经成立，但因其违反了法律、行政法规的强制性规定或社会公共利益，因而不能发生法律效力的合同。由于无效合同具有违法性，不符合国家的意志或社会公共利益，因此国家就应当对其实行干预，使其自始无效、当然无效、绝对无效。

（二）无效合同的种类

依据《民法典》总则编和合同编的相关规定，无效合同主要包括：（1）无民事行为能力人订立的合同；（2）当事人双方以虚假的意思表示订立的合同；（3）当事人恶意串通，损害他人合法权益的合同；（4）违反法律、行政法规的强制性规定的合同，但该强制性规定不导致该合同无效的除外；（5）违背公序良俗的合同。

除了上述合同无效的情形，依据《民法典》合同编的规定，下列免责条款无效：（1）造成对方人身伤害的；（2）因故意或者重大过失造成对方财产损失的。

四、可撤销合同

（一）可撤销合同的概念

可撤销合同，是指当事人在订立合同时，因意思表示不真实，法律允许撤销权人通过行使撤销权而使已经生效的合同归于无效的合同类型。可撤销合同，从撤销的对象看，是意思表示不真实的合同，撤销权人是否行使撤销权由他自己决定，不行使撤销权，合同继续有效，行使撤销权，合同归于自始无效。

（二）可撤销合同的种类

依据《民法典》总则编和合同编的相关规定，可撤销合同主要包括：（1）基于重大误解而订立的合同；（2）以欺诈手段，使对方在违背真实意思的情况下订立的合同；（3）第三人实施欺诈行为，使一方在违背真实意思的情况下订立的合同，且对方知道或者应当知道该欺诈行为的；（4）一方或者第三人以胁迫手段，使对方在违背真实意思的情况下订立的合同；（5）一方利用对方处于危困状态、缺乏判断能力等情形，致使合同成立时显失公平的合同。

（三）撤销权的行使

撤销权的行使，必须通过提起诉讼或仲裁的方式，要求人民法院或仲裁机关予以裁决。当事人应自知道或者应当知道撤销事由之日起一年内、重大误解的当事人自知道或者应当知道撤销事由之日起九十日内行使撤销权，逾期撤销权消灭。当事人受胁迫的，撤销权一年行使期限的起算点应为胁迫行为终止之日。此外，当事人知道撤销事由后明确表示或者以自己的行为表明放弃撤销权，撤销权消灭。如果当事人不知道也不应当知道撤销事由的，自合同生效之日起五年内没有行使撤销权的，撤销权消灭。

五、合同被确认无效或被撤销的法律后果

合同被确认无效或被撤销以后，将溯及既往，该合同自始没有法律约束力。合同无效、被撤销，不影响合同中独立存在的有关解决争议方法的条款的效力。合同部分无效，不影响其他部分效力的，其他部分仍然有效。合同无效或者被撤销后，因该合同取得的财产，应当予以返还，不能返还或者没有必要返还的，应当折价补偿。有过错的一方应当赔偿对方因此所遭受的损失，双方都有过错的，应当各自承担相应的责任。

第四节 合同的履行

一、合同履行的原则

合同的履行是指合同生效后，合同债务人按照合同的约定或法律的规定，全面地、正确地履行自己所承担的义务，实施给付行为，实现合同目的的过程。合同履行的原则主要包括：

1. 全面履行原则。全面履行原则，也称适当履行原则，是指当事人按照合同约定的标准及其数量、质量，由适当的主体在适当的履行期限、履行地点，以适当的

履行方式，全面完成合同义务的履行原则。

2. 协作履行原则。协作履行原则，是诚实信用原则在合同履行阶段的体现，要求双方当事人不仅应履行自己的义务，而且还应当协助对方履行合同未作约定但依照诚实信用原则，根据合同的性质、目的和交易习惯的要求也应当履行的协助、告知、保密、防止损失扩大等附随义务。

3. 效益履行原则。效益履行原则，是指当事人在履行合同时应尽量降低成本，提高经济效益，致力于取得最佳的合同效益。在合同履行中，当事人可以通过多种方法贯彻效益履行原则，如选择适当的交货方式、交货日期、交货地点，采取合理的运输方式、包装方式，以及在当事人一方违约的情况下采取必要的补救措施等。

4. 绿色履行原则。当事人在履行合同过程中，应当避免浪费资源、污染环境和破坏生态。

二、合同履行的规则

（一）涉及第三人的合同履行规则

根据合同相对性原则，当事人约定由第三人向债权人履行债务的，第三人不履行债务或者履行债务不符合约定的，债务人应当向债权人承担违约责任；当事人约定由债务人向第三人履行债务的，债务人未向第三人履行债务或者履行债务不符合约定的，应当向债权人承担违约责任。但是法律规定或者当事人约定第三人可以直接请求债务人向其履行债务，第三人未在合理期限内明确拒绝，债务人未向第三人履行债务或者履行债务不符合约定，第三人可以请求债务人承担违约责任，债务人可以对第三人主张其对债权人的抗辩。

（二）合同漏洞的填补规则

合同漏洞，是指当事人在合同中对于合同内容没有约定或约定不明确的现象。合同生效后，当事人就质量、价款或者报酬、履行地点等内容没有约定或者约定不明确的，可以协议补充；不能达成补充协议的，按照合同有关条款或者交易习惯确定；如果依照上法仍不能确定的，适用下列法定规则：（1）质量要求不明确的，按照强制性国家标准履行；没有强制性国家标准的，按照推荐性国家标准履行；没有推荐性国家标准的，按照行业标准履行；没有国家标准、行业标准的，按照通常标准或者符合合同目的的特定标准履行。（2）价款或者报酬不明确的，按照订立合同时履行地的市场价格履行；依法应当执行政府定价或者政府指导价的，按照规定履行。（3）履行地点不明确的，给付货币的，在接受货币一方所在地履行；交付不动产的，在不动产所在地履行；其他标的，在履行义务一方所在地履行。（4）履行期限不明确的，债务人可以随时履行，债权人也可以随时要求履行，但应当给对方必要的准备时间。（5）履行方式不明确的，按照有利于实现合同目的的方式履行。（6）履行费用负担不明确的，由履行义务一方负担；因债权人原因增加的履行费用，由债权人负担。

（三）执行政府定价或者政府指导价合同的履行规则

执行政府定价或者政府指导价的，在合同约定交付期限内政府价格调整时，按照交付时的价格计价。逾期交付标的物的，遇价格上涨时，按照原价格执行；价格下降时，按照新价格执行。逾期提取标的物或者逾期付款的，遇价格上涨时，按照新价格执行；价格下降时，按照原价格执行。

（四）电子合同的履行规则

通过互联网等信息网络订立的电子合同的标的为交付商品并采用快递物流方式交付的，收货人的签收时间为交付时间。电子合同的标的为提供服务的，生成的电子凭证或者实物凭证中载明的时间为提供服务时间；前述凭证没有载明时间或者载明时间与实际提供服务时间不一致的，以实际提供服务的时间为准。电子合同的标的物为采用在线传输方式交付的，合同标的物进入对方当事人指定的特定系统且能够检索识别的时间为交付时间。电子合同当事人对交付商品或者提供服务的方式、时间另有约定的，按照其约定。

（五）提前履行和部分履行的规则

债务人提前履行或部分履行债务的，债权人可以拒绝接受履行，但提前履行或部分履行不损害债权人利益的，债权人应当接受履行。因债务人提前履行或部分履行债务给债权人增加的费用，由债务人承担。

（六）当事人部分事项变化后的履行规则

合同生效后，当事人不得因姓名、名称的变更或者法定代表人、负责人、承办人的变动而不履行合同义务。

（七）情势变更规则

合同成立后，合同的基础条件发生了当事人在订立合同时无法预见的、不属于商业风险的重大变化，继续履行合同对于当事人一方明显不公平的，受不利影响的当事人可以与对方重新协商；在合理期限内协商不成的，当事人可以请求人民法院或者仲裁机构变更或者解除合同。人民法院或者仲裁机构应当结合案件的实际情况，根据公平原则变更或者解除合同。

三、双务合同履行中的抗辩权

双务合同的履行抗辩权是合同当事人在符合法律要求的条件时，对抗相对人的履行请求权，暂时拒绝履行其债务的权利。当事人行使此类抗辩权的结果是拒绝对方的履行请求，即抗辩权人在一定期限内暂时中止履行合同，但对方的请求权并未消灭。在抗辩权产生的原因消失后，债务人依然应当依约履行。《民法典》合同编规定了同时履行抗辩权、后履行抗辩权和不安抗辩权三种。

1. 同时履行抗辩权。同时履行抗辩权，是指在双务合同中当事人双方的债务没有先后履行顺序之分，当事人一方在对方未履行债务或者履行债务不符合约定时，享有拒绝对方全部或者相应的履行要求的权利。在双务合同中，当事人的权利和义务是互为条件、相辅相成的。一方的权利就是对方的义务，一方的权利实现依赖于对方义务的履行。因此，当事人互负债务，没有先后履行顺序的，应当同时履行。一方在对方履行之前有权拒绝其履行要求。一方在对方履行债务不符合约定时，有权拒绝其相应的履行要求。

2. 后履行抗辩权。后履行抗辩权，是指在双务合同中应当先履行债务的一方未履行债务或者履行债务不符合约定时，后履行一方享有拒绝对方全部或者相应的履行要求的权利。因此，当事人互负债务，有先后履行顺序，先履行一方未履行的，后履行一方有权拒绝其履行要求。先履行一方履行债务不符合约定的，后履行一方有权拒绝其相应的履行要求。

3. 不安抗辩权。不安抗辩权，是指在双务合同中负有先履行债务的一方当事人在对方财产、商业信誉等状况发生重大变化，有丧失或者可能丧失履行债务能力情形时，享有中止履行自己债务的权利。依据《民法典》合同编的规定，应当先履行债务的当事人，有确切证据证明对方有下列情形之一的，可以中止履行：（1）经营状况严重恶化；（2）转移财产、抽逃资金以逃避债务；（3）丧失商业信誉；（4）有丧失或者可能丧失履行债务能力的其他情形。当事人没有确切证据中止履行的，应当承担违约责任。当事人依照上述规定行使不安抗辩权，中止履行合同的，应当及时通知对方。如果对方提供适当担保，则应当恢复履行。中止履行后，对方在合理期限内未恢复履行能力且未提供适当担保的，视为以自己的行为表明不履行主要债务，中止履行的一方可以解除合同并可以请求对方承担违约责任。

四、合同的保全

合同保全，是指法律为防止债务人责任财产的不当减少或本应增加而未增加，给债权人的债权实现带来危害，而赋予债权人干预债务人对其财产的自由处分的权利，从而保证债权实现的法律制度。合同保全的方法主要有两种，即债权人的代位权和债权人的撤销权。

1. 债权人的代位权。债权人的代位权，是指当债务人怠于行使其债权或者与该债权有关的从权利，影响债权人的到期债权实现的，债权人可以向人民法院请求以自己的名义代位行使债务人对相对人的权利。债权人代位权的成立，应当符合下列条件：（1）债权人对债务人的债权合法、确定，且必须已届履行期。（2）债务人怠于行使其到期债权，表现为债务人未以诉讼方式或者仲裁方式向其债务人主张其享有的具有金钱给付内容的到期债权。（3）债务人怠于行使债权的行为已影响到债权人的到期债权实现。（4）债务人的债权不是专属于债务人自身的债权。所谓专属于债务人自身的债权，是指基于扶养关系、抚养关系、赡养关系、继承关系产生的给付请求权和基于劳动报酬、退休金、养老金、抚恤金、安置费、人寿保险、人身伤害产生的赔偿请求权等权利。例外的，在债权人的债权到期前，债务人的债权或者与该债权有关的从权利存在诉讼时效期间即将届满或者未及时申报破产债权等情形，影响债权人的债权实现的，债权人可以代位向债务人的相对人请求其向债务人履行、向破产管理人申报或者作出其他必要的行为。

2. 债权人的撤销权。债权人的撤销权，是指因债务人实施不当处分其财产的行为，影响债权人的债权实现的，债权人可以请求人民法院撤销债务人的行为，以维持债务人责任财产的权利。债权人撤销权的成立条件因债务人的行为是无偿行为还是有偿行为而有所不同。如为无偿行为，只需具备客观要件；如为有偿行为，则须同时具备客观要件和主观要件。

客观要件包括：（1）债权人对债务人的债权合法、确定。（2）债务人实施了减少责任财产的行为。如放弃到期或未到期的债权、无偿或以明显不合理的低价转让财产、恶意延长其到期债权的履行期限、放弃债权担保等。（3）债务人处分财产的行为已经或将要严重损害债权，影响债权人的债权实现。

对于主观要件，如果债务人的行为是无偿行为，则只要具备客观要件，债权人就可以行使撤销权。如果债务人的行为是有偿行为，因考虑到对善意第三人的利益保护，所以债权人行使撤销权还要具备主观要件。债务人以明显不合理的低价转让财产、以明显不合理的高价受让他人财产或者为他人的债务提供担保，影响债权人的债权实现，只有在债务人的相对人知道或者应当知道该情形时，债权人才可以行使撤销权。

撤销权自债权人知道或者应当知道撤销事由之日起一年内行使。自债务人的行为发生之日起五年内没有行使撤销权的，该撤销权消灭。

第五节　合同的变更、转让和终止

一、合同的变更

（一）合同变更的概念

合同变更，是指在合同成立以后，尚未履行或者尚未完全履行以前，当事人对合同的内容进行修改和补充。合同变更有广义和狭义之分。广义的合同变更，包括合同内容的变更与合同主体的变更。合同主体的变更，在《民法典》合同编中被称为合同的转让。在《民法典》合同编中的合同变更仅指合同内容的变更。

（二）合同变更的条件

合同变更必须具备以下条件：（1）已存在有效的合同关系。（2）必须经过当事人协商一致。（3）必须遵循法定的程序和方式。法律、行政法规规定变更合同应当办理批准、登记等手续的，依照其规定。（4）必须使合同内容发生变化。当事人对合同变更的内容约定不明确的，推定为未变更。

（三）合同变更的效力

合同变更后，当事人应当按照变更后的合同内容履行，任何一方违反变更后的合同内容，均构成违约，而未变更的部分继续有效。合同的变更不影响当事人要求赔偿损失的权利。

二、合同的转让

（一）合同转让概述

合同转让，是指当事人一方依法将其合同权利、义务全部或者部分地转让给第三人。合同转让并不改变合同的内容，只是合同的当事人发生了变化，或者是由新的当事人取代了原来合同的当事人，或者是有新的当事人加入到原来合同关系中，产生了新的合同关系。根据合同权利、义务转让的不同情况，可将合同转让分为合同债权的转让、合同债务的转移和合同债权债务的一并转让。

（二）合同债权的转让

合同债权的转让，是指债权人将合同债权全部或者部分地转让给第三人的行为。一般而言，绝大部分合同中的债权都是可以转让的，但是，为了维护社会公共利益，保障当事人的合法权益，法律对合同债权的转让作了一定的限制。依据《民法典》合同编的规定，下列合同债权不得转让：（1）根据债权性质不得转让；（2）按照当事人约定不得转让；（3）依照法律规定不得转让。

债权人转让合同债权不必征得债务人的同意，但应当通知债务人。债权人未通知债务人的，该转让对债务人不发生效力。债权人转让债权的通知不得撤销，但是经受让人同意的除外。

在合同债权全部转让的场合，让与人即原债权人丧失其对债务人享有的债权，由受让人取代他的地位，成为新的债权人。在合同债权部分转让时，让与人仅就让与的部分丧失债权。债权人转让合同债权的，受让人取得与债权有关的从权利，但该从权利专属于债权人自身的除外。债务人接到债权转让通知时，债务人对让与人所享有的抗辩权可以向受让人主张。债务人对让与人享有债权，且债务人的债权先于转让的债权到期或者同时到期的，或者债务人的债权与转让的债权是基于同一合同产生，在上述两种情况下债务人可以向受让人主张抵销。

（三）合同债务的转移

合同债务的转移，又称为债务承担，是指债务人将合同债务全部或者部分地转移给第三人的行为。根据债务人是否因第三人承担债务而免除责任为标准，可以将债务承担分为免责的债务承担和并存的债务承担。

免责的债务承担，是指第三人就其承担的债务取代原债务人的地位，并使原债务人就该部分债务免除责任的债务承担。免责的债务承担一般是由债务人与第三人订立债务承担合同，由于合同债务的转移直接关系到债权人的债权能否实现，因此债务的转移必须经债权人同意，未经债权人同意的债务转移协议无效。债务人转移债务的，新债务人既可以主张原债务人对债权人的抗辩，也应当承担与主债务有关的从债务，但该从债务专属于原债务人自身的除外。

并存的债务承担，又称债务加入，是指第三人与债务人约定加入债务并通知债权人，或者第三人向债权人表示愿意加入债务，债权人未在合理期限内明确拒绝的，债权人可以请求第三人在其愿意承担的债务范围内和债务人承担连带债务。并存的债务承担情形下，第三人与原债务人一起对债权人负担债务，债权人的债权并未受到损害，反而因为第三人的加入，使债权实现的可能性得以强化，故不以债权人的同意为必要。且在第三人向债权人表示愿意加入债务场合，原债务人并未因此受到损害，因此也不以债务人同意为必要。

（四）合同债权债务的一并转让

合同债权债务的一并转让，是指当事人一方将其合同债权和债务一起转让给第三人，该第三人在转移的范围内承受合同上的地位，享有合同债权、承担合同债务。依据《民法典》合同编的规定，当事人一方经对方同意，可以将自己在合同中的债权债务一并转让给第三人。合同债权债务的一并转让，适用合同债权转让和合同债务转移的有关规定。

当事人订立合同后发生合并、分立时，也会引起合同债权债务的一并转让。当事人订立合同后合并的，由合并后的法人或者其他组织行使合同权利，履行合同义务。当事人订立合同后分立的，除债权人和债务人另有约定的以外，由分立的法人或者其他组织对合同的权利和义务享有连带债权，承担连带债务。

三、合同的终止

（一）合同终止概述

合同终止，又称合同的消灭，是指合同当事人双方之间的权利义务在客观上已经不复存在，从而使合同关系结束的现象。依据《民法典》合同编的规定，有下列情形之一的，合同终止：（1）清偿；（2）合同解除；（3）债务相互抵销；（4）债务人依法将标的物提存；（5）债权人免除债务；（6）债权债务同归于一人；（7）法律规定或者当事人约定终止的其他情形。

合同终止后，当事人之间相应的债权和债务消灭，债权的担保及其他从属的权利及义务也随之消灭；合同终止后，当事人应当遵循诚实信用原则，根据交易习惯履行通知、协助、保密、旧物回收等义务。合同终止，不影响合同中结算、清理条款和有关争议解决条款的效力。

（二）清偿

清偿，即债务已经履行，债务人全面适当地履行了合同义务，债权人的合同目的得以实现，合同关系即归于终止，这也是合同终止中的常态和基本情形。

（三）合同的解除

合同解除，是指在合同依法成立后而尚未全部履行前，当事人基于事后协商、事先约定或者法律规定的原因，而使合同关系归于消灭的一种法律行为。合同解除可分为协议解除、约定解除和法定解除三类。

1.协议解除。协议解除，是指在合同依法成立后而尚未全部履行前，当事人通过双方协商一致而将合同解除的行为。我国《民法典》合同编规定，当事人协商一致，可以解除合同。协议解除实际上就是双方当事人通过订立一个新的合同而解除原来的合同。

2.约定解除。约定解除，是指当事人在合同中为一方或双方设定行使解除权的条件，当解除条件出现时，当事人即可行使解除权，从而解除合同。基于合同约定而产生的解除权称为约定解除权，当事人之间达成的解除权合意称为解约条款。只要解约条款不违反法律的强制性规定和公序良俗，解除的条件成就时，享有解除权的一方就可以直接通知相对人来解除合同。

3.法定解除。法定解除，是指法律规定合同当事人行使解除权的条件，当解除条件出现时，当事人即可行使解除权，从而解除合同。基于法律规定而产生的解除权称为法定解除权，当事人不得以约定排除法定解除权，否则约定无效。

《民法典》合同编规定了合同法定解除的一般条件，包括：（1）因不可抗力致使不能实现合同目的；（2）在履行期限届满之前，当事人一方明确表示或者以自己的行为表明不履行主要债务；（3）当事人一方迟延履行主要债务，经催告后在合理期限内仍未履行；（4）当事人一方迟延履行债务或者有其他违约行为致使不能实现合同目的；（5）法律规定的其他情形。

4. 合同解除的程序。协议解除在当事人就解除合同事宜达成合意时，即产生解除的法律效果，无须特定程序。约定解除和法定解除，都是当事人通过行使解除权而进行的合同解除。法律规定或者当事人约定解除权行使期限，期限届满当事人不行使的，该权利消灭。法律没有规定或者当事人没有约定解除权行使期限，自解除权人知道或者应当知道解除事由之日起一年内不行使，或者经对方催告后在合理期限内不行使的，该权利消灭。当事人一方主张解除合同时，应当通知对方。合同自通知到达对方时解除。对方对解除合同有异议的，任何一方当事人均可以请求人民法院或者仲裁机构确认解除行为的效力。当事人一方未通知对方，直接以提起诉讼或者申请仲裁的方式依法主张解除合同，人民法院或者仲裁机构确认该主张的，合同自起诉状副本或者仲裁申请书副本送达对方时解除。

5. 合同解除的效力。合同解除后，尚未履行的，终止履行；已经履行的，根据履行情况和合同性质，当事人可以请求恢复原状或者采取其他补救措施，并有权请求赔偿损失。

（四）抵销

抵销，是指当事人双方互负债务时，各以其债权来抵偿其债务，使双方的债务在对等额内相互消灭的行为。抵销可分为法定抵销与约定抵销。

1. 法定抵销。法定抵销，是指在具备法律所规定的条件时，依当事人一方的意思表示所为的抵销。《民法典》合同编规定，当事人互负债务，该债务的标的物种类、品质相同的，任何一方可以将自己的债务与对方的到期债务抵销；但是，根据债务性质、按照当事人约定或者依照法律规定不得抵销的除外。当事人主张抵销的，应当通知对方，通知自到达对方时生效。抵销不得附条件或者附期限。

2. 约定抵销。约定抵销，又称合意抵销，是指当事人基于双方协商并达成协议而实行的抵销。《民法典》合同编规定，当事人互负债务，标的物种类、品质不相同的，经协商一致，也可以抵销。

（五）提存

1. 提存的概念。提存，是指由于债权人的原因，致使债务人无法向债权人清偿到期债务，债务人将合同标的物交付给特定的提存机关，从而完成债务的清偿，使合同关系归于消灭的行为。

2. 提存的原因。依据《民法典》合同编的规定，有下列情形之一，难以履行债务的，债务人可以将标的物提存：（1）债权人无正当理由拒绝受领；（2）债权人下落不明；（3）债权人死亡而未确定继承人、遗产管理人，或者丧失民事行为能力未确定监护人；（4）法律规定的其他情形。标的物不适于提存或者提存费用过高的，债务人可以依法拍卖或者变卖标的物，提存所得价款。

3. 提存的效力。（1）债务人与债权人之间的效力。债务人将标的物或者将标的物依法拍卖、变卖所得价款交付提存部门时，提存成立。提存成立的，视为债务人在其提存范围内已经履行债务。债务人将标的物提存后，应当及时通知债权人或者债权人的继承人、遗产管理人、监护人、财产代管人。提存物在提存期间所产生的孳息归债权人所有，标的物毁损、灭失的风险也转由债权人承担。提存的费用由债权人承担。（2）债务人与提存机关之间的效力。当债务人的提存申请符合要求时，提存机关有义务予以提存，并有保管提存物的义务。（3）债权人与提存机关之间的效力。债权人可以随时领取提存物及其孳息，但债权人对债务人负有到期债务的，在债权人未履行债务或者提供担保之前，提存机关根据债务人的要求应当拒绝其领取提存物。债权人领取提存物的权利，自提存之日起5年内不行使而消灭，提存物扣除提存费用后归国家所有。但是，债权人未履行对债务人的到期债务，或者债权人向提存部门书面表示放弃领取提存物权利的，债务人负担提存费用后有权取回提存物。

（六）免除

免除，是指债权人放弃全部或部分债权，从而使合同权利义务全部或部分消灭的行为。依据《民法典》合同编的规定，债权人免除债务人部分或者全部债务的，合同的权利义务部分或者全部终止，但是债务人在合理期限内拒绝的除外。债权人免除债务的行为也应受到一定限制，该权利的行使应以不损害第三人的利益为限。

（七）混同

混同，是指债权和债务同归于一人，致使合同关系归于消灭的事实。依据《民法典》合同编的规定，债权和债务同归于一人的，合同的权利义务终止，但是损害第三人利益的除外。

第六节　违约责任

一、违约责任概述

（一）违约责任的概念

违约责任，是指合同当事人不履行合同义务或者履行合同义务不符合约定所应承担的责任。首先，违约责任以合同的有效成立为基础。其次，违约责任具有相对性。当事人一方因第三人的原因造成违约的，应当依法向对方承担违约责任。当事人一方和第三人之间的纠纷，依照法律规定或者按照约定解决。再次，违约责任主要体现为补偿性。最后，违约责任承担方式的具体适用既可以是根据当事人的约定，也可以是根据法律的规定。

（二）违约责任的归责原则

违约责任的归责原则，是指确定合同当事人承担违约责任的标准和原则。我国

《民法典》合同编采取了严格责任原则与过错责任原则相结合，以严格责任原则为主，过错责任原则为辅的立法模式。严格责任原则，是指一方当事人违反合同义务时，确定违约责任不以过错为要件，不论当事人主观上是否有过错，只要不具备法定免责事由，就必须承担违约责任。依据《民法典》合同编的规定，当事人一方不履行合同义务或者履行合同义务不符合约定的，应当承担继续履行、采取补救措施或者赔偿损失等违约责任。尽管合同编将严格责任原则作为归责的一般原则，但并未完全否定过错责任原则适用于例外情况。过错责任原则，是指当一方当事人违反合同义务时，应当将过错作为确定违约责任的要件。如果当事人主观上有过错，则需根据过错程度承担相应责任，如果当事人主观上没有过错，则无须承担违约责任。合同编规定的典型合同中有一部分采纳了过错责任原则，只不过将其作为法律特别规定的情况对待。

（三）违约责任的构成要件

违约责任的构成要件，是指违约当事人应具备何种条件才应承担违约责任。违约当事人承担违约责任都必须具备的要件，一般包括以下两点：

1. 违约行为。违约行为是指当事人一方不履行合同义务或者履行合同义务不符合约定的行为。违约行为是以有效的合同关系的存在为前提的，在性质上都是违反了合同义务，导致了对合同债权的侵害。

2. 不存在法定或约定的免责事由。免责是指在合同履行的过程中，因出现了法定的或合同约定的免责条件而导致合同不履行，债务人将被免除履行义务，而无须承担违约责任。这些法定的或约定的免责条件被统称为免责事由。免责事由既包括法定的免责条件，即不可抗力，也包括合同约定的免责条件，即免责条款。依据《民法典》合同编的规定，当事人一方因不可抗力不能履行合同的，根据不可抗力的影响，部分或者全部免除责任，但是法律另有规定的除外。因不可抗力不能履行合同的，应当及时通知对方，以减轻可能给对方造成的损失，并应当在合理期限内提供证明。当事人迟延履行后发生不可抗力的，不能免除其违约责任。

二、违约行为形态

违约行为的形态是根据违约行为违反的义务的性质、特点而对违约行为作出的分类。从总体上说，可以根据履行期限是否到来而将违约行为区分为预期违约和实际违约两种类型。

（一）预期违约

预期违约，是指在合同履行期限届满之前，当事人一方向对方明确表示或者以自己的行为表明不履行合同义务的行为。预期违约包括两种形态，即明示毁约和默示毁约。明示毁约，是指在合同履行期限届满之前，当事人一方以口头或书面形式明确肯定地向对方表示其将不履行合同义务。默示毁约，是指在合同履行期限届满之前，当事人一方以自己的行为表明其将不履行合同义务。依据《民法典》合同编的规定，当事人一方明确表示或者以自己的行为表明不履行合同义务的，对方可以在履行期限届满之前请求其承担违约责任。

（二）实际违约

在履行期限届满以后，当事人不履行或不完全履行合同义务，都将构成实际违约。实际违约行为主要包括以下三种类型：（1）拒绝履行。拒绝履行，是指在合同履行期限届满之后，当事人一方无正当理由完全拒绝履行合同规定的全部义务。（2）迟延履行。迟延履行，是指当事人违反了合同规定的履行期限，造成其履行在时间上迟延的行为。（3）不适当履行。不适当履行，又称为不完全履行，是指债务人虽然履行了义务，但没有按合同规定的数量、质量、履行地点、方式等要求履行。在实践中，不适当履行表现形式多样，例如部分不履行、瑕疵履行等。

三、违约责任的承担形式

1.继续履行。继续履行，也称为强制履行，是指合同一方当事人不履行合同义务或者履行合同义务不符合合同约定时，对方当事人有权要求违约方继续按照合同履行其义务。如当事人一方未支付价款、报酬、租金、利息，或者不履行其他金钱债务的，对方可以请求其支付。

2.采取补救措施。采取补救措施，是指因当事人一方履行的标的不符合合同约定，根据法律规定或者对方的要求所采取的特殊救济措施，主要是针对不适当履行中的瑕疵履行情形，受损害方根据标的的性质以及损失的大小，可以合理选择请求对方承担修理、重作、更换、退货、减少价款或者报酬等违约责任。

3.赔偿损失。赔偿损失，是指在当事人一方违反合同义务给对方造成损失时，为了弥补受害人而向其支付一定数额金钱的责任形式。赔偿损失的适用应以违约行为造成实际损害后果为前提，旨在弥补守约方因对方违约而受到的损失，因此具有补偿性。损失赔偿额应当相当于因违约所造成的损失，包括合同履行后可以获得的利益，但是不得超过违约一方订立合同时预见到或者应当预见到的因违反合同可能造成的损失。当事人一方违约后，对方应当采取适当措施防止损失的扩大；没有采取适当措施致使损失扩大的，不得就扩大的损失请求赔偿。当事人因防止损失扩大而支出的合理费用，由违约方负担。当事人一方违约造成对方损失，对方对损失的发生有过错的，可以减少相应的损失赔偿额。

4.支付违约金。违约金，是指当事人通过协商预先确定的，一方违约后应向对方支付的一定数额的金钱。违约金的支付，以违约行为的存在以及当事人在合同中有违约金约定为前提。

约定的违约金数额应与因违约造成的损失大体相当。约定的违约金低于造成的损失的，人民法院或者仲裁机构可以根据当事人的请求予以增加；约定的违约金过分高于造成的损失的，人民法院或者仲裁机构可以根据当事人的请求予以适当减少。

违约金也具有一定的惩罚性，依据《民法典》合同编的规定，当事人就迟延履行约定违约金的，违约方支付违约金后，还应当履行债务。

5.定金。定金，是指当事人双方为了确保合同的履行而事先约定的，由一方预先向对方给付的一定数额的金钱。定金是债权担保的一种形式，也可以作为违约责任的承担形式。依据《民法典》合同编的规定，当事人可以约定一方向对方给付定金作为债权的担保。定金合同自实际交付定金时成立。定金的数额由当事人约定；但是，不得超过主合同标的额的百分之二十，超过部分不产生定金的效力。实际交付的定金数额多于或者少于约定数额的，视为变更约定的定金数额。

债务人履行债务的，定金应当抵作价款或者收回。给付定金的一方不履行债务或履行债务不符合约定，致使不能实现合同目的的，无权请求返还定金；收受定金的一方不履行债务或履行债务不符合约定，致使不能实现合同目的的，应当双倍返还定金。当事人既约定定金，又约定违约金的，一方违约时，对方可以选择适用违约金或者定金条款。定金不足以弥补一方违约造成的损失的，对方可以请求赔偿超过定金数额的损失。

第十一章　民法典：婚姻家庭与继承

第一节　婚姻家庭

一、一般规定

（一）婚姻家庭法律制度的概念

婚姻家庭法律制度，是调整夫妻之间、父母子女之间以及一定范围内的亲属之间人身关系和财产关系的法律制度。作为调整因婚姻家庭产生的民事关系的法律规范，它的主要内容位于《民法典》婚姻家庭编中。其主要特点如下：（1）调整范围的广泛性、普遍性。每个社会成员，不论年老或年幼，已婚或未婚，都是婚姻家庭法律制度调整的主体。（2）调整对象的身份性。婚姻家庭法律关系的调整对象是基于婚姻、血缘或收养而产生的、具有一定身份关系的人，其主体享有的权利具有身份性特征。（3）调整内容的伦理性。婚姻家庭法律制度中有关权利义务的规定具有鲜明的伦理性。如父母子女间的抚养、赡养等既是法律规定也是道德要求。（4）法律规定的强制性。其主要表现在：一是婚姻家庭法律制度中的义务多为强制性规范，如夫妻间的扶养义务、子女对父母的赡养义务等都不得通过双方约定而排除；二是有关身份关系的建立或解除都要遵循法定的条件和程序，如结婚、离婚、收养等。

（二）婚姻家庭关系

我国婚姻家庭法律制度所调整的婚姻家庭关系也称亲属关系，是基于婚姻、血缘或法律拟制而产生的人与人之间的社会关系。依据《民法典》婚姻家庭编的规定，亲属包括配偶、血亲和姻亲。配偶、父母、子女、兄弟姐妹、祖父母、外祖父母、孙子女、外孙子女为近亲属。配偶、父母、子女和其他共同生活的近亲属为家庭成员。

1. 夫妻关系。也称配偶之间的关系，是指男女双方因结婚而形成的亲属关系，是血亲和姻亲赖以发生的基础，是婚姻家庭法律关系中的核心。

2. 血亲关系。这主要分为自然血亲和拟制血亲：（1）自然血亲，是指因出生而形成的、源于同一祖先的有血缘联系的亲属；（2）拟制血亲，是指彼此本来无该种血亲应当具有的血缘关系，但法律因其符合一定条件，确认其与该种血亲具有同等权利义务的亲属，如养父母与养子女、继父母与受其抚养教育的继子女。此外，基于血缘的联系不同，可分为直系血亲和旁系血亲：（1）直系血亲是指有直接血缘联系的亲属，包括生育自己和自己所生育的上下代亲属，如父母与子女，（外）祖父母与（外）孙子女等；（2）旁系血亲，是指有间接血缘联系的亲属，如兄弟姐妹，己身与叔、伯、姑、舅、姨等。

3. 姻亲关系。姻亲，是指以婚姻关系为媒介而产生的亲属关系。这主要包括：（1）血亲的配偶，如小舅子与姐夫、小姑子与嫂子等；（2）配偶的血亲，如儿媳与公婆、女婿与岳父母等；（3）配偶血亲的配偶，如妯娌、连襟等。

（三）婚姻家庭法律制度的基本原则

婚姻家庭受国家保护，主要遵循以下原则：

1. 婚姻自由原则。婚姻自由是指婚姻当事人有权在法律规定的范围内，自主自愿地决定本人的婚姻问题，不受他人强制和干涉的权利，包括结婚自由与离婚自由。

2. 一夫一妻原则。一夫一妻是指一男一女结为夫妻，互为配偶的婚姻制度。即任何人在婚姻关系存续期间只能有一个配偶，不能同时有两个或更多的配偶。

3. 男女平等原则。男女平等是指男女两性在婚姻家庭关系中，享有同等的权利、负担同等的义务，是我国《宪法》关于妇女在政治的、经济的、文化的、社会的和家庭生活等方面享有同男子平等的权利的规定在《民法典》婚姻家庭编中的具体化。

4. 保护妇女、未成年人、老年人、残疾人的合法权益原则。由于妇女、未成年人、老年人、残疾人在社会活动和家庭生活领域处于弱势地位，权利和利益更容易受到侵犯，所以除《民法典》的婚姻家庭编外，还有《妇女权益保障法》《未成年人权益保护法》《老年人权益保障法》《反家庭暴力法》等专门性法律对他们的权益予以特殊的保护。

5. 优良家风、家庭美德与家庭文化建设原则。《民法典》婚姻家庭编增加了家庭应当树立优良家风，弘扬家庭美德，重视家庭文明建设为内容的条款。

二、结婚

（一）结婚与结婚登记

结婚，亦称婚姻的成立或缔结，是指男女双方按照法律规定的条件和程序，确立夫妻关系的民事法律行为。我国采取形式婚主义，不承认“事实婚姻”（男女双方未办理结婚登记，但以夫妻名义同居生活，以夫妻相待，群众亦认为是夫妻关系的），结婚登记是婚姻关系成立的必经程序，但考虑历史原因，我国承认1994年2月1日《婚姻登记办法》施行之前形成的事实婚姻的法律效力。

《民法典》婚姻家庭编规定，要求结婚的男女双方应当亲自到婚姻登记机关申请结婚登记，符合本法规定的，予以登记，发给结婚证。完成结婚登记，即确立婚姻关系。内地居民结婚，男女双方应当共同到一方当事人常住户口所在地的婚姻登记机关办理结婚登记。

（二）婚姻的有效要件

已成立的婚姻如果想要发生法律效力，得到国家的承认和认可，就必须符合下列条件：

1. 婚姻的必备条件：（1）男女双方完全自愿。（2）男女双方均须达到法定婚龄。我国的法定婚龄是男二十二周岁，女二十周岁。（3）符合一夫一妻原则。如果现存婚姻关系尚未解除而又与他人结婚，则构成重婚。

2. 婚姻的禁止条件：直系血亲和三代以内的旁系血亲禁止结婚。三代以内的旁系血亲是指同源于祖父母、外祖父母的三代以内亲属，如兄弟姐妹之间、堂兄弟姐妹或表兄弟姐妹之间禁止结婚。

（三）无效婚姻与可撤销婚姻

婚姻虽已经成立，但如果欠缺法定的生效要件就会导致无效婚姻或可撤销婚姻。

1. 无效婚姻。无效婚姻，是指业已成立的婚姻关系因违反法定的公益要件而不受法律保护，自始不具有法律效力的婚姻。依照《民法典》婚姻家庭编的规定，导致婚姻无效的情形有：（1）重婚；（2）有禁止结婚的亲属关系；（3）未到法定婚龄。无效婚姻由人民法院通过司法程序确认。婚姻当事人、有利害关系的第三人包括单位均有权就已经办理结婚登记的婚姻提起确认婚姻无效之诉。

2. 可撤销婚姻。依照《民法典》婚姻家庭编的规定，可撤销婚姻分为两种情况：（1）因受胁迫的可撤销婚姻，是指业已成立的婚姻关系因欠缺婚姻的合意，受胁迫一方当事人依法可向人民法院申请撤销的违法两性结合。因胁迫结婚的，受胁迫的一方可以向人民法院请求撤销婚姻。请求撤销婚姻的，应当自胁迫行为终止之日起一年内提出。被非法限制人身自由的当事人请求撤销婚姻的，应当自恢复人身自由之日起一年内提出。（2）因重大疾病不如实告知的可撤销婚姻，是指一方患有重大疾病的，应当在结婚登记前如实告知另一方，不如实告知的，另一方可以向人民法院请求撤销婚姻。请求撤销婚姻的，应当自知道或者应当知道该撤销事由之日起一年内提出。

可撤销婚姻的请求权受除斥期间的约束，如撤销权人在法定除斥期间内不行使权利，撤销权归于消灭，不得再提出撤销婚姻的请求，该可撤销婚姻转变为有效婚姻。

无效婚姻被人民法院认定为无效，或者可撤销婚姻被人民法院撤销，婚姻自始没有法律约束力。

三、婚姻的效力

婚姻的效力，是指一个合法有效的婚姻关系所产生的法律效力，也称夫妻关系，即夫妻间的权利与义务关系，包括人身和财产两方面内容：

（一）人身上的效力

夫妻间的人身关系包括：（1）夫妻双方都有各自使用自己姓名的权利；（2）夫妻双方都有参加生产、工作、学习和社会生活的自由，一方不得对另一方加以限制或者干涉；（3）夫妻应当互相忠实，互相尊重，互相关爱。

（二）财产上的效力

1. 夫妻间的扶养义务。《民法典》婚姻家庭编规定，夫妻有互相扶养的义务。需要扶养的一方，在另一方不履行扶养义务时，有要求其给付抚养费的权利。

2. 日常家事代理权。日常家事代理权，是指配偶一方在与第三人就家庭日常事务为一定法律行为时，享有代理对方行使的权利。《民法典》婚姻家庭编规定，夫妻一方因家庭日常生活需要而实施的民事法律行为，对夫妻双方发生效力。此家事代理权的主要行使规则如下：（1）代理事务限于家庭日常事务。家庭日常事务主要是指日用品的购买、医疗医药服务、子女教育等决定家庭共同生活的必要行为。（2）紧迫情形下的代理权推定，是指对于夫妻一方在紧迫情形下（对方因特殊原因无法表示同意时），如果为婚姻共同生活的利益考虑，而推定夫妻一方对超出日常事务代理权范围的其他事物有代理权。

3.夫妻法定财产制。夫妻财产制，又称婚姻财产制，是指对于夫妻婚前财产和婚后所得财产的归属、管理、收益、使用和处分，婚姻的对外财产责任及婚姻终止时的财产分割与清算等的法律制度。

依照《民法典》婚姻家庭编的规定，我国的法定财产制为婚后所得共同制，即夫妻在婚姻存续期间所得的下列财产归夫妻共有：（1）工资、奖金、劳务的报酬。（2）生产、经营、投资的收益。（3）知识产权的收益。（4）继承或者受赠的财产（遗嘱或赠与合同中确定只归一方的财产除外）。（5）其他应当归共同所有的财产。这主要包括：一方以个人财产投资取得的收益；男女双方实际取得或者应当取得的住房补贴、住房公积金；男女双方实际取得或者应当取得的养老保险金、破产安置费等。

此外，我国《民法典》婚姻家庭编将下列财产规定为夫妻一方的个人财产：（1）一方的婚前财产；（2）一方因受到人身损害获得的赔偿或者补偿；（3）遗嘱或赠与合同中确定只归一方的财产；（4）一方专用的生活用品；（5）其他应当归一方的财产，如婚后由一方父母全额出资并登记在子女名下的不动产等。

依照《民法典》的规定，男女双方可以约定婚姻关系存续期间所得的财产以及婚前财产归各自所有、共同所有或部分各自所有、部分共同所有。约定应当采用书面形式，且对夫妻双方具有法律约束力。夫妻对婚姻关系存续期间所得的财产约定归各自所有，夫或者妻一方对外所负的债务，相对人知道该约定的，以夫或者妻一方的个人财产清偿。

4.夫妻共同债务。依照《民法典》婚姻家庭编的规定，夫妻双方共同签名或者夫妻一方事后追认等共同意思表示所负的债务，以及夫妻一方在婚姻关系存续期间以个人名义为家庭日常生活需要所负的债务，属于夫妻共同债务。

此外，夫妻一方在婚姻关系存续期间以个人名义超出家庭日常生活需要所负的债务，不属于夫妻共同债务；但是，债权人能够证明该债务用于夫妻共同生活、共同生产经营或者基于夫妻双方共同意思表示的除外。

5.夫妻间的遗产继承权。依照我国《民法典》婚姻家庭编的规定，夫妻有相互继承遗产的权利。

四、离婚

（一）离婚与离婚方式概述

离婚是夫妻双方依照法定的条件和程序解除婚姻关系的法律行为。在我国，解除婚姻关系的方式有两种：一是夫妻双方自愿离婚的，签订书面离婚协议，亲自到婚姻登记机关申请离婚登记，即登记离婚；二是通过法院的判决、调解解除双方婚姻关系，即诉讼离婚。完成离婚登记，或者离婚判决书、调解书生效，即解除婚姻关系。

1. 登记离婚。又称协议离婚，是指夫妻双方依据法律规定合意解除婚姻关系的法律行为。《民法典》婚姻家庭编规定，男女双方自愿离婚的，应当签订书面离婚协议（该离婚协议应当载明双方自愿离婚的意思表示和对子女抚养、财产以及债务处理等事项协商一致的意见），并亲自到婚姻登记机关申请离婚登记。为防止冲动离婚的发生，《民法典》还确立了“离婚冷静期制度”，即自婚姻登记机关收到离婚登记申请之日起三十日内，任何一方不愿意离婚的，可以向婚姻登记机关撤销离婚登记申请。离婚冷静期届满后三十日内，双方应当亲自到婚姻登记机关申请发给离婚证；未申请的，视为撤回离婚登记申请。婚姻登记机关查明双方确实是自愿离婚，并已经对子女抚养、财产及债务处理等事项协商一致的，予以登记，发给离婚证。

2. 诉讼离婚，是指夫妻对离婚、子女抚养、财产及债务处理等事项不能达成协议，由当事人一方向人民法院起诉，人民法院通过调解或判决方式解除婚姻关系的法律制度。依照我国《民法典》婚姻家庭编的规定，调解及判决离婚的主要内容如下：（1）法院调解离婚，是指在人民法院的调解下，夫妻双方就解除婚姻关系以及离婚后子女的抚养和财产、债务处理等问题达成协议，由法院制作调解书而导致当事人婚姻关系终止。（2）法院判决离婚，是指夫妻感情确已破裂，调解无效的，人民法院依法判决准予离婚而导致当事人婚姻关系终止。

有下列情形之一，调解无效的，应当准予离婚：（1）重婚或与他人同居；（2）实施家庭暴力或者虐待、遗弃家庭成员；（3）有赌博、吸毒等恶习屡教不改；（4）因感情不和分居满二年；（5）其他导致夫妻感情破裂的情形。此外，如一方被宣告失踪，另一方提出离婚诉讼的，应准予离婚。经人民法院判决不准离婚后，双方又分居满一年，一方再次提起离婚诉讼的，应当准予离婚。

基于对现役军人、妇女的特别保护，《民法典》婚姻家庭编规定：（1）现役军人的配偶要求离婚，应当征得军人同意，但是军人一方有重大过错的除外。（2）女方在怀孕期间、分娩后一年内或中止妊娠后六个月内，男方不得提出离婚；但是，女方提出离婚或人民法院认为确有必要受理男方离婚请求的除外。

（二）离婚的法律后果

1. 对夫妻的法律效力。离婚后，夫妻关系解除，基于夫妻身份所发生的一切权利义务，如双方的扶养义务、同居义务等都随着婚姻关系的解除而当然消灭，双方恢复结婚自由。

离婚时，夫妻的共有财产由双方协议处理；协议不成时，由人民法院按照照顾子女、女方权益和无过错方权益的原则，根据财产的具体情况，通过实物分割、价金分割及价格补偿等方式进行判决；夫妻为约定财产制的，按照约定处理。依照

《民法典》婚姻家庭编的规定，离婚时，夫妻共同债务应当共同偿还。共同财产不足清偿或财产归各自所有的，由双方协议清偿；协议不成的，由人民法院判决。此外，《民法典》规定，有下列情形之一导致离婚的，无过错方有权请求损害赔偿：（1）重婚；（2）与他人同居；（3）实施家庭暴力；（4）虐待和遗弃家庭成员；（5）有其他重大过错。

2. 对子女的法律效力。夫妻关系的解除不影响父母与子女间的权利义务关系。父母不能借口离婚而推卸抚养、教育、保护未成年子女的义务，父母仍然是未成年子女的监护人，依法行使监护权、履行抚养义务。

离婚后，夫妻双方可以就子女由哪一方直接抚养、抚养费的给付数额及方式在离婚协议或调解书中进行约定；依照《民法典》的规定，离婚后，不满两周岁的子女，以由母亲直接抚养为原则，已满两周岁的子女，父母双方协议不成的，人民法院将按照最有利于未成年子女的原则（综合考虑父母双方的思想品德、抚养能力、生活环境、与子女的感情联系等多方面的因素）判决子女由谁直接抚养。不直接抚养子女的一方应负担必要的生活费和教育费，抚养费一般可按其月总收入的百分之二十至三十的比例给付，如需要负担的是两个或两个以上子女的抚养费，比例可适当提高，但不得超过其月总收入的百分之五十。关于子女抚养费的协议与判决，不妨碍子女在必要时向父母任何一方提出超过原协议或判决数额的合理要求。抚养关系确立后，父母仍有权通过协议或诉讼程序变更抚养关系。

离婚后，不直接抚养子女的父或母，有探望子女的权利，另一方有协助的义务。行使探望权利的方式、时间由当事人协议；协议不成时，由人民法院判决。父或者母探望子女，不利于子女身心健康的，由人民法院依法中止探望，中止的事由消失后，应当恢复探望。

五、父母与子女的关系

（一）父母与子女关系的确认与否认

1. 依照《民法典》婚姻家庭编的规定，如父或者母对亲子关系有异议且有正当理由的，可以向人民法院提起诉讼，请求确认或者否认亲子关系；对亲子关系有异议且有正当理由的，成年子女可以向人民法院提起诉讼，请求确认亲子关系。

2. 在我国，养父母与养子女、继父母与受其抚养教育的继子女之间形成拟制的父母子女关系。收养应当向县级以上人民政府民政部门登记。收养关系自登记之日起成立。养子女与生父母以及其他近亲属间的权利义务关系，因收养关系的成立而消除。

（二）父母与子女间的权利义务关系

1. 父母对子女有抚养的义务。我国以父母无条件的抚养未成年子女、有条件的抚养成年子女为原则。父母不履行抚养义务的，未成年的或不能独立生活的成年子女，有要求父母给付抚养费的权利。所谓“不能独立生活的成年子女”，是指尚在校接受高中及以下学历教育，或者丧失或完全丧失劳动能力等非因主观原因而无法维持正常生活的成年子女。此外，父母还有教育、保护未成年子女的权利和义务。

未成年子女造成他人损害的，父母应当依法承担民事责任。

2. 子女对父母有赡养的义务。子女对父母的赡养扶助义务主要包括：在经济上的奉养；在生活上的照料、扶助；在精神上的慰藉。当子女不履行赡养义务时，缺乏劳动能力或生活困难的父母，有要求成年子女给付赡养费的权利。

3. 父母与子女有相互继承遗产的权利。不论是自然血亲的父母子女之间，还是拟制血亲的父母子女之间相互都有平等的继承权。

六、家庭成员间的关系

祖父母、外祖父母与孙子女、外孙子女间的抚养、赡养是有条件的。《民法典》婚姻家庭编规定，有负担能力的祖父母、外祖父母，对于父母已经死亡或父母无力抚养的未成年孙子女、外孙子女，有抚养的义务。与此同时，有负担能力的孙子女、外孙子女，对于子女已经死亡或子女无力赡养的祖父母、外祖父母，有赡养的义务。

兄弟姐妹是最亲近的旁系血亲。《民法典》婚姻家庭编规定，有负担能力的兄、姐，对于父母已经死亡或父母无力抚养的未成年的弟、妹，有扶养的义务。此外，由兄、姐扶养长大的有负担能力的弟、妹，对于缺乏劳动能力又缺乏生活来源的兄、姐，有扶养的义务。

第二节　继承法

一、一般规定

（一）继承法律制度的概念

继承法律制度，是调整自然人死亡后遗留财产转移关系的法律规范的总称，是民法的重要组成部分，主要内容位于《民法典》继承编中。在继承法律关系中，自然人死亡时遗留的个人合法财产称为遗产。依照法律规定或者根据性质不得继承的遗产不得继承。《民法典》确立了“遗产管理人”制度，继承开始后，遗嘱执行人为遗产管理人；没有遗嘱执行人的，继承人应当及时推选遗产管理人；继承人未推选的，由继承人共同担任遗产管理人；没有继承人或者继承人均放弃继承的，由被继承人生前住所地的民政部门或者村民委员会担任遗产管理人。

（二）继承的开始

继承从被继承人死亡时开始。相互有继承关系的数人在同一事件中死亡，难以确定死亡时间的，推定没有其他继承人的人先死亡。都有其他继承人，辈分不同的，推定长辈先死亡；辈分相同的，推定同时死亡，互相不发生继承。

（三）继承和遗赠的接受和放弃与继承权的丧失

继承开始后，继承人放弃继承的，应当在遗产处理前，以书面形式作出放弃继承的表示；没有表示的，视为接受继承。受遗赠人应当在知道受遗赠后六十日内，作出接受或者放弃受遗赠的表示；到期没有表示的，视为放弃受遗赠。

依照《民法典》继承编的规定，继承人有下列行为之一的，丧失继承权：

（1）故意杀害被继承人；（2）为争夺遗产而杀害其他继承人；（3）遗弃被继承人的，或者虐待被继承人情节严重；（4）伪造、篡改或者销毁遗嘱，情节严重；（5）以欺诈、胁迫手段迫使或者妨碍被继承人设立、变更或者撤回遗嘱，情节严重。但如果继承人在做出（3）、（4）、（5）这三种行为后，确有悔改表现，被继承人表示宽恕或者事后在遗嘱中将其列为继承人的，继承人不丧失继承权。

二、法定继承

法定继承，是指由法律直接规定继承人的范围、继承顺序、遗产分配原则的一种继承方式。

依照《民法典》继承编的规定，我国的法定继承顺序如下：第一顺序：配偶、子女、父母；第二顺序：兄弟姐妹、祖父母、外祖父母。此外，如果丧偶儿媳对公婆、丧偶女婿对岳父母，尽了主要赡养义务的，作为第一顺序继承人。继承开始后，由第一顺序继承人继承，第二顺序继承人不继承。没有第一顺序继承人继承的，由第二顺序继承人继承。

此外，我国《民法典》继承编还规定了代位继承，被继承人的子女先于被继承人死亡的，由被继承人子女的直系晚辈血亲代位继承。被继承人的兄弟姐妹先于被继承人死亡的，由被继承人的兄弟姐妹的子女代位继承。在代位继承中，先于被继承人死亡的继承人，称为被代位继承人；代替被继承人继承遗产的人，称为代位继承人。在代位继承中，由于代位继承人是代替已死亡的被代位继承人的地位而取得继承权的，因此，代位继承人一般只能继承被代位继承人有权继承的遗产份额。

三、遗嘱继承、遗赠与遗赠扶养协议

（一）遗嘱继承

遗嘱，是指立遗嘱人生前在法律允许的范围内按照法律规定的方式处分自己的财产及与此相关的事务安排，并在死后发生法律效力的一种单方民事法律行为。通常情况下，自然人可以立遗嘱将个人财产指定由法定继承人中的一人或者数人继承；当立遗嘱人将个人财产赠与国家、集体或者法定继承人以外的组织、个人，则被称为遗赠。其中，立遗嘱的被继承人称为遗嘱人；遗嘱指定的继承遗产的人称为遗嘱继承人或受遗赠人。自然人可以依照《民法典》继承编的相关规定立遗嘱处分个人财产，并可以指定遗嘱执行人。此外，自然人可以依法设立遗嘱信托。

《民法典》继承编规定，合法有效的遗嘱必须具备下列条件：（1）遗嘱人在立遗嘱时必须是完全民事行为能力人。无民事行为能力人或者限制民事行为能力人所立的遗嘱无效。（2）遗嘱必须表示遗嘱人的真实意思，受欺诈、胁迫所立的遗嘱无效。（3）遗嘱的内容不能违反法律、行政法规的强制性规定，不违背公序良俗。（4）遗嘱必须具备法律规定的形式。

遗嘱可以采用以下形式订立：（1）自书遗嘱。自书遗嘱由遗嘱人亲笔书写，签名，注明年、月、日。公民在遗书中涉及死后个人财产处分的内容，符合自书遗嘱书写要求的，可按自书遗嘱对待。（2）代书遗嘱。代书遗嘱应当有两个以上见证人在场见证，由其中一人代书，并由遗嘱人、代书人和其他见证人签名，注明年、月、日。（3）打印遗嘱。打印遗嘱应当有两个以上见证人在场见证，遗嘱人和见证人应当在遗嘱每一页签名，注明年、月、日。（4）录音录像遗嘱。以录音录像形式立的遗嘱，应当有两个以上见证人在场见证。遗嘱人和见证人应当在录音录像中记录其姓名或者肖像，以及年、月、日。（5）口头遗嘱。遗嘱人在危急情况下，可以立口头遗嘱。口头遗嘱应当有两个以上的见证人在场见证。危急情况解除后，遗嘱人能够用书面或者录音录像形式立遗嘱的，所立的口头遗嘱无效。（6）公证遗嘱。公证遗嘱由遗嘱人经公证机构办理。公证遗嘱与遗嘱公证不同。公证遗嘱为经公证证明的遗嘱。而遗嘱公证是公证处按照法定程序证明遗嘱人设立遗嘱行为真实、合法的活动。

在上述遗嘱形式中涉及的遗嘱见证人，依照我国《民法典》规定，下列人员不能作为遗嘱见证人：（1）无民事行为能力人、限制民事行为能力人以及其他不具有见证能力的人；（2）继承人、受遗赠人；（3）与继承人、受遗赠人有利害关系的人。

遗嘱人可以撤回、变更自己所立的遗嘱。立遗嘱后，遗嘱人实施与遗嘱内容相反的民事法律行为的，视为对遗嘱相关内容的撤回。立有数份遗嘱，内容相抵触的，以最后的遗嘱为准。

（二）遗赠

遗赠，是指自然人立遗嘱将个人财产赠与国家、集体或法定继承人以外的组织、个人，并在遗嘱人死后发生法律效力的单方民事法律行为。在遗赠中，立遗嘱人称为遗赠人；接受遗赠的人称为受遗赠人。

遗嘱继承或者遗赠附有义务的，继承人或者受遗赠人应当履行义务。没有正当理由不履行义务的，经利害关系人或者有关组织请求，人民法院可以取消其接受附义务部分遗产的权利。

（三）遗赠扶养协议

《民法典》继承编规定，自然人可以与继承人以外的组织或者个人签订遗赠扶养协议。按照协议，该组织或者个人承担该自然人生养死葬的义务，享有受遗赠的权利。它的特殊性在于：（1）遗赠扶养协议是双方法律行为。协议一经签订，任何一方都应当遵守协议，不得单方面解除协议。（2）遗赠扶养协议是双务的、有偿的民事法律行为。其双务性体现在：扶养人负有对遗赠人生养死葬的义务，享有接受遗赠人财产的权利；遗赠人享有接受扶养的权利，负有将其遗产遗赠给扶养人的义务。其有偿性表现在扶养人接受遗赠财产，以对遗赠人进行扶养为代价。（3）遗赠扶养协议在适用上具有优先性。遗赠扶养协议优先于遗嘱继承与遗赠，遗嘱继承与遗赠优先于法定继承。

第十二章　民法典：侵权责任

第一节　一般规定

一、侵权责任的规范目的

侵权责任法律规范以归责原则、责任构成要件、抗辩事由、侵权责任方式等法律技术手段为工具，维系着行为自由的维护和民事权益的保护之间的利益平衡。《民法典》侵权责任编明确规定，本编调整因侵害民事权益产生的民事关系。其规范目的，在于保护民事主体的合法权益，明确侵权责任，预防并制裁侵权行为，促进社会和谐稳定。

二、侵权责任的归责原则

侵权责任的归责原则，是确定侵权人承担侵权损害赔偿责任的一般准则，它是在损害事实已经发生的情况下，为确定侵权人对自己的行为所造成的损害，以及对自己所管领下的人或物所造成的损害，是否应当承担赔偿责任的原则。侵权责任归责原则是侵权责任法的统帅和灵魂，是侵权责任法理论的核心。

我国侵权责任归责原则体系是由过错责任原则、过错推定责任原则和无过错责任原则3个归责原则构成的。

1. 过错责任原则。过错责任原则，是以过错作为价值判断标准，判断行为人对其造成的损害应否承担侵权责任的归责原则。《民法典》侵权责任编规定，行为人因过错侵害他人民事权益造成损害的，应当承担侵权责任。在一般侵权行为引起的损害赔偿案件中，应当由主观上有过错的一方承担损害赔偿责任。过错责任原则是我国侵权责任法的基本归责原则，是主要的归责原则，调整一般侵权行为的责任归属问题。

2. 过错推定责任原则。过错推定责任原则，是指在法律有特别规定的场合，从损害事实的本身推定侵权人有过错，并据此确定造成他人损害的行为人赔偿责任的归责原则。《民法典》侵权责任编规定，依照法律规定推定行为人有过错，其不能证明自己没有过错的，应当承担侵权责任。在受害人能够举证证明损害事实、违法行为和因果关系三个要件的情况下，如果加害人不能证明对损害的发生自己没有过错，就从损害事实的本身推定加害人在致人损害的行为中有过错，并为此承担损害赔偿责任。

3. 无过错责任原则。无过错责任原则，是指在法律有特别规定的情况下，以已经发生的损害结果为价值判断标准，对于与该损害结果有因果关系的行为人，不问其有无过错，都要求其承担侵权赔偿责任的归责原则。《民法典》侵权责任编规定，行为人造成他人民事权益损害，不论行为人有无过错，法律规定应当承担侵权责任的，依照其规定。无过错责任原则的产生具有特定的历史背景，即伴随着工业社会发展而产生的，体现现代民法对过错责任不足的克服，合理分配了因现代科技发展而由危险活动与危险物品所造成的损害，着重保护处于弱者地位的受害人利益，具有独立于过错责任的价值。

三、侵权责任的构成要件

侵权责任构成要件，是指侵权行为人承担侵权责任的必备条件体系。欠缺任何一个构成要件，都可能会导致侵权责任的不构成。不同归责原则下的侵权责任，需要不同的构成要件。侵权责任的构成要件，是以构成损害赔偿责任的侵权责任为背景的，除损害赔偿之外，构成停止侵害、排除妨碍、消除危险等责任的侵权责任，往往并不需要以损害事实和过错为要件。

一般侵权责任的构成要件包括：

1. 违法行为。违法行为，是指自然人或者法人违反法律而实施的作为或不作为。违法行为作为侵权责任构成的客观要件，包括行为和违法两个要素，这两个要素构成违法行为要件的完整结构。

2. 损害事实。损害事实，是指一定的行为致使权利主体的人身权利、财产权利以及其他利益受到侵害，并造成财产利益和非财产利益的减少或灭失的客观事实。侵权损害赔偿的民事责任以损害事实的客观存在为前提，无损害，则无赔偿。

3. 因果关系。侵权责任法中的因果关系，指的是违法行为作为原因，损害事实作为结果，在它们之间存在的前者引起后者、后者被前者所引起的客观联系。对于因果关系的认定，我国学界的通说认为，应当采用因果关系说，即因果关系由“条件关系”和“相当性”构成，首先该行为是损害发生的不可欠缺的条件，其次该行为通常可导致损害的发生。

4. 过错。过错，是指行为人通过其实施的侵权行为所表现出来的在法律和道德上应受非难的主观上的故意或过失状态。故意，是指行为人已经预见到自己行为会发生损害他人权益的后果，仍然希望或者放任该后果发生的主观状态。过失，是指行为人应当预见自己的行为可能发生侵害他人权益的结果，但却因为疏忽大意而没有预见，或者已经预见而轻信能够避免的主观状态。我国民法通说将过失分为重大过失和一般过失。所谓重大过失，是指欠缺一般人应具有的起码的注意义务，即没有尽到社会一般人的注意义务的主观心理状态。所谓一般过失，是指没有尽到善良管理人的注意义务的主观心理状态。正确划分和认定过错程度对于确定侵权责任的归属和承担具有重要意义。

四、数人侵权责任

数人侵权行为，是指二人以上实施的侵权行为。数人侵权行为与单独侵权行为对应。数人侵权行为包括：

1. 共同侵权行为。共同侵权行为是指二人以上共同故意实施侵权行为，造成他人损害的，应当承担连带责任的行为。主观上具有共同故意，是共同侵权行为人承担连带责任的正当性所在。在法律规定承担连带责任的情形下，被侵权人有权请求部分或者全部连带责任人承担责任。

2. 教唆帮助行为。教唆、帮助他人实施侵权行为的，应当与行为人承担连带责任。教唆、帮助无民事行为能力人、限制民事行为能力人实施侵权行为的，应当承担侵权责任。该无民事行为能力人、限制民事行为能力人的监护人未尽到监护责任的，应当承担相应的责任。

3. 共同危险行为。共同危险行为，又称准共同侵权行为，指二人以上实施危及他人人身或者财产安全的行为，其中一人或者数人的行为实际造成他人损害，但不能确定具体侵权人的情况。二人以上实施危及他人人身、财产安全的行为，不能确定具体侵权人的，行为人承担连带责任。

4. 无意思联络的数人侵权行为。无意思联络的数人侵权，是指没有共同故意的数人，分别实施侵权行为，造成他人同一损害的情形。其中，二人以上分别实施侵权行为造成同一损害，每个人的侵权行为都足以造成全部损害的，行为人承担连带责任。二人以上分别实施侵权行为造成同一损害，能够确定责任大小的，各自承担相应的责任；难以确定责任大小的，平均承担赔偿责任。

五、侵权责任的承担方式

侵权责任的承担方式，就是指侵权人依据侵权责任法就自己实施的侵权行为应当承担的具体的民事责任方式。《民法典》总则编规定了八种侵权责任承担方式，即停止侵害、排除妨碍、消除危险、返还财产、恢复原状、赔偿损失、赔礼道歉和消除影响、恢复名誉。以上承担侵权责任的方式，可以单独适用，也可以合并适用。

六、侵权责任的免责事由

免责事由，又称免责或减轻责任的事由，也叫作抗辩事由，是指被告针对原告的诉讼请求而提出的证明原告的诉讼请求不成立或不完全成立的事实。

依据《民法典》总则编和侵权责任编相关规定，侵权责任的免责事由主要包括不可抗力、正当防卫、紧急避险、过失相抵、受害人故意、第三人过错、自甘风险、自助行为等八种。但上述八种免责事由，主要适用一般侵权责任，而特别侵权责任的免责事由通常会在相关条款中专门规定。

侵权责任的免责事由主要包括以下几种：（1）不可抗力。不可抗力是指不能预见、不能避免并不能克服的客观情况。通常情况下，因不可抗力造成他人损害的，不承担责任。但是，不可抗力导致免责，必须是不可抗力成为损害发生的唯一原因，当事人对损害的发生和扩大不能产生任何作用。（2）正当防卫。正当防卫是指为了使公共利益、本人或者他人的财产或人身免受正在进行的不法侵害而对行为人本身采取的防卫措施。因正当防卫造成损害的，不承担责任。正当防卫超过必要的限度，造成不应有的损害的，正当防卫人应当承担适当的责任。（3）紧急避险。紧急避险是指为了防止公共利益、本人或者他人的合法权益免受正在发生的紧急危险，不得已而采取的损害另一较小利益的行为。因紧急避险造成损害的，由引起险情发生的人承担责任。如果危险是由自然原因引起的，紧急避险人不承担责任，可以给予适当补偿。紧急避险采取措施不当或者超过必要的限度，造成不应有的损害的，紧急避险人应当承担适当的责任。(4) 过失相抵。过失相抵，是指被侵权人对同一损害的发生或者扩大有过错，按照过失比较和原因力比较，将损失赔偿责任分担给双方当事人的责任形态，进而可以减轻侵权人的责任。(5) 受害人故意。受害人故意，是指受害人明知自己的行为会发生损害自己的后果，而希望或者放任此种结果发生。如果损害是因受害人故意造成的，行为人不承担责任。(6) 第三人过错。第三人过错，是指除受害人和实际加害人之外的第三人，对受害人损害的发生或者扩大所具有的过错。如果损害是因第三人造成的，第三人应当承担侵权责任。(7) 自甘风险。自甘风险，是指自愿参加具有一定风险的文体活动，因其他参加者的行为受到损害的，受害人不得请求其他参加者承担侵权责任；但是，其他参加者对损害的发生有故意或者重大过失的除外。(8) 自助行为。自助行为，是指当民事主体的合法权益受到侵害，情况紧迫且不能及时获得国家机关保护，不立即采取措施将使其合法权益受到难以弥补的损害的，受害人可以在保护自己合法权益的必要范围内采取扣留侵权人的财物等合理措施；但是，应当立即请求有关国家机关处理。受害人采取的措施不当造成他人损害的，应当承担侵权责任。

《民法典》在总则编和侵权责任编规定的免责事由并不能涵盖全部的不承担责任或者减轻责任的情形，除了上述八种免责事由之外，常用的免责事由还有职务授权行为、受害人同意、意外事件等，其他法律另有规定的，依照其规定。

第二节　特殊侵权责任

一、关于责任主体的特殊规定

在侵权责任承担中，主体的差异会导致侵权责任的构成要件、责任程度等存在差异。《民法典》侵权责任编将责任主体的特殊问题专章进行了规定。该章主要规定了监护人责任、暂时丧失心智损害责任、用人者责任、承揽人责任、网络侵权责任、违反安全保障义务的侵权责任、学生伤害事故责任。

(一) 监护人责任

无民事行为能力人、限制民事行为能力人造成他人损害的，由监护人承担侵权责任。监护人尽了监护责任的，可以减轻其侵权责任。有财产的无民事行为能力人、限制民事行为能力人造成他人损害的，从本人财产中支付赔偿费用。不足部分，由监护人赔偿。

(二) 暂时丧失心智损害责任

完全民事行为能力人对自己的行为暂时没有意识或者失去控制造成他人损害有过错的，应当承担侵权责任；没有过错的，根据行为人的经济状况对受害人适当补偿。完全民事行为能力人因醉酒、滥用麻醉药品或者精神药品对自己的行为暂时没有意识或者失去控制造成他人损害的，应当承担侵权责任。

（三）用人者责任

《民法典》侵权责任编将用人者责任规定为三种类型，即用人单位责任、劳务派遣责任和个人劳务责任。

1. 用人单位责任。用人单位的工作人员因执行工作任务造成他人损害的，由用人单位承担侵权责任。用人单位承担侵权责任后，可以向有故意或者重大过失的工作人员追偿。

2. 劳务派遣责任。劳务派遣期间，被派遣的工作人员因执行工作任务造成他人损害的，由接受劳务派遣的用工单位承担侵权责任；劳务派遣单位有过错的，承担相应的补充责任。

3. 个人劳务责任。个人之间形成劳务关系，提供劳务一方因劳务造成他人损害的，由接受劳务一方承担侵权责任。接受劳务一方承担侵权责任后，可以向有故意或者重大过失的提供劳务一方追偿。提供劳务一方因劳务自己受到损害的，根据双方各自的过错承担相应的责任。提供劳务期间，因第三人的行为造成提供劳务一方损害的，提供劳务一方有权请求第三人承担侵权责任，也有权请求接受劳务一方给予补偿。接受劳务一方补偿后，可以向第三人追偿。

（四）承揽人责任

承揽人在完成工作过程中造成第三人损害或者自己损害的，定做人不承担侵权责任。但是，定做人对定做、指示或者选任有过错的，应当承担相应的责任。

（五）网络侵权责任

1. 网络用户和网络服务提供者的自己责任。网络用户、网络服务提供者利用网络侵害他人民事权益的，应当承担侵权责任。法律另有规定的，依照其规定。

2. 网络服务提供者对网络用户实施的侵权行为承担的连带责任。具体对应两项规则：一是通知规则。网络用户利用网络服务实施侵权行为的，被侵权人有权通知网络服务提供者采取删除、屏蔽、断开链接等必要措施。网络服务提供者接到通知后，应当及时将该通知转送相关网络用户，并根据构成侵权的初步证据和服务类型采取必要措施；未及时采取必要措施的，对损害的扩大部分与该网络用户承担连带责任。权利人因错误通知造成网络用户或者网络服务提供者损害的，应当承担侵权责任。二是明知规则。网络服务提供者知道或者应当知道网络用户利用其网络服务侵害他人民事权益，未采取必要措施的，与该网络用户承担连带责任。

（六）违反安全保障义务的侵权责任

1. 宾馆、商场、银行、车站、机场、体育场馆、娱乐场所等经营场所、公共场所的经营者、管理人或者群众性活动的组织者，未尽到安全保障义务，造成他人损害的，应当承担侵权责任。

2. 因第三人的行为造成他人损害的，由第三人承担侵权责任；经营者、管理人或者组织者未尽到安全保障义务的，承担相应的补充责任。经营者、管理者或者组织者承担补充责任后，可以向第三人追偿。

（七）学生伤害事故责任

1. 无民事行为能力人在教育机构中受到损害的责任承担。无民事行为能力人在幼儿园、学校或者其他教育机构学习、生活期间受到人身损害的，幼儿园、学校或者其他教育机构应当承担侵权责任；但是，能够证明尽到教育、管理职责的，不承担侵权责任。

2. 限制民事行为能力人在教育机构中受到损害的责任承担。限制民事行为能力人在学校或者其他教育机构学习、生活期间受到人身损害，学校或者其他教育机构未尽到教育、管理职责的，应当承担侵权责任。

3. 无民事行为能力人、限制民事行为能力人在教育机构中受到第三人侵害时的责任承担。无民事行为能力人或者限制民事行为能力人在幼儿园、学校或者其他教育机构学习、生活期间，受到幼儿园、学校或者其他教育机构以外的人员人身损害的，由侵权人承担侵权责任；幼儿园、学校或者其他教育机构未尽到管理职责的，承担相应的补充责任。幼儿园、学校或者其他教育机构承担补充责任后，可以向第三人追偿。

二、产品责任

产品责任的前提是产品具有缺陷。缺陷的具体含义是：第一，缺陷是一种不合理的危险，合理的危险不是缺陷。第二，这种危险危及人身安全或产品之外其他的财产安全。第三，缺陷是产品不符合保障人体健康、人身、财产安全的标准。

因产品存在缺陷造成损害的，被侵权人可以向产品的生产者请求赔偿，也可以向产品的销售者请求赔偿。产品缺陷由生产者造成的，销售者赔偿后，有权向生产者追偿。因销售者的过错使产品存在缺陷的，生产者赔偿后，有权向销售者追偿。因运输者、仓储者等第三人的过错使产品存在缺陷，造成他人损害的，产品的生产者、销售者赔偿后，有权向第三人追偿。明知产品存在缺陷仍然生产、销售，或者没有采取有效补救措施，造成他人死亡或者健康严重损害的，被侵权人有权请求相应的惩罚性赔偿。

三、机动车交通事故责任

机动车发生交通事故造成损害的，依照相关道路交通安全法律法规和《民法典》的有关规定承担赔偿责任。机动车发生交通事故造成人身伤亡、财产损失的，首先由承保机动车强制保险的保险人在强制保险责任限额范围内予以赔偿，不足部分，由承保机动车商业保险的保险人按照保险合同的约定予以赔偿，仍然不足或者没有投保机动车商业保险的，由侵权人赔偿。依照《道路交通安全法》规定，规则如下：（1）机动车之间发生交通事故的，由有过错的一方承担赔偿责任；双方都有过错的，按照各自过错的比例分担责任。（2）机动车与非机动车驾驶人、行人之间发生交通事故，非机动车驾驶人、行人没有过错的，由机动车一方承担赔偿责任；有证据证明非机动车驾驶人、行人有过错的，根据过错程度适当减轻机动车一方的赔偿责任；机动车一方没有过错的，承担不超过百分之十的赔偿责任。交通事故的损失是由非机动车驾驶人、行人故意碰撞机动车造成的，机动车一方不承担赔偿责任。

四、医疗损害责任

根据医疗损害责任的具体情形和法律规则的不同，将医疗损害责任分为三种基本类型，即医疗技术损害责任、医疗伦理损害责任和医疗产品损害责任。

（一）医疗技术损害责任

医疗技术损害责任，是指患者在诊疗活动中受到损害，医疗机构或者其医务人员有过错的，由医疗机构承担赔偿责任。医务人员在诊疗活动中未尽到与当时的医疗水平相应的诊疗义务，造成患者损害的，医疗机构应当承担赔偿责任。同时，在患者遭受损害的情况下，有下列情形之一的，推定医疗机构有过错：违反法律、行政法规、规章以及其他有关诊疗规范的规定；隐匿或者拒绝提供与纠纷有关的病历资料；遗失、伪造、篡改或者非法销毁病历资料。

（二）医疗伦理损害责任

医疗伦理损害责任，是指医疗机构和医务人员违背医疗良知和医疗伦理的要求，违背医疗机构和医务人员的告知或者保密义务，具有医疗伦理过失，造成患者人身损害以及其他合法权益损害的医疗损害责任。医务人员在诊疗活动中应当向患者说明病情和医疗措施。需要实施手术、特殊检查、特殊治疗的，医务人员应当及时向患者说明医疗风险、替代医疗方案等情况，并取得其明确同意；不能或者不宜向患者说明的，应当向患者的近亲属说明，并取得其明确同意。医务人员未尽到前款义务，造成患者损害的，医疗机构应当承担赔偿责任。医疗机构及其医务人员应当对患者的隐私和个人信息保密。泄露患者隐私和个人信息，或者未经患者同意公开其病历资料，造成患者损害的，应当承担侵权责任。

（三）医疗产品损害责任

医疗产品损害责任，是指医疗机构在医疗过程中使用有缺陷的药品、消毒药剂、医疗器械，或者输入不合格的血液，因此造成患者人身损害，医疗机构、药品上市许可持有人、生产者、血液提供机构应当承担的医疗损害赔偿责任。因药品、消毒药剂、医疗器械的缺陷，或者输入不合格的血液造成患者损害的，患者可以向药品上市许可持有人、生产者、血液提供机构请求赔偿，也可以向医疗机构请求赔偿。患者向医疗机构请求赔偿的，医疗机构赔偿后，有权向负有责任的药品上市许可持有人、生产者、血液提供机构追偿。

五、环境污染和生态破坏责任

因污染环境、破坏生态造成他人损害的，侵权人应当承担侵权责任。《民法典》侵权责任编规定了环境污染和生态破坏责任的因果关系推定规则，即因污染环境、破坏生态发生纠纷，行为人应当就法律规定的不承担责任或者减轻责任的情形及其行为与损害之间不存在因果关系承担举证责任。侵权人违反法律规定故意污染环境、破坏生态造成严重后果的，被侵权人有权请求相应的惩罚性赔偿。违反国家规定造成生态环境损害，生态环境能够修复的，国家规定的机关或者法律规定的组织有权请求侵权人在合理期限内承担修复责任。侵权人在期限内未修复的，国家规定的机关或者法律规定的组织可以自行或者委托他人进行修复，所需费用由侵权人负担。此外，如因第三人的过错污染环境、破坏生态的，被侵权人可以向侵权人请求赔偿，也可以向第三人请求赔偿。侵权人赔偿后，有权向第三人追偿。

六、高度危险责任

高度危险责任应当适用无过错责任原则，因此，不论何种高度危险责任，采取何种规则，都同样适用无过错责任原则。各种高度危险责任，具体包括民用核设施或者运入运出核设施的核材料发生核事故损害责任，民用航空器损害责任，占有或者使用易燃、易爆、剧毒、高放射性等高度危险物损害责任，从事高空、高压、地下挖掘、使用高速轨道运输工具损害责任，遗失、抛弃高度危险物损害责任，以及非法占有高度危险物损害责任。承担高度危险责任，法律规定赔偿限额的，依照其规定，但是行为人有故意或者重大过失的除外。

七、饲养动物损害责任

《民法典》侵权责任编在饲养动物损害责任的确定方面，根据具体情形作出了不同规定：（1）对于一般的饲养动物致人损害，适用无过错责任原则。饲养的动物造成他人损害的，动物饲养人或者管理人应当承担侵权责任，但能够证明损害是因被侵权人故意或者重大过失造成的，可以不承担或者减轻责任。（2）在特别规定的饲养动物损害责任中，违反管理规定未对动物采取安全措施造成他人损害的，以及禁止饲养的烈性犬等动物造成他人损害的，实行更为严格的责任，前者只有在能够证明损害是因被侵权人故意造成的情形下才可以减轻责任，而后者不得免除责任或者减轻责任。（3）对于动物园的动物造成他人损害的，适用过错推定责任原则。动物园的动物造成他人损害的，动物园应当承担侵权责任，但能够证明尽到管理职责的，不承担侵权责任。（4）对于遗弃、逃逸的动物在遗弃、逃逸期间造成他人损害的，由原动物饲养人或者管理人承担侵权责任。（5）因第三人的过错致使动物造成他人损害的，被侵权人可以向动物饲养人或者管理人请求赔偿，也可以向第三人请求赔偿。动物饲养人或者管理人赔偿后，有权向第三人追偿。

八、物件损害责任

物件损害责任，适用过错推定责任原则，由物件的所有人或者管理人对自己管理下的物件造成他人损害，承担侵权责任。

（一）建筑物管理瑕疵损害责任

建筑物、构筑物或者其他设施及其搁置物、悬挂物发生脱离、坠落造成他人损害，所有人、管理人或者使用人不能证明自己没有过错的，应当承担侵权责任。所有人、管理人或者使用人赔偿后，有其他责任人的，有权向其他责任人追偿。

（二）建筑物缺陷损害责任

建筑物、构筑物或者其他设施倒塌、塌陷造成他人损害的，由建设单位与施工单位承担连带责任，但是建设单位与施工单位能够证明不存在质量缺陷的除外。建设单位、施工单位赔偿后，有其他责任人的，有权向其他责任人追偿。因所有人、管理人、使用人或者第三人的原因，建筑物、构筑物或者其他设施倒塌、塌陷造成他人损害的，由所有人、管理人、使用人或者第三人承担侵权责任。

（三）高空抛物坠物损害责任

从建筑物中抛掷物品或者从建筑物上坠落的物品造成他人损害的，由侵权人依法承担侵权责任；经调查难以确定具体侵权人的，除能够证明自己不是侵权人的外，由可能加害的建筑物使用人给予补偿。可能加害的建筑物使用人补偿后，有权向侵权人追偿。物业服务企业等建筑物管理人应当采取必要的安全保障措施防止上述情形的发生；未采取必要的安全保障措施的，应当依法承担未履行安全保障义务的侵权责任。发生从建筑物中抛掷物品或者从建筑物上坠落的物品造成他人损害情形的，公安等机关应当依法及时调查，查清责任人。

（四）其他类型的物件损害责任

其他类型的物件损害责任还包括堆放物倒塌损害责任、公共道路妨碍通行物损害责任、林木折断倾倒等损害责任、地下设施损害责任等。

第十三章　知识产权法

第一节　知识产权概述

一、知识产权的概念

知识产权是基于智力创造成果、商业标识和其他相关客体产生的权利的统称。在传统上，知识产权的范围包括工业产权和著作权，工业产权又包括专利权和商标权。工业产权这一概念中的“工业”一词不能作狭义的理解，专利权和商标权所涉及的范围已远不限于工业，几乎所有的产业领域都会涉及。

专利权、商标权和著作权目前是知识产权的主要组成部分，但知识产权的范围不限于此，地理标志权、集成电路布图设计权、商业秘密等通常也被认为属于知识产权的范畴。随着社会的发展和科学技术的进步，知识产权的范围也在不断扩张，新类型的知识产权不断出现。

二、知识产权的特征

知识产权与其他民事权利，尤其是同样作为财产权的物权相比，具有鲜明的特征：（1）知识产权客体的非物质性。物权的客体是物，而且主要是有体物；知识产权的客体则不具有物质性，它不占有一定空间，不以特定的物理形态呈现。客体的非物质性是知识产权的本质特征，知识产权的其他特征均为这一特征的引申。（2）知识产权的专有性。知识产权的专有性又称排他性，是指知识产权权利人对特定的知识产权客体享有独占性的权利，非经权利人许可或在法律有特别规定的情况下，他人不得利用知识产权客体。（3）知识产权的地域性。知识产权地域性，是指除国际公约有特别规定或有双边互惠协定外，在一国取得的知识产权的效力就只及于该国境内，其他国家没有必须予以法律保护的义务。物权的保护则一般不受地域限制。（4）知识产权的时间性。知识产权客体的非物质性决定了其不存在有形损耗，可以永续存在。各国法律均对知识产权规定了明确的有效期限，一旦超过期限，这一权利就自行消灭，相关知识产权客体即成为整个社会的共有财富。

第二节　著作权

一、著作权的概念

著作权的概念有狭义和广义之分。狭义的著作权，是指作者对作品享有的专有权利；广义的著作权包含狭义的著作权和与著作权相关的权利，是指作者和其他民事主体依法对作品及作品之外的相关客体所享有的专有权利。与著作权相关的权利在传统上又被称为邻接权，依照我国《著作权法》的规定，邻接权包括表演者对其表演、录音录像制作者对其制作的录音录像、广播组织对其播出的节目信号，以及出版者的专有出版权和对其设计的版式享有的权利。

依照我国《著作权法》的规定，著作权又可称版权，二者系同义语。

著作权法，是指调整因著作权的产生、支配和利用而产生的社会关系的法律规范的总称。

二、著作权的客体

著作权的客体即作品。《著作权法》第三条规定，作品是指文学、艺术和科学领域内具有独创性并能以一定形式表现的智力成果。据此，作品的特征包括：首先，作品是思想或感情的表现形式，是人类的智力成果。自然物或动物的偶然之作，即使表现出相当程度的艺术美感，也不能构成作品。其次，作品必须是通过一定形式形成、可以被客观感知的表达。仅仅停留在头脑中的思想或构思，不能构成作品。最后，作品必须具备独创性。独创性要求作品经作者独立创作并达到最低限度的智力创造高度，不具备智力创造性或智力创造性过低的客体不能成为著作权法保护的作品。

《著作权法》列举了下列受法律保护的作品：文字作品，口述作品，音乐、戏剧、曲艺、舞蹈、杂技艺术作品，美术、建筑作品，摄影作品，视听作品，工程设计图、产品设计图、地图、示意图等图形作品和模型作品，计算机软件作品，以及符合作品特征的其他智力成果。

《著作权法》除规定了以上作品类型，还明确列举了不适用著作权法保护的客体：（1）官方文件，即法律、法规、国家机关的决议、决定、命令和其他具有立法、行政、司法性质的文件及其官方正式译本；（2）单纯事实消息；（3）历法、数表、通用表格和公式。

三、著作权的内容

依据我国《著作权法》的规定，著作权包括著作人身权和著作财产权。

（一）著作人身权

著作人身权，又称作者人格权或精神权利，是指作者基于其创作的作品所享有的与其人身相联系而又无直接财产内容的权利，具体包括：（1）发表权，即决定作品是否公之于众的权利。所谓公之于众，是指使作品处于公众可以接触的状态。发表通常以发行、网络传播、表演、展览等方式实现，作品一旦发表，就无法恢复到未公之于众的状态，因此，发表权只能行使一次。（2）署名权，即表明作者身份，在作品上署名的权利。署名权的内容包括是否在作品上署名以及署名方式的选择权，作者可以选择署真名，也可以选择署假名，或者选择不署名。（3）修改权，即修改或者授权他人修改作品的权利。就积极方面而言，作者对自己创作的作品有随时修改的权利；就消极方面而言，他人未经权利人许可，不得修改作品。（4）保护作品完整权，即保护作品不受歪曲、篡改的权利。该项权利的实质，是作者有权禁止他人歪曲、篡改作品的表达形式，从而使作品表达的思想、情感不被歪曲、篡改。

（二）著作财产权

著作财产权是作者或其他著作权人利用作品并获得经济利益的权利，具体包括：（1）复制权，即以印刷、复印、拓印、录音、录像、翻录、翻拍等方式将作品制作一份或者多份的权利；（2）发行权，即以出售或者赠与方式向公众提供作品的原件或者复制件的权利；（3）出租权，即有偿许可他人临时使用视听作品、计算机软件的原件或者复制件的权利，计算机软件不是出租的主要标的的除外；（4）展览权，即公开陈列美术作品、摄影作品的原件或者复制件的权利；（5）表演权，即公开表演作品，以及用各种手段公开播送作品的表演的权利；（6）放映权，即通过放映机、幻灯机等技术设备公开再现美术、摄影、视听作品等的权利；（7）广播权，即以有线或者无线方式公开传播或者转播作品，以及通过扩音器或者其他传送符号、声音、图像的类似工具向公众传播广播的作品的权利；（8）信息网络传播权，即以有线或者无线方式向公众提供，使公众可以在其个人选定的时间和地点获得作品的权利；（9）摄制权，即以摄制视听作品的方法将作品固定在载体上的权利；（10）改编权，即改变作品，创作出具有独创性的新作品的权利；（11）翻译权，即将作品从一种语言文字转换成另一种语言文字的权利；（12）汇编权，即将作品或者作品的片段通过选择或者编排，汇集成新作品的权利；（13）应当由著作权人享有的其他权利。

上述权利中，作者的署名权、修改权、保护作品完整权的保护期不受限制；自然人的作品，其发表权和著作财产权的保护期为作者终生及其死亡后五十年，截止于作者死亡后第五十年的十二月三十一日；如果是合作作品，截止于最后死亡的作者死亡后第五十年的十二月三十一日。

法人或者非法人组织的作品、著作权（署名权除外）由法人或者非法人组织享有的职务作品，其发表权的保护期为五十年，截止于作品创作完成后第五十年的十二月三十一日；著作财产权的保护期为五十年，截止于作品首次发表后第五十年的十二月三十一日，但作品自创作完成后五十年内未发表的，不再保护。视听作品，其发表权的保护期为五十年，截止于作品创作完成后第五十年的十二月三十一日；著作财产权的保护期为五十年，截止于作品首次发表后第五十年的十二月三十一日，但作品自创作完成后五十年内未发表的，不再保护。

四、著作权的主体和著作权的归属

著作权的主体，也称著作权人，是对作品依法享有著作权的自然人、法人和其他组织。根据不同的标准，著作权主体可分为如下几类：

（一）原始主体和继受主体

原始主体是指依据法律规定或合同约定在作品创作完成后即享有著作权的人。著作权的原始主体主要是作者。创作作品的自然人是作者；由法人或者非法人组织主持，代表法人或者非法人组织意志创作，并由法人或者非法人组织承担责任的作品，法人或者非法人组织视为作者。在作品上署名的自然人、法人或者非法人组织为作者，且该作品上存在相应权利，但有相反证明的除外。作者之外的主体也可以依法成为著作权的原始主体，比如，依照我国《著作权法》的规定，视听作品中的电影作品、电视剧作品的原始著作权属于制片者，委托创作的作品可以依据合同约定由委托人作为著作权的原始主体，等等。

继受主体，是指在著作权原始归属确定后，又通过合同、继承、遗赠等方式取得著作权的人。

（二）内国主体和外国主体

中国公民、法人和其他组织依法享有著作权时即为内国主体，而外国人或无国籍人依据国际条约和中国《著作权法》享有著作权的，即为外国主体。

（三）特殊作品的著作权归属

1. 演绎作品。演绎作品，是指改编、翻译、注释、整理已有作品而产生的作品。演绎作品的著作权由改编、翻译、注释、整理人享有，但行使著作权时不得侵犯原作品的著作权。

2. 合作作品。二人以上合作创作的作品，著作权由合作作者共同享有。合作作品的著作权由合作作者通过协商一致行使；不能协商一致，又无正当理由的，任何一方不得阻止他方行使除转让、许可他人专有使用、出质以外的其他权利，但是所得收益应当合理分配给所有合作作者。合作作品可以分割使用的，作者对各自创作的部分可以单独享有著作权，但行使著作权时不得侵犯合作作品整体的著作权。

3. 汇编作品。汇编若干作品、作品的片段或者不构成作品的数据或者其他材料，对其内容的选择或者编排体现独创性的作品，为汇编作品，其著作权由汇编人享有，但行使著作权时，不得侵犯原作品的著作权。

4. 视听作品中的电影作品、电视剧作品的著作权由制作者享有，但编剧、导演、摄影、作词、作曲等作者享有署名权，并有权按照与制作者签订的合同获得报酬。电影作品、电视剧作品以外的视听作品的著作权归属由当事人约定；没有约定或者约定不明确的，由制作者享有，但作者享有署名权和获得报酬的权利。视听作品中的剧本、音乐等可以单独使用的作品的作者有权单独行使其著作权。

5. 职务作品。自然人为完成法人或者其他组织工作任务所创作的作品是职务作品。

6. 委托作品。受委托创作的作品，著作权的归属由委托人和受托人通过合同约定；合同未作明确约定或者没有订立合同的，著作权属于受托人。

五、邻接权

邻接权即与著作权相关的权利，属于广义著作权的组成部分，主要是指作品传播者在对作品传播过程中产生的劳动成果依法享有的专有权利。我国《著作权法》规定的邻接权包括：

（一）出版者权

出版者权主要是指出版者的版式设计权。出版者有权许可或者禁止他人使用其出版的图书、期刊的版式设计。该项权利的保护期为十年，截止于使用该版式设计的图书、期刊首次出版后第十年的十二月三十一日。

（二）表演者权

表演者对其表演享有以下权利：表明表演者身份；保护表演形象不受歪曲；许可他人从现场直播和公开传送其现场表演，并获得报酬；许可他人录音录像，并获得报酬；许可他人复制、发行、出租录有其表演的录音录像制品，并获得报酬；许可他人通过信息网络向公众传播其表演，并获得报酬。表明表演者身份和保护表演形象不受歪曲的权利不受期限限制，其他权利的保护期为五十年，截止于该表演发生后第五十年的十二月三十一日。

（三）录音录像制作者权

录音录像制作者对其制作的录音录像制品享有许可他人复制、发行、出租、通过信息网络向公众传播并获得报酬的权利。录音录像制作者权的保护期为五十年，截止于该制品首次制作完成后第五十年的十二月三十一日。

（四）广播者权

广播者包括广播电台和电视台。广播者有权禁止未经其许可的下列行为：将其播放的广播、电视转播；将其播放的广播、电视录制在音像载体上以及复制音像载体；将其播放的广播、电视通过信息网络向公众传播。广播者权的保护期与录音录像制作者权保护期相同。

六、著作权的限制

著作权的限制，是指对著作权人享有的对作品专有权利的限制，旨在平衡作品创作者、传播者和使用者的利益，实现公众能够接触到作品，促进社会科学文化事业的进步。我国《著作权法》规定了两种类型的权利限制：

（一）合理使用

合理使用是指在特定条件下，法律允许他人不经著作权人许可，也不必向其支付报酬而自由使用其作品的制度。根据我国《著作权法》第二十四条的规定，符合法定条件的，可以不经著作权人许可，不向其支付报酬，但应当指明作者姓名或者名称、作品名称，并且不得影响该作品的正常使用，也不得不合理地损害著作权人的合法权益。如为个人学习、研究或者欣赏，使用他人已经发表的作品；为介绍、评论某一作品或者说明某一问题，在作品中适当引用他人已经发表的作品等。

上述规定适用于对出版者、表演者、录音录像制作者和广播者权利的限制。

（二）法定许可

法定许可，是指在特定条件下，法律允许他人未经著作权人许可而使用其作品，但应向其支付报酬的制度。法定许可使用包括以下四种情形：（1）作品在刊登后，除著作权人声明不得转载、摘编的以外，其他报刊可以转载，或作为文摘资料刊登，但应当按规定向著作权人支付报酬。（2）广播电台、电视台使用他人已发表的作品制作广播电视节目，可以不经著作权人许可，但应向其支付报酬。（3）录音制作者使用他人已经发表的作品制作录音制品，可以不经著作权人许可，但应向其支付报酬。（4）为实施九年制义务教育和国家教育规划而编写出版教科书，除作者事先声明不许使用之外，可以不经著作权人许可，在教科书中汇编已经发表过的作品片断或者短小的文字作品、音乐作品或者单幅的美术作品、摄影作品，但应当按照规定支付报酬，指明作者姓名、作品名称，并且不得侵犯著作权人享有的其他权利。

七、著作权的法律保护

《著作权法》规定，对于侵犯著作权的行为，应当根据情况，承担停止侵害、消除影响、赔礼道歉、赔偿损失等民事责任。同时损害公共利益的，可以由著作权行政管理部门责令停止侵权行为，没收违法所得，没收、销毁侵权复制品，并可处以罚款；情节严重的，著作权行政管理部门还可以没收主要用于制作侵权复制品的材料、工具、设备等；构成犯罪的，依法追究刑事责任。

第三节　专利权

一、专利权的概念

专利一词有多重含义，既可以指专利权，又可以指专利制度，在特定语言环境下，还可以指代专利文献或专利技术，其中最主要的含义是专利权。专利权，是指国家依照法定的条件和程序授予发明创造人或设计人在法定期限内的一种独占性权利。

与著作权、商标权等其他类型的知识产权相比，专利权具有如下特征：（1）专利权具有近乎绝对的独占性。尽管一定程度的独占性或排他性是知识产权的共同属性，但专利权的独占性更为绝对。相同的发明创造，只能授予一项专利权。不特定数量的主体独立完成的发明创造，专利权只能授予其中一个主体。（2）以公开技术方案作为授予专利权的前提条件。从一定意义上讲，专利制度就是以技术公开换取独占权的制度。各国专利法一般均要求专利申请人必须完整公开其申请专利保护的技术方案，公开的程度以相应技术领域普通技术人员能够实施为准。技术公开可以避免重复研发导致的人力物力浪费，为技术更新提供更多的信息资源，促进社会科技进步。（3）专利权的授予需经过法定的审查程序。专利权的授予则必须经由申请人申请，国家专利主管部门依照法定的授权条件和审查程序进行审查后，再决定是否授予专利权。未经审查、授权程序，不可能自动产生专利权。

专利法，是指调整因专利权的产生、支配和利用而产生的社会关系的法律规范的总称。

二、专利权的客体

所谓专利权的客体，即专利法的保护对象或专利法保护的专利类型，即发明创造。不同的国家专利的类型并不相同，我国《专利法》将专利的类型划分为发明、实用新型和外观设计三种。

（一）发明

发明，是指对产品、方法或者其改进所提出的新的技术方案。发明又可以分为产品发明和方法发明。产品发明以实物为表现形态，包括各种设备、装置、制造品、化合物、组合物、材料等。方法发明则表现为实现某种技术效果的程序或步骤等，包括操作方法、制造方法、测量方法等。在已有的产品发明和方法发明基础上进行改进而形成的新的技术方案为改进发明。

（二）实用新型

实用新型，是指对产品整体或者局部的的形状、构造或者其结合所提出的适于实用的新的技术方案。与发明相比，实用新型的特征表现在：（1）实用新型的创造性低于发明，因此又被称为“小专利”；（2）实用新型只可能是产品，不可能是方法；（3）实用新型必须是具有一定形状或构造的产品，气态产品、液态产品和其他不具有固定形态的粉末状、糊状、颗粒状的产品均不能授予实用新型专利。

（三）外观设计

外观设计，是指对产品的整体或者局部的形状、图案或者其结合以及色彩与形状、图案的结合所作出的富有美感并适于工业应用的新设计。外观设计与发明、实用新型的本质区别在于其不以达到特定的技术效果为目的，而是以外观上的美感为追求。但是，外观设计必须是工业产品上的形状、图案或者其结合以及色彩与形状、图案的结合，脱离产品的设计可能构成著作权意义上的作品，却不可能授予外观设计专利权。

发明创造必须符合以上专利法保护对象的定义才能获得专利权。《专利法》还规定，对违反法律、社会公德或者妨害公共利益的发明创造，不授予专利权；对违反法律、行政法规的规定获取或者利用遗传资源，并依赖该遗传资源完成的发明创造，不授予专利权。另外，《专利法》还对不属于专利法保护对象范畴和基于公共政策考量而不授予专利权的情形进行了列举，具体包括：（1）科学发现；（2）智力活动的规则和方法；（3）疾病的诊断和治疗方法；（4）动物和植物品种；（5）原子核变换方法以及用原子核变换方法获得的物质；（6）对平面印刷品的图案、色彩或者二者的结合作出的主要起标识作用的设计。其中，对动物和植物品种的生产方法可以授予专利权。

三、专利权的主体

专利权的主体即专利权人，包括原始取得专利权的专利权人和继受取得专利权的专利权人。与专利权人相关的主体还包括发明人或设计人、专利申请人。

发明人或设计人，是指对发明创造或外观设计的实质性特点作出创造性贡献的人。发明人，是指发明的完成人。设计人，是指实用新型或外观设计的完成人。发明人或者设计人有权在专利文件中写明自己是发明人或者设计人。

我国《专利法》将发明人或设计人完成的发明创造区分为职务发明创造和非职务发明创造。执行本单位的任务或者主要是利用本单位的物质技术条件所完成的发明创造为职务发明创造。职务发明创造申请专利的权利属于该单位；申请被批准后，该单位为专利权人。非职务发明创造，申请专利的权利属于发明人或者设计人；申请被批准后，该发明人或者设计人为专利权人。利用本单位的物质技术条件所完成的发明创造，单位与发明人或者设计人订有合同，对申请专利的权利和专利权的归属作出约定的，从其约定。

两个以上单位或者个人合作完成的发明创造、一个单位或者个人接受其他单位或者个人委托所完成的发明创造，除另有协议的以外，申请专利的权利属于完成或者共同完成的单位或者个人；申请被批准后，申请的单位或者个人为专利权人。

专利申请权和专利权均可以因合同、继承或遗赠等继受取得。

四、专利权的内容和保护期限

（一）产品专利的权利内容

产品专利的权利内容主要有：（1）制造权，即专利权人有权制造专利产品，其他人未经许可以生产经营为目的制造专利产品的行为构成专利侵权。（2）使用权，即专利权人有使用专利产品的专有权利，其他人未经许可以生产经营目的使用专利产品的行为构成专利侵权。需要注意的是，发明和实用新型专利权人有使用权，外观设计专利权人没有使用权。（3）销售权，即专利权人有销售专利产品的专有权利，其他人未经许可以生产经营目的销售专利产品的行为构成专利侵权。（4）许诺销售权，即专利权人有许诺销售专利产品的专有权利，其他人未经许可以生产经营目的许诺销售专利产品的行为构成专利侵权。所谓许诺销售是指没有实际进行销售行为，而是以销售专利产品为目的所进行的对专利产品的广告宣传、陈列展示等行为。（5）进口权，即专利权人有进口专利产品的专有权利，其他人未经许可以生产经营目的进口专利产品的行为构成专利侵权。

（二）方法专利的权利内容

方法专利的权利内容主要有：（1）使用权，即专利权人有权使用专利方法，其他人未经许可以生产经营目的使用专利方法的行为构成专利侵权。需要注意的是，方法专利的保护对象是方法而不是产品，他人使用与专利权人不同的方法生产出相同产品的行为并不构成侵权。（2）对使用专利方法直接获得的产品的权利，即方法专利权利人的权利范围除专利方法本身的使用权外，还延伸到专利产品。未经方法专利权人许可，他人不得为生产经营目的使用、许诺销售、销售、进口依照该专利方法直接获得的产品。需要注意的是，这里强调的是直接获得的产品，不包括间接产品。

（三）专利权的保护期限

依照我国《专利法》的规定，发明专利权的期限为二十年，实用新型专利权的期限为十年，外观设计专利权的期限为十五年，保护期限均自专利申请之日起计算。

五、专利权的限制

专利法对专利权人的权利规定了必要的限制，其中最主要的限制有两类：一是明确排除了某些特定行为的侵权构成；二是强制许可制度。

1. 不视为侵犯专利权的实施专利行为。这主要有：（1）权利用尽后的特定实施行为。专利产品或者依照专利方法直接获得的产品，由专利权人或者经其许可的单位、个人售出后，使用、许诺销售、销售、进口该产品的。(2) 先用权人的特定实施行为。在专利申请日前已经制造相同产品、使用相同方法或者已经作好制造、使用的必要准备，并且仅在原有范围内继续制造、使用的。(3) 临时入境交通工具的专利使用。临时通过中国领陆、领水、领空的外国运输工具，依照其所属国同中国签订的协议或者共同参加的国际条约，或者依照互惠原则，为运输工具自身需要而在其装置和设备中使用有关专利的。(4) 专为科学研究和实验而使用有关专利的行为。(5) 提供行政审批信息的使用。为提供行政审批所需要的信息，制造、使用、进口专利药品或者专利医疗器械的，以及专门为其制造、进口专利药品或者专利医疗器械的。

2. 强制许可。强制许可，是指在符合法定条件的情形下，非专利权人经向国家专利主管机关申请，可以不经专利权人许可而实施其专利的制度。取得实施强制许可的单位或者个人不享有独占的实施权，并且无权允许他人实施。我国《专利法》具体规定了不同情形下的强制许可适用条件，比如，第五十三条规定，专利权人自专利权被授予之日起满三年，且自提出专利申请之日起满四年，无正当理由未实施或者未充分实施其专利的，国务院专利行政部门根据具备实施条件的单位或者个人的申请，可以给予实施发明专利或者实用新型专利的强制许可。

六、专利权的法律保护

侵犯专利权的行为，是指侵犯发明、实用新型和外观设计专利权及假冒他人专利的行为。专利法规定了侵犯专利权行为的法律责任。这主要包括：(1) 民事责任。对于侵犯专利权的行为，专利权人或者利害关系人可以向人民法院起诉，要求侵权人承担民事责任。侵犯专利权的民事责任形式主要是停止侵权和赔偿损失。(2) 行政责任。对于侵犯专利权的行为，专利权人或者利害关系人也可以请求管理专利工作的部门处理。管理专利工作的部门有权责令侵权行为人停止侵权、销毁制造侵权产品的专用设备或模具、销毁该产品等。(3) 刑事责任。假冒他人专利，情节严重的，依据《刑法》的规定承担刑事责任。

第四节 商标权

一、商标权的概念

商标是商品或服务的提供者为了将自己的商品或服务与他人相同或类似商品或服务相区别而使用的标志。与其他商品标志相比，商标的本质特征是其区别功能，即商标具有区别商品或服务来源的功能。除此之外，商标还具有品质保证、广告和竞争等功能。

从不同的角度，可以对商标进行不同的分类。常见的分类有：(1) 按商标标识的形态不同，可以分为视觉商标和非视觉商标。前者包括文字商标、图形商标、文字与图形组合商标、颜色组合商标以及立体商标（三维标志），后者包括以声音为表现形式的商标。(2) 按商标使用者的不同，可以分为商品商标、服务商标以及证明商标和集体商标。商品商标和服务商标分别为商品提供者和服务提供者使用的商标；证明商标，是指由对某种商品或者服务具有监督能力的组织所控制，而由该组织以外的单位或者个人使用于其商品或者服务，用以证明该商品或者服务的原产地、原料、制造方法、质量或者其他特定品质的标志；集体商标，是指以团体、协会或者其他组织名义注册，供该组织成员在商事活动中使用，以表明使用者在该组织中的成员资格的标志。（3）按商标是否经过注册，可以分为注册商标和未注册商标。

商标权，是指商标所有人依法对其使用的商标所享有的权利。商标法，是指调整因商标权的产生、使用、管理和保护而产生的社会关系的法律规范的总称。

二、商标权的取得

（一）商标权取得的原则

1. 注册原则。依照各国商标法律制度的不同，商标权的取得有使用取得原则、注册取得原则以及注册结合使用因素确定商标权取得的混合原则。我国《商标法》采用的是商标权注册取得的原则，即商标使用人需要按照法律规定的程序将其使用的商标向商标局提出注册申请，经商标局依照商标注册的条件核准注册后取得商标专用权。

2. 自愿注册原则。自愿注册原则，是指商标使用人自行决定是否申请商标注册，未注册的商标也可以使用，但不享有商标权。与自愿注册相对应的是强制注册原则，即只要经营者使用商标的，就必须办理注册手续，未经注册的商标不得使用。我国《商标法》采用的是自愿注册原则。但《商标法》第六条也规定，法律、行政法规规定必须使用注册商标的商品，必须申请商标注册，未经核准注册的，不得在市场销售。目前，必须使用注册商标的商品是烟草制品。

3. 申请在先原则。申请在先原则，是指两个或两个以上的申请人，在相同或类似商品上以相同或近似的商标申请注册时，申请在先的商标可以获得商标权，在后的商标注册申请予以驳回。依照我国《商标法》的规定，商标注册以申请在先为原则，使用在先为补充。两个或者两个以上的商标注册申请人，在同一种商品或者类似商品上，以相同或者近似的商标申请注册的，初步审定并公告申请在先的商标；同一天申请的，初步审定并公告使用在先的商标，驳回其他人的申请，不予公告。即，不是同一天申请的，不考虑使用因素；只有发生同一天申请的情况，才考虑实际使用的先后。如果是同一天使用或均未使用的，申请人可以自行协商解决；协商不成的，由商标局主持以抽签方式确定一个申请人，驳回其他人的注册申请。

（二）商标注册的条件

1. 商标标志不得违反法律的禁止性规定。《商标法》规定，下列标志不得作为商标使用：（1）同中华人民共和国的国家名称、国旗、国徽、国歌、军旗、军徽、军歌、勋章等相同或者近似的，以及同中央国家机关的名称、标志、所在地特定地点的名称或者标志性建筑物的名称、图形相同的；（2）同外国的国家名称、国旗、国徽、军旗等相同或者近似的，但经该国政府同意的除外；（3）同政府间国际组织的名称、旗帜、徽记等相同或者近似的，但经该组织同意或者不易误导公众的除外；（4）与表明实施控制、予以保证的官方标志、检验印记相同或者近似的，但经授权的除外；（5）同“红十字”“红新月”的名称、标志相同或者近似的；（6）带有民族歧视性的；（7）带有欺骗性，容易使公众对商品的质量等特点或者产地产生误认的；（8）有害于社会主义道德风尚或者有其他不良影响的。另外，县级以上行政区划的地名或者公众知晓的外国地名，不得作为商标。但是，地名具有其他含义或者作为集体商标、证明商标组成部分的除外；已经注册的使用地名的商标继续有效。

2. 商标标志需具有显著性。显著性又称区别性或识别性，是指标志具有能够将商品的提供者与其他相同或类似商品的提供者区别开来的特性。不具有显著性的标志可以使用，但不得作为商标注册。依照《商标法》的规定，不具有显著性的标志包括：（1）仅有本商品的通用名称、图形、型号的；（2）仅直接表示商品的质量、主要原料、功能、用途、重量、数量及其他特点的；（3）其他缺乏显著特征的。以三维标志申请注册商标的，仅由商品自身的性质产生的形状、为获得技术效果而需有的商品形状或者使商品具有实质性价值的形状，不得注册。不具有显著性的标志如果经过使用取得显著特征，并便于识别的，可以作为商标注册。

3. 商标标志的注册不存在侵犯他人在先权利的情形。《商标法》规定，申请商标注册不得损害他人现有的在先权利，也不得以不正当手段抢先注册他人已经使用并有一定影响的商标。

4. 不得误导性使用地理标志。《商标法》规定，商标中有商品的地理标志，而该商品并非来源于该标志所标示的地区，误导公众的，不予注册并禁止使用；但是，已经善意取得注册的继续有效。

（三）商标注册的程序

1. 申请。商标注册申请人应当按规定的商品分类表填报使用商标的商品类别和商品名称，提出注册申请。商标注册申请人可以通过一份申请就多个类别的商品申请注册同一商标。

2. 审查。对申请注册的商标，商标局应当自收到商标注册申请文件之日起九个月内审查完毕，符合《商标法》有关规定的，予以初步审定公告。

3. 异议。对初步审定公告的商标，自公告之日起三个月内，具备法定资格的异议人，可以向商标局提出异议。商标局应当听取异议人和被异议人陈述事实和理由，经调查核实后，自公告期满之日起十二个月内作出是否准予注册的决定，并书面通知异议人和被异议人。有特殊情况需要延长的，经国务院工商行政管理部门批准，可以延长六个月。

4. 核准。在初步审定公告期满后，未出现针对该申请的异议或者异议经审查不成立的，核准注册。商标局作出准予注册决定的，发给商标注册证，并予公告。

三、商标权的内容

（一）商标专用权

商标专用权，是指商标权人对其注册商标在核定使用的商品或服务上享有的专有使用的权利。关于商标专用权的范围，《商标法》第五十六条规定：“注册商标的专用权，以核准注册的商标和核定使用的商品为限。”

（二）禁止权

商标权人享有禁止他人侵权使用其注册商标的权利。虽然商标专用权限于在核定使用的商品上使用核准注册的商标，但商标权人的禁止权的范围却要大于专用权，商标权人有权禁止他人在与核定使用的商品相同或类似商品上，使用与其注册商标相同或近似的商标。

（三）转让权

《商标法》第四十二条规定，转让注册商标的，转让人和受让人应当签订转让协议，并共同向商标局提出申请。受让人应当保证使用该注册商标的商品质量。

转让注册商标的，商标注册人对其在同一种商品上注册的近似的商标，或者在类似商品上注册的相同或者近似的商标，应当一并转让。对容易导致混淆或者有其他不良影响的转让，商标局不予核准，书面通知申请人并说明理由。

（四）许可权

《商标法》第四十三条规定，商标注册人可以通过签订商标使用许可合同，许可他人使用其注册商标。许可人应当监督被许可人使用其注册商标的商品质量，被许可人应当保证使用该注册商标的商品质量。经许可使用他人注册商标的，必须在使用该注册商标的商品上标明被许可人的名称和商品产地。许可他人使用其注册商标的，许可人应当将其商标使用许可报商标局备案，由商标局公告。商标使用许可未经备案不得对抗善意第三人。

四、商标权的期限、续展及消灭

（一）商标权期限、续展

注册商标的有效期为十年，自核准注册之日起计算。

商标权续展，是指注册商标权人通过申请，延长其注册商标有效期的制度。依据《商标法》的规定，注册商标有效期满，需要继续使用的，商标注册人应当在期满前十二个月内按照规定办理续展手续；在此期间未能办理的，可以给予六个月的宽展期。每次续展注册的有效期为十年，自该商标上一届有效期满次日起计算。期满未办理续展手续的，注销其注册商标。

（二）商标权的消灭

注册商标权可以因注销、撤销和无效而消灭。

1. 注销。注册商标权可以因权利人主体消亡、自动放弃商标权和到期未续展等原因而被注销。

2. 撤销。商标注册人在使用注册商标的过程中，自行改变注册商标、注册人名义、地址或者其他注册事项的，由地方工商行政管理部门责令限期改正；期满不改正的，由商标局撤销其注册商标。注册商标成为其核定使用的商品的通用名称或者没有正当理由连续三年不使用的，任何单位或者个人可以向商标局申请撤销该注册商标。

3. 无效。商标虽然已经核准注册，但如果其本来不具有取得注册的条件，比如违反标志使用的禁止性条件、标志不具有显著性、与他人商标权相冲突、侵犯他人合法权益等情形，可以经由法定的程序宣告其无效。

五、商标权的法律保护

《商标法》第五十七条规定，有下列行为之一的，均属侵犯注册商标专用权：（1）未经商标注册人的许可，在同一种商品上使用与其注册商标相同的商标的；（2）未经商标注册人的许可，在同一种商品上使用与其注册商标近似的商标，或者在类似商品上使用与其注册商标相同或者近似的商标，容易导致混淆的；（3）销售侵犯注册商标专用权的商品的；（4）伪造、擅自制造他人注册商标标识或者销售伪造、擅自制造的注册商标标识的；（5）未经商标注册人同意，更换其注册商标并将该更换商标的商品又投入市场的；（6）故意为侵犯他人商标专用权行为提供便利条件，帮助他人实施侵犯商标专用权行为的；（7）给他人的注册商标专用权造成其他损害的。

《商标法》规定了商标侵权的法律责任，包括：（1）民事责任。商标权被侵害，商标注册人或者利害关系人可以向人民法院起诉，要求侵权人承担民事责任。商标侵权的民事责任主要是停止侵权和赔偿损失。（2）行政责任。商标权被侵害，商标注册人或者利害关系人也可以请求工商行政管理部门处理。工商行政管理部门认定侵权成立，可以责令侵权人立即停止侵权行为，没收、销毁侵权商品和主要用于制造侵权商品、伪造注册商标标识的工具，处以罚款等。（3）刑事责任。根据我国《刑法》的规定，对于严重侵犯他人注册商标专用权的行为，应当承担刑事责任。目前我国《刑法》规定了假冒注册商标罪、销售假冒注册商标商品罪和非法制造、销售非法制造的注册商标标识罪。

第十四章　民事诉讼法

第一节　民事诉讼概述

一、民事诉讼的概念

纠纷，是指社会主体之间的一种利益对抗状态。民事纠纷，又称民事冲突、民事争议，是指平等主体之间发生的、以民事权利义务为内容的社会纠纷。一般认为，民事纠纷的解决机制包括诉讼和非诉讼两种基本机制。民事诉讼，即以诉讼的方式解决民事纠纷的机制，是指人民法院、当事人和其他诉讼参与人，在审理和执行民事案件的过程中所进行的各种诉讼活动以及由这些诉讼活动所产生的各种民事诉讼法律关系的总和。民事诉讼有广义与狭义之分。广义的民事诉讼除包括民事审判外，还包括民事执行，即通过国家公权力强制实现生效法律文书确定内容的活动；狭义的民事诉讼仅指民事审判，即通过国家公权力确定当事人之间民事实体权利义务关系的活动。我国民事诉讼法所指的民事诉讼是广义的，包括民事审判和民事执行两个方面。非诉讼解决机制，也称为诉讼外解决民事纠纷机制，是指民事纠纷的当事人通过和解、调解、仲裁等诉讼外途径解决纠纷的制度体系。

民事诉讼在民事纠纷解决体系中处于主导地位，与其他民事纠纷解决方式相比，具有以下特征：（1）民事诉讼体现了国家公权性。法院代表国家行使审判权，解决民事争议，审判权是国家公权力的一部分，因此，民事诉讼具有国家公权性质。（2）民事诉讼必须严格依照法律规定的程序进行。民事诉讼法规定了一整套系统完备的程序和方法，法院和诉讼参与人都必须依照法定程序进行活动。（3）民事诉讼具有强制性。

二、民事诉讼的基本原则

我国民事诉讼法明确规定了民事诉讼的基本原则，是指在民事诉讼的全过程或者重要阶段起指导作用，并且是人民法院进行审判活动和民事诉讼当事人、其他诉讼参与人进行诉讼活动所必须遵守的行为准则。民事诉讼的基本原则包括各类诉讼的共有原则和民事诉讼的特有原则。共有原则主要有：独立审判原则；以事实为依据、以法律为准绳原则；使用本民族语言、文字进行诉讼原则；检察监督原则；支持起诉原则。就特有原则而言，主要有：

1. 当事人诉讼权利平等原则。当事人诉讼权利平等原则，简称平等原则，是指当事人在民事诉讼中享有平等的诉讼权利，具有平等的诉讼地位，法院在审理民事案件时应当保障当事人平等地进行攻击、防御。当事人平等原则是民事诉讼法的基石，是民事实体法平等原则在民事诉讼领域的内在要求。

2. 处分原则。处分原则，是指当事人有权在法律规定的范围内，自由支配和处置自己依法享有的民事实体权利和民事诉讼权利。处分原则贯彻于民事诉讼的全过程，主要体现在：当事人的处分行为直接关系着民事诉讼程序能否开始；当事人的处分行为对于诉讼程序的发展和终结有着重要影响；审判保护的范围和方法，一般要尊重当事人的意愿。

3. 辩论原则。辩论原则，是指在人民法院的主持下，双方当事人有权就案件的事实和争议的问题，各自陈述自己的主张和根据，互相进行辩驳和论证，以维护自己的合法权益。辩论原则贯穿于民事诉讼的全过程。辩论的方式可以是言词辩论，也可以通过书面方式进行辩论。辩论的内容主要是围绕着民事争议的本身进行。

4. 诚实信用原则。诚实信用原则，是指在民事诉讼中，法院、检察院、当事人以及其他诉讼参与人必须公正、诚实和善意地行使权利与实施民事诉讼行为。

5. 法院调解原则。法院调解原则，是指在人民法院的主持下，在查清事实、分清是非的基础上，对双方当事人进行说服劝导，使他们平等协商，互谅互让，自愿达成协议，解决其民事纠纷。调解是人民法院解决民事纠纷的一种方式，经人民法院调解达成协议制作的调解书具有与生效判决同等的法律效力。对于调解未达成协议或调解书送达时当事人一方或双方反悔的，人民法院应当及时判决。

三、民事审判的基本制度

民事诉讼的基本制度，是法院、当事人和其他诉讼参与人进行民事诉讼必须遵守的基本操作规程。我国《民事诉讼法》第十条规定：“人民法院审理民事案件，依照法律规定实行合议、回避、公开审判和两审终审制度。”

1. 合议制度。合议制度，是指由三名以上审判人员组成合议庭，代表法院行使审判权，对案件进行审理并作出裁判的制度。《民事诉讼法》第四十条规定：“人民法院审理第一审民事案件，由审判员、人民陪审员共同组成合议庭或者由审判员组成合议庭。合议庭的成员人数，必须是单数。”合议庭的审判活动由审判长主持，合议庭全体成员平等参与案件的审理、评议、裁判，共同对案件认定事实和适用法律负责。

2. 回避制度。回避制度，是指在民事诉讼中，审判人员、法官助理、书记员、司法技术人员、执行员、翻译人员、鉴定人、勘验人等遇有法律规定的回避情形时，应当退出该案审理活动的制度。根据我国《民事诉讼法》第四十七条的规定：有下列情形之一的，应当自行回避，当事人有权用口头或者书面方式申请回避：(1) 是本案当事人或者当事人、诉讼代理人近亲属的；(2) 与本案有利害关系的；(3) 与本案当事人、诉讼代理人有其他关系，可能影响对案件公正审理的。上述人员接受当事人、诉讼代理人请客送礼，或者违反规定会见当事人、诉讼代理人的，当事人有权要求他们回避。

3. 公开审判制度。公开审判制度，是指法院审理民事案件的过程和裁判结果应当依法向社会公开的制度。在通常情况下，无论是法院的开庭审理过程还是宣告裁判的过程，都一律公开进行，即审理公开、宣判公开。但对某特定类型的案件，法院的审理活动不公开进行，我国《民事诉讼法》第一百三十七条规定：

“人民法院审理民事案件，除涉及国家秘密、个人隐私或者法律另有规定的以外，应当公开进行。离婚案件，涉及商业秘密的案件，当事人申请不公开审理的，可以不公开审理。”

4.两审终审制度。两审终审制度，是指一个民事案件经过两级法院的审判就告终结的制度。根据两审终审制度，民事案件由第一审地方法院审理并作出裁判后，当事人不服的，可以在法律规定的期限内向上一级法院提起上诉。第二审法院对上诉案件作出的裁判，是发生法律效力的裁判，当事人即使不服也不能再行上诉。另外，最高人民法院是我国的最高审判机关，由最高人民法院审理的第一审民事案件所作出的裁判，是发生法律效力的裁判，当事人不服也不能提起上诉。

第二节　主管与管辖制度

一、民事诉讼主管

民事诉讼主管，又称法院主管，是指人民法院与其他国家机关、社会团体之间解决民事纠纷的分工与权限，表现为人民法院依法受理民事案件的具体范围。

根据我国《民事诉讼法》第三条的规定：人民法院受理公民之间、法人之间、其他组织之间以及他们相互之间因财产关系和人身关系提起的民事诉讼。

二、民事诉讼管辖

民事诉讼的管辖，是指确定各级人民法院之间和同级人民法院之间受理第一审民事案件的分工和权限。常用的管辖分为级别管辖和地域管辖。

（一）级别管辖

级别管辖，是指上下级法院之间受理第一审民事案件的分工和权限的管辖制度。我国《民事诉讼法》确定级别管辖的标准为：案件的性质、繁简程度和影响范围。在我国，基层、中级、高级、最高人民法院都有权受理第一审民事案件。

根据我国《民事诉讼法》的规定，中级人民法院管辖下列第一审民事案件：（1）重大涉外案件；（2）在本辖区有重大影响的案件；（3）最高人民法院确定由中级人民法院管辖的案件，主要有海事、海商案件；专利纠纷案件；涉港澳台重大民事案件。高级人民法院管辖在本辖区有重大影响的第一审民事案件。最高人民法院管辖下列第一审民事案件：（1）在全国有重大影响的案件；（2）认为应当由本院审理的案件。除上述由中级人民法院、高级人民法院和最高人民法院管辖的第一审案件外，其余的第一审民事案件一律由基层人民法院管辖。

（二）地域管辖

地域管辖，是指按照人民法院的辖区和民事案件的隶属关系来确定同级人民法院之间受理第一审民事案件的分工和权限的管辖制度。我国《民事诉讼法》确定地域管辖的标准为：当事人所在地、诉讼标的所在地、诉讼标的物所在地、法律事实所在地与法院辖区之间的联系。

1.一般地域管辖。一般地域管辖，是指以当事人的住所地与人民法院辖区的隶属关系为标准所确定的管辖。一般地域管辖通常适用“原告就被告”原则，即由被告所在地法院来行使一般地域管辖权。

但在有些情况下，“原告就被告”因不方便当事人进行诉讼，不便于法院审理而无法适用。我国《民事诉讼法》第二十三条规定其适用的例外，即下列民事诉讼，由原告住所地人民法院管辖：（1）对不在中华人民共和国领域内居住的人提起的有关身份关系的诉讼；（2）对下落不明或者宣告失踪的人提起的有关身份关系的诉讼；（3）对被采取强制性教育措施的人提起的诉讼；（4）对被监禁的人提起的诉讼。

2.特殊地域管辖。特殊地域管辖，是指以当事人住所地、诉讼标的或者诉讼标的物及法律事实所在地为标准所确定的管辖。我国《民事诉讼法》规定了特殊地域管辖适用的具体情形，主要有：因合同纠纷提起的诉讼，由被告住所地或者合同履行地人民法院管辖；因保险合同纠纷提起的诉讼，由被告住所地或者保险标的物所在地人民法院管辖；因票据纠纷提起的诉讼，由票据支付地或者被告住所地人民法院管辖；因公司设立、确认股东资格、分配利润、解散等纠纷提起的诉讼，由公司住所地人民法院管辖；因铁路、公路、水上、航空运输和联合运输合同纠纷提起的诉讼，由运输始发地、目的地或者被告住所地人民法院管辖；因侵权行为提起的诉讼，由侵权行为地或者被告住所地人民法院管辖等。

（三）专属管辖

专属管辖，是指法律规定某些特殊类型的案件只能由特定的法院行使管辖权。我国《民事诉讼法》第三十四条规定：下列案件，由本条规定的人民法院专属管辖：（1）因不动产纠纷提起的诉讼，由不动产所在地人民法院管辖；（2）因港口作业中发生纠纷提起的诉讼，由港口所在地人民法院管辖；（3）因继承遗产纠纷提起的诉讼，由被继承人死亡时住所地或者主要遗产所在地人民法院管辖。

（四）协议管辖与应诉管辖

协议管辖，又称合意管辖或约定管辖，是指当事人双方在纠纷发生前后，以书面协议的方式约定民事案件的管辖法院。我国《民事诉讼法》第三十五条规定：“合同或者其他财产权益纠纷的当事人可以书面协议选择被告住所地、合同履行地、合同签订地、原告住所地、标的物所在地等与争议有实际联系的地点的人民法院管辖，但不得违反本法对级别管辖和专属管辖的规定。”

应诉管辖，也称默示的协议管辖或者默认管辖，是指原告起诉并被法院受理后，被告不对管辖权提出异议并应诉答辩，视为受诉法院对案件享有管辖权的一项管辖制度。我国《民事诉讼法》第一百三十条第二款规定：“当事人未提出管辖异议，并应诉答辩或者提出反诉的，视为受诉人民法院有管辖权，但违反级别管辖和专属管辖规定的除外。”

第三节 当事人与诉讼代理人

一、当事人

民事诉讼当事人，简称当事人，是指因民事权利义务发生争议，以自己的名义进行诉讼，要求法院行使民事审判权，受人民法院裁判拘束的公民、法人和其他组织。当事人有广义和狭义之分：狭义上的当事人，仅指原告和被告；广义上的当事人，还包括共同诉讼人和第三人。

原告，是指因自己的民事权利受到侵害或者与他人发生争议，以自己的名义向人民法院起诉并引起诉讼程序发生的人。被告，是指被诉称侵害了原告的民事权利或与原告发生民事权利义务争议而被人民法院通知应诉的人。共同诉讼人，是指在同一诉讼中，一方或双方为二人以上的诉讼当事人。第三人，是指对原告和被告争议的诉讼标的，具有独立的请求权，或者虽无独立的请求权，但案件的处理结果与其有法律上的利害关系，而参加到诉讼中来的人。第三人可分为有独立请求权的第三人和无独立请求权的第三人两种。

二、诉讼代理人

诉讼代理人，是指根据法律规定或者当事人的委托，以被代理人的名义，在代理权限范围内，进行诉讼活动的人。诉讼代理人参加诉讼，是为了维护被代理的当事人的利益。诉讼代理人在代理权限范围内所为的诉讼行为，视为当事人的行为，对被代理的当事人发生法律效力。

诉讼代理人根据其代理权产生的根据不同，分为法定诉讼代理人和委托诉讼代理人。法定诉讼代理人，是指依据法律的规定直接行使代理权的人，无诉讼行为能力人由他的监护人作为法定代理人代为诉讼。法定代理人之间互相推诿代理责任的，由人民法院指定其中一人代为诉讼。委托诉讼代理人，是指受当事人、法定代理人的委托代为诉讼的人。在民事诉讼中，当事人、法定代理人可以委托一至二人作为诉讼代理人。下列人员可以被委托为诉讼代理人：（1）律师、基层法律服务工作者；（2）当事人的近亲属或者工作人员；（3）当事人所在社区、单位以及有关社会团体推荐的公民。

第四节 审判程序

一、第一审程序

第一审程序，是指人民法院审理第一审民事案件所适用的程序，包括普通程序和简易程序。普通程序，是指法院审理第一审民事案件通常适用的程序，是最完整、最系统的审判程序，包括了审判程序的全部主要内容，充分体现了民事诉讼的基本原则和制度，具有广泛的适用性。其他程序没有规定的，适用普通程序的规定。

（一）起诉和受理

起诉，是指民事主体的民事权益受到侵害或者与他人发生争议时，以自己的名义，请求人民法院依法审判，给予司法保护的诉讼行为。起诉是当事人的一项重要的诉讼权利，是诉讼程序开始的前提。我国《民事诉讼法》第一百二十二条规定：起诉必须符合下列条件：（1）原告是与本案有直接利害关系的公民、法人和其他组织；（2）有明确的被告；（3）有具体的诉讼请求和事实、理由；（4）属于人民法院受理民事诉讼的范围和受诉人民法院管辖。原告起诉，应当向人民法院递交起诉状，并按照被告人数提交副本。书写起诉状确有困难的，可以口头起诉，由人民法院记入笔录，并告知对方当事人。

受理，是指法院对原告的起诉进行审查后，认为符合法定条件的，决定立案审理的诉讼行为。人民法院应当保障当事人依照法律规定享有的起诉权利，接到当事人提交的民事起诉状时，对于符合法定情形的，应当登记立案，并通知当事人；不符合起诉条件的，应当在七日内作出裁定书，不予受理。对当场不能判定是否符合起诉条件的，应当接收起诉材料，并出具注明收到日期的书面凭证。需要补充必要相关材料的，人民法院应当及时告知当事人。在补齐相关材料后，应当在七日内决定是否立案。立案后发现不符合起诉条件的，应当裁定驳回起诉。原告对不予受理和驳回起诉的裁定不服的，可以提起上诉。

（二）审理前的准备

审理前的准备，是指人民法院受理案件后至开庭审理前，为保证案件顺利开庭审判，依法所作的各项诉讼准备活动的总称。

审理前准备的内容有：送达起诉状副本和答辩状副本；告知当事人诉讼权利；审核诉讼材料，调查收集必要的证据；通知必须共同诉讼的当事人参加诉讼；组织当事人交换证据；召集庭前会议；审理前准备的其他工作，例如，根据案件性质，确定适用简易程序或者普通程序审理。

（三）开庭审理

开庭审理，又称法庭审理，是指法院在当事人和其他诉讼参与人的参加下，依照法定程序，在法庭上对民事案件进行实体审理并作出裁判的诉讼活动。人民法院审理民事案件，根据需要进行巡回审理，就地办案。

开庭审理程序主要包括：开庭准备、宣布开庭、法庭调查、法庭辩论、合议庭评议和宣告判决等程序。法庭辩论终结，应当依法作出判决。判决前能够调解的，还可以进行调解，调解不成的，应当及时判决。人民法院对公开审理或者不公开审理的案件，一律公开宣告判决。宣告判决时，必须告知当事人上诉权利、上诉期限和上诉的法院。宣告离婚判决，必须告知当事人在判决发生法律效力前不得另行结婚。人民法院适用普通程序审理的案件，应当在立案之日起六个月内审结。有特殊情况需要延长的，由本院院长批准，可以延长六个月；还需要延长的，报请上级人民法院批准。

开庭审理中还存在一些特殊情况的处理：

1. 撤诉。原告经传票传唤，无正当理由拒不到庭的，或者未经法庭许可中途退庭的，可以按撤诉处理。

2. 缺席判决。原告经传票传唤，无正当理由拒不到庭的，或者未经法庭许可中途退庭的，被告反诉的，可以缺席判决。被告经传票传唤，无正当理由拒不到庭的，或者未经法庭许可中途退庭的，可以缺席判决。宣判前，原告申请撤诉的，是否准许，由人民法院裁定。人民法院裁定不准许撤诉的，原告经传票传唤，无正当理由拒不到庭的，可以缺席判决。

3. 延期审理。有下列情形之一的，可以延期开庭审理：（1）必须到庭的当事人和其他诉讼参与人有正当理由没有到庭的；（2）当事人临时提出回避申请的；（3）需要通知新的证人到庭，调取新的证据，重新鉴定、勘验，或者需要补充调查的；（4）其他应当延期的情形。

4. 中止诉讼。有下列情形之一的，中止诉讼：（1）一方当事人死亡，需要等待继承人表明是否参加诉讼的；（2）一方当事人丧失诉讼行为能力，尚未确定法定代理人的；（3）作为一方当事人的法人或者其他组织终止，尚未确定权利义务承受人的；（4）一方当事人因不可抗拒的事由，不能参加诉讼的；（5）本案必须以另一案的审理结果为依据，而另一案尚未审结的；（6）其他应当中止诉讼的情形。中止诉讼的原因消除后，恢复诉讼。

5. 终结诉讼。有下列情形之一的，终结诉讼：（1）原告死亡，没有继承人，或者继承人放弃诉讼权利的；（2）被告死亡，没有遗产，也没有应当承担义务的人的；（3）离婚案件一方当事人死亡的；（4）追索赡养费、扶养费、抚育费以及解除收养关系案件的一方当事人死亡的。

（四）公益诉讼与第三人撤销之诉

公益诉讼，是指对损害国家和社会公共利益的违法行为，由法律规定的国家机关或组织向法院提起诉讼的制度。根据我国《民事诉讼法》第五十八条的规定，对污染环境、侵害众多消费者合法权益等损害社会公共利益的行为，法律规定的机关和有关组织可以向人民法院提起诉讼。人民检察院在履行职责中发现破坏生态环境和资源保护、食品药品安全领域侵害众多消费者合法权益等损害社会公共利益的行为，在没有前款规定的机关和组织或者前款规定的机关和组织不提起诉讼的情况下，可以向人民法院提起诉讼。前款规定的机关或者组织提起诉讼的，人民检察院可以支持起诉。

第三人撤销之诉制度，是指因不能归责于本人的事由未参加诉讼的第三人，但有证据证明发生法律效力的判决、裁定、调解书的部分或者全部内容错误，损害其民事权益的，可以自知道或者应当知道其民事权益受到损害之日起六个月内，向作出该判决、裁定、调解书的人民法院提起诉讼。人民法院经审理，诉讼请求成立的，应当改变或者撤销原判决、裁定、调解书；诉讼请求不成立的，驳回诉讼请求。

（五）简易程序

简易程序，是指基层人民法院及其派出法庭审理第一审简单民事案件所适用的审判程序。简易程序是一个独立的审判程序，它与普通程序并存，同属第一审程序。适用简易程序审理的案件，由审判员一人独任审理，应当在立案之日起三个月内审结。其适用的案件范围，限于简单的民事案件，即事实清楚、权利义务关系明确、争议不大。此外，对于非简单的民事案件，当事人双方也可以约定适用简易程序。

在我国简易程序制度中，还包括小额诉讼程序，是指基层法院和它派出的法庭，审理事实清楚、权利义务关系明确、争议不大的，标的额为各省、自治区、直辖市上年度就业人员年平均工资百分之五十以下的简单金钱给付民事案件的活动和程序，实行一审终审。

二、第二审程序

第二审程序，是指民事诉讼当事人不服第一审人民法院的未生效判决或裁定，向上一级人民法院提出上诉，上一级人民法院依法对案件进行审理所适用的程序。

第二审程序因当事人提起上诉而发生。上诉权是当事人的一项重要的诉讼权利，必须具备一定的条件，并遵守一定的程序。根据《民事诉讼法》的规定，当事人不服地方人民法院第一审判决的，有权在十五日内向上一级人民法院提起上诉。当事人不服地方人民法院第一审裁定的，有权在裁定书送达之日起十日内向上一级人民法院提起上诉。

上诉应当递交上诉状。人民法院应当对上诉请求的有关事实和适用法律进行审查。第二审人民法院对上诉案件，应当组成合议庭，开庭审理。经过阅卷、调查和询问当事人，对没有提出新的事实、证据或者理由，合议庭认为不需要开庭审理的，可以不开庭审理。第二审人民法院审理上诉案件，可以在本院进行，也可以到案件发生地或者原审人民法院所在地进行。

人民法院对上诉案件，经过审理，按照下列情形，分别处理：（1）原判决、裁定认定事实清楚，适用法律正确的，以判决、裁定方式驳回上诉，维持原判决、裁定；（2）原判决、裁定认定事实错误或者适用法律错误的，以判决、裁定方式依法改判、撤销或者变更；（3）原判决认定基本事实不清的，裁定撤销原判决，发回原审人民法院重审，或者查清事实后改判；（4）原判决遗漏当事人或者违法缺席判决等严重违反法定程序的，裁定撤销原判决，发回原审人民法院重审。原审人民法院对发回重审的案件作出判决后，当事人提起上诉的，第二审人民法院不得再次发回重审。第二审人民法院的裁判，是终审裁判，一经送达当事人，即发生法律效力。

人民法院审理对判决的上诉案件，应当在第二审立案之日起三个月内审结，对裁定的上诉案件，应当在第二审立案之日起三十日内作出终审裁定。有特殊情况需要延长的，由本院院长批准。

三、审判监督程序

审判监督程序，是指法院基于一定的事由，对判决、裁定或者调解书已经发生法律效力的案件再一次进行审理并作出裁判所适用的审判程序。审判监督程序并不是审理每一个案件必经的程序，其功能在于对已经生效的判决、裁定、调解书中存在的错误予以纠正。根据我国《民事诉讼法》的规定，审判监督程序，可以因当事人或者案外人申请、法院决定、人民检察院监督而引起。

当事人申请再审，应当在判决、裁定发生法律效力后六个月内提出。当事人的再审申请并不必然引起再审程序的发生，但符合法定条件的，人民法院应当对案件进行再审。案外人对原判决、裁定、调解书确定的执行标的物主张权利，且无法提起新的诉讼解决争议的，也可以自异议裁定送达之日起六个月内申请再审。

各级人民法院院长对本院已经发生法律效力的判决、裁定、调解书，发现确有错误，认为需要再审的，应当提交审判委员会讨论决定。最高人民法院对地方各级人民法院已经发生法律效力的判决、裁定、调解书，上级人民法院对下级人民法院已经发生法律效力的判决、裁定、调解书，发现确有错误的，有权提审或者指令下级人民法院再审。

最高人民检察院对各级人民法院已经发生法律效力的判决、裁定，上级人民检察院对下级人民法院已经发生法律效力的判决、裁定，发现符合再审事由的，或者发现调解书损害国家利益、社会公共利益的，应当提出抗诉。地方各级人民检察院对同级人民法院已经发生法律效力的判决、裁定，发现符合再审事由的，或者发现调解书损害国家利益、社会公共利益的，可以向同级人民法院提出检察建议，并报上级人民检察院备案，也可以提请上级人民检察院向同级人民法院提出抗诉。

第五节　非讼程序

一、特别程序

特别程序是法院审理特殊类型案件适用的程序，我国《民事诉讼法》规定：选民资格案件、宣告公民失踪案件、宣告公民死亡案件、认定公民无民事行为能力或限制民事行为能力案件、认定财产无主案件、确认调解协议案件和实现担保物权案件，适用特别程序审理。

二、督促程序

督促程序，又称支付令程序，是指人民法院经债权人申请，直接向债务人发出给付金钱或有价证券的支付令，督促债务人履行给付义务，如债务人不履行债务也不提出异议，支付令即发生法律效力的程序。

我国《民事诉讼法》第二百二十五条规定：债权人请求债务人给付金钱、有价证券，符合下列条件的，可以向有管辖权的基层人民法院申请支付令：债权人与债务人没有其他债务纠纷的；支付令能够送达债务人的。申请书应当写明请求给付金钱或者有价证券的数量和所根据的事实、证据。

三、公示催告程序

公示催告程序，是指人民法院根据失去票据的当事人的申请，以公告的方法催促不明确的利害关系人在一定期间内申报权利，如不申报，则判决宣告票据无效的程序。

我国《民事诉讼法》第二百二十九条规定：按照规定可以背书转让的票据持有人，因票据被盗、遗失或者灭失，可以向票据支付地的基层人民法院申请公示催告。申请人应当向人民法院递交申请书，写明票面金额、发票人、持票人、背书人等票据主要内容和申请的理由、事实。

第六节　执　行

一、执行的概述

民事诉讼中的执行，又称民事强制执行，是指法院的执行机构依照法定程序，运用国家强制力，强制被执行人履行生效法律文书确定的义务，以实现申请执行人合法权益的一种活动。

人民法院专门负责实施强制执行，根据需要可以设立执行机构，我国的执行机构是在法院内设置的执行局，执行工作由执行员进行。执行依据，是指由法定机关或机构依法作出的具有一定的民事实体权利，并且权利人可据以请求执行的生效法律文书。在我国，执行依据通常包括：法院的判决书、裁决书和调解书；仲裁机构的裁决书和调解书；公证机构作出具有强制执行效力的公证债权文书等生效法律文书。文书中所记载的财产或行为是执行标的，但是不包括人身。执行当事人应当是生效法律文书确定的权利人和义务人，由其向具有管辖权的法院提出执行申请，根据我国《民事诉讼法》的规定，发生法律效力的民事判决、裁定，以及刑事判决、裁定中的财产部分，由第一审人民法院或者与第一审人民法院同级的被执行的财产所在地人民法院执行。法律规定由人民法院执行的其他法律文书，由被执行人住所地或者被执行的财产所在地人民法院执行。

二、执行程序

发生法律效力的民事判决、裁定，当事人必须履行。当义务人拒绝履行生效法律文书、调解书和其他应当由人民法院执行的法律文书确定的给付义务时，权利人有权向法院申请执行，也可以由审判员移送执行员执行。当事人申请执行，必须在法律规定的申请执行的期限内提出，申请执行的期间为二年。

执行程序启动后，由于出现法定的事由，执行机构应当裁定中止执行，具体包括：申请人表示可以延期执行的；案外人对执行标的提出确有理由的异议的；作为一方当事人的公民死亡，需要等待继承人继承权利或者承担义务的；作为一方当事人的法人或者其他组织终止，尚未确定权利义务承受人的；人民法院认为应当中止执行的其他情形。中止的情形消失后，恢复执行。

在执行程序中，由于出现特殊的事由，在生效法律文书确定的内容尚未全面实现的情况下，执行机构应当裁定终结执行，具体包括：申请人撤销申请的；据以执行的法律文书被撤销的；作为被执行人的公民死亡，无遗产可供执行，又无义务承担人的；追索赡养费、扶养费、抚育费案件的权利人死亡的；作为被执行人的公民因生活困难无力偿还借款，无收入来源，又丧失劳动能力的；人民法院认为应当终结执行的其他情形。中止执行和终结执行的裁定，送达当事人后立即生效。

执行措施，是指执行机构依据法律的规定，在执行中强制被执行人履行义务，以实现申请执行人合法权益的方法和手段。人民法院有权向有关单位查询被执行人的存款、债券、股票、基金份额等财产情况。查找被执行财产信息的方法有：责令被执行人申报，即被执行人应当报告当前以及收到执行通知之日前一年的财产情况、执行机构依职权调查和申请执行人提供三种途径。执行措施，主要包括：（1）扣押、冻结、划拨、变价被执行人的财产；（2）扣留、提取被执行人应当履行义务部分的收入；（3）拍卖被查封、扣押的财产；（4）被执行人隐匿财产的，人民法院有权对被执行人及其住所或者财产隐匿地进行搜查；（5）强制被执行人交付法律文书指定的财物或者票证；（6）强制被执行人迁出房屋或者退出土地；（7）向有关单位发出协助执行通知书，强制其办理有关财产权证照转移手续；（8）强制被执行人完成法律文书指定的行为或者承担委托有关单位或者其他人完成的费用；（9）强制被执行人加倍支付迟延履行期间的债务利息及迟延履行金；（10）限制出境，在征信系统记录、通过媒体公布不履行义务信息以及法律规定的其他措施。

第五编　经济法编

第十五章　公司与合伙企业法

第一节　公司法概述

一、公司法的概念

公司是依照公司法设立的，以营利为目的的企业法人。

公司具有如下特征：(1) 公司以营利为目的。公司必须是从事生产经营活动，以获取最大利润为目的的经济组织。(2) 公司具有法人资格。公司是企业法人，有独立的法人财产，享有法人财产权。公司以其全部财产对公司的债务承担责任。(3) 公司依照公司法而设立。公司法中所称公司是指依照公司法在中国境内设立的有限责任公司和股份有限公司。此外，传统的公司法理论还强调公司的社团性特征，即公司是股东共同出资的集合体。然而随着公司法理论的发展，现代西方各国对一人公司大多采取了认可的态度。我国《公司法》也允许成立一人公司，包括一人有限责任公司和一人股份有限公司。

公司可以设立分公司。分公司不具有法人资格，其民事责任由公司承担。公司可以设立子公司，子公司具有法人资格，依法独立承担民事责任。

同时，《公司法》中对于国家出资公司进行了特别规定。国家出资公司，是指国家出资的国有独资公司、国有资本控股公司，包括国家出资的有限责任公司、股份有限公司。

公司法是调整公司在设立、组织、活动和解散过程中所发生的对内对外关系的法律规范的总称。公司法有形式意义上的公司法与实质意义上的公司法之分。形式意义上的公司法，是指经国家立法机关制定，并以公司法名称命名的单项法律。我国的《公司法》就是形式意义上的公司法。实质意义上的公司法，是指有关公司规定的一切法律规范的总称。各类法律、法规中涉及公司内容的部分都属于实质意义上的公司法。

二、公司法的原则

1. 利益均衡原则。利益均衡原则，是指公司制度的安排及实现，要充分考虑市场经济条件下公司及其利益相关者的关系，平衡保护各主体的利益。公司从事经营活动，应当充分考虑公司职工、消费者等利益相关者的利益以及生态环境保护等社会公共利益，承担社会责任。

2. 意思自治原则。意思自治原则，是指公司作为独立的市场主体，依照公司章程自主经营、自负盈亏，不受非法干预。公司章程作为公司的自治规则，集中体现了股东的共同意志，在不违背法律、行政法规的强制性规定时受法律保护。

3. 股东股权平等原则。股东股权平等原则，是指股东基于在公司中的出资额或者所持股份而享有平等待遇。同股同权、同股同利、一股一票都是股东股权平等原则的体现。股东股权平等并不排除股权内容的不同，股东股权平等原则是建立在同类别股份权利义务平等的基础上的。

4. 股东有限责任原则。股东有限责任原则，是指股东以出资额或所持股份为限对公司承担责任，并通过公司这个中间物对外承担责任，股东责任与公司责任相互分离。但是，公司股东滥用公司法人独立地位和股东有限责任，逃避债务，严重损害公司债权人利益的，应当对公司债务承担连带责任。

5. 弘扬企业家精神原则。弘扬企业家精神原则，是指要弘扬企业家群体的创新、冒险、创业和宽容等宝贵精神。弘扬企业家精神就是要通过公司法的具体制度设计为企业家的创业、创新提供制度上的保障与激励，激发市场主体活力，发展社会主义市场经济。

第二节　有限责任公司

一、有限责任公司的概念

有限责任公司又称有限公司，是指由符合法定人数的股东投资设立，股东以其所认缴的出资额为限对公司承担责任，公司以其全部财产对公司债务承担责任的公司。

有限责任公司具有如下特征：(1) 股东责任的有限性。有限责任公司的股东仅以其认缴的出资额为限对公司承担责任。(2) 股东出资的非股份性。有限责任公司资本不分成等额股份，证明股东出资额的权利证书为“出资证明书”。(3) 公司资本的封闭性。有限责任公司的资本不能向社会公开募集。公司股东向股东以外的人转让股权也有着一定的限制。(4) 有限责任公司具有一定的人合性。有限责任公司股东之间具有一定的人身依赖关系，是具有一定人合性的资合公司。

二、有限责任公司的设立

(一) 有限责任公司的设立条件

1. 主体条件。有限责任公司由一个以上五十个以下股东出资设立。

2. 财产条件。有限责任公司的注册资本为在公司登记机关登记的全体股东认缴的出资额。全体股东认缴的出资额由股东按照公司章程的规定自公司成立之日起五年内缴足。法律、行政法规以及国务院决定对有限责任公司注册资本实缴、注册资本最低限额、股东出资期限另有规定的，从其规定。股东可以用货币出资，也可以用实物、知识产权、土地使用权、股权、债权等可以用货币估价并可以依法转让的非货币财产作价出资；但是，法律、行政法规规定不得作为出资的财产除外。对作为出资的非货币财产应当评估作价，核实财产，不得高估或者低估作价。法律、行政法规对评估作价有规定的，从其规定。

3.组织条件。组织条件包括公司的名称、住所、章程及依法建立的组织机构等。

（二）有限责任公司的设立责任

有限责任公司设立时的股东可以签订设立协议，明确各自在公司设立过程中的权利和义务。

有限责任公司设立时的股东为设立公司从事的民事活动，其法律后果由公司承受。公司未成立的，其法律后果由公司设立时的股东承受；设立时的股东为二人以上的，享有连带债权，承担连带债务。设立时的股东为设立公司以自己的名义从事民事活动产生的民事责任，第三人有权选择请求公司或者公司设立时的股东承担。

有限责任公司设立时的股东因履行公司设立职责造成他人损害的，公司或者无过错的股东承担赔偿责任后，可以向有过错的股东追偿。

三、有限责任公司的组织机构

（一）股东会

1.股东会的性质和职权

股东会，是指由全体股东组成的公司权力机构。股东会行使下列职权：（1）选举和更换董事、监事，决定有关董事、监事的报酬事项；（2）审议批准董事会的报告；（3）审议批准监事会的报告；（4）审议批准公司的利润分配方案和弥补亏损方案；（5）对公司增加或者减少注册资本作出决议；（6）对发行公司债券作出决议；（7）对公司合并、分立、解散、清算或者变更公司形式作出决议；（8）修改公司章程；（9）公司章程规定的其他职权。对上述事项，股东以书面形式一致表示同意的，可以不召开股东会会议，直接作出决定，并由全体股东在决定文件上签名或者盖章。只有一个股东的有限责任公司不设股东会。股东作出上述事项的决定时，应当采用书面形式，并由股东签名或者盖章后置备于公司。股东会可以授权董事会对发行公司债券作出决议。

2.股东会会议和议事规则

股东会会议分为定期会议和临时会议。定期会议应当按照公司章程的规定按时召开。代表十分之一以上表决权的股东、三分之一以上的董事或者监事会提议召开临时会议的，应当召开临时会议。

股东会会议由股东按照出资比例行使表决权；但是，公司章程另有规定的除外。股东会的议事方式和表决程序，除《公司法》有规定的外，由公司章程规定。股东会作出决议，应当经代表过半数表决权的股东通过。股东会会议作出修改公司章程、增加或者减少注册资本的决议，以及公司合并、分立、解散或者变更公司形式的决议，必须经代表三分之二以上表决权的股东通过。

（二）董事会和经理

1. 董事会的性质和职权

董事会是由依法选举产生的董事组成的公司业务执行与经营决策机构。董事会行使下列职权：（1）召集股东会会议，并向股东会报告工作；（2）执行股东会的决议；（3）决定公司的经营计划和投资方案；（4）制订公司的利润分配方案和弥补亏损方案；（5）制订公司增加或者减少注册资本以及发行公司债券的方案；（6）制订公司合并、分立、解散或者变更公司形式的方案；（7）决定公司内部管理机构的设置；（8）决定聘任或者解聘公司经理及其报酬事项，并根据经理的提名决定聘任或者解聘公司副经理、财务负责人及其报酬事项；（9）制定公司的基本管理制度；（10）公司章程规定或者股东会授予的其他职权。公司章程对董事会职权的限制不得对抗善意相对人。

2. 董事会的组成和董事的任期

有限责任公司董事会成员为三人以上，其成员中可以有公司职工代表。职工人数三百人以上的有限责任公司，除依法设监事会并有公司职工代表的外，其董事会成员中应当有公司职工代表。董事会中的职工代表由公司职工通过职工代表大会、职工大会或者其他形式民主选举产生。董事会设董事长一人，可以设副董事长。董事长、副董事长的产生办法由公司章程规定。有限责任公司可以按照公司章程的规定在董事会中设置由董事组成的审计委员会，行使《公司法》规定的监事会的职权，不设监事会或者监事。公司董事会成员中的职工代表可以成为审计委员会成员。规模较小或者股东人数较少的有限责任公司，可以不设董事会，设一名董事，行使《公司法》规定的董事会的职权。该董事可以兼任公司经理。

董事任期由公司章程规定，但每届任期不得超过三年。董事任期届满，连选可以连任。

3. 董事会会议

董事会会议由董事长召集和主持；董事长不能履行职务或者不履行职务的，由副董事长召集和主持；副董事长不能履行职务或者不履行职务的，由过半数的董事共同推举一名董事召集和主持。董事会会议应当有过半数的董事出席方可举行。董事会作出决议，应当经全体董事的过半数通过。董事会决议的表决，应当一人一票。

4. 经理

经理，是指由董事会聘任的负责公司日常经营活动的公司负责人。有限责任公司可以设经理，由董事会聘任或者解聘。经理对董事会负责，根据公司章程的规定或者董事会的授权行使职权。经理列席董事会会议。

公司的法定代表人按照公司章程的规定，由代表公司执行公司事务的董事或者经理担任。

（三）监事会

1. 监事会的性质和职权

监事会，是指由依法选举产生的监事组成的公司监督机构。监事会行使下列职权：（1）检查公司财务；（2）对董事、高级管理人员执行职务的行为进行监督，对违反法律、行政法规、公司章程或者股东会决议的董事、高级管理人员提出解任的建议；（3）当董事、高级管理人员的行为损害公司的利益时，要求董事、高级管理人员予以纠正；（4）提议召开临时股东会会议，在董事会不履行《公司法》规定的召集和主持股东会会议职责时召集和主持股东会会议；（5）向股东会会议提出提案；（6）依照《公司法》的规定，对董事、高级管理人员提起诉讼；（7）公司章程规定的其他职权。监事可以列席董事会会议，并对董事会决议事项提出质询或者建议。监事会发现公司经营情况异常，可以进行调查；必要时，可以聘请会计师事务所等协助其工作，费用由公司承担。监事会可以要求董事、高级管理人员提交执行职务的报告。

2. 监事会的组成和监事的任期

有限责任公司的监事会成员为三人以上。监事会成员应当包括股东代表和适当比例的公司职工代表，其中职工代表的比例不得低于三分之一，具体比例由公司章程规定。监事会中的职工代表由公司职工通过职工代表大会、职工大会或者其他形式民主选举产生。监事会设主席一人，由全体监事过半数选举产生。董事、高级管理人员不得兼任监事。

规模较小或者股东人数较少的有限责任公司，可以不设监事会，设一名监事，行使《公司法》规定的监事会的职权；经全体股东一致同意，也可以不设监事。有限责任公司按照公司章程的规定在董事会中设置由董事组成的审计委员会行使《公司法》规定的监事会职权的，不设监事会或者监事。

监事的任期每届为三年。监事任期届满，连选可以连任。

3. 监事会会议

监事会主席召集和主持监事会会议；监事会主席不能履行职务或者不履行职务的，由过半数的监事共同推举一名监事召集和主持监事会会议。

监事会每年度至少召开一次会议，监事可以提议召开临时监事会会议。监事会的议事方式和表决程序，除《公司法》规定外，由公司章程规定。监事会决议应当经全体监事的过半数通过。监事会决议的表决，应当一人一票。

（四）董事、监事、高级管理人员的任职资格和义务

1. 董事、监事、高级管理人员任职资格的限制

有下列情形之一的，不得担任公司的董事、监事、高级管理人员：（1）无民事行为能力或者限制民事行为能力；（2）因贪污、贿赂、侵占财产、挪用财产或者破坏社会主义市场经济秩序，被判处刑罚，或者因犯罪被剥夺政治权利，执行期满未逾五年，被宣告缓刑的，自缓刑考验期满之日起未逾二年；（3）担任破产清算的公司、企业的董事或者厂长、经理，对该公司、企业的破产负有个人责任的，自该公司、企业破产清算完结之日起未逾三年；（4）担任因违法被吊销营业执照、责令关闭的公司、企业的法定代表人，并负有个人责任的，自该公司、企业被吊销营业执照、责令关闭之日起未逾三年；（5）个人因所负数额较大债务到期未清偿被人民法

院列为失信被执行人。

2. 董事、监事、高级管理人员的义务

董事、监事、高级管理人员应当遵守法律、行政法规和公司章程。董事、监事、高级管理人员对公司负有忠实义务，应当采取措施避免自身利益与公司利益冲突，不得利用职权牟取不正当利益。董事、监事、高级管理人员对公司负有勤勉义务，执行职务应当为公司的最大利益尽到管理者通常应有的合理注意。公司的控股股东、实际控制人不担任公司董事但实际执行公司事务的，适用上述规定。

董事、监事、高级管理人员不得有下列行为：（1）侵占公司财产、挪用公司资金；（2）将公司资金以其个人名义或者以其他个人名义开立账户存储；（3）利用职权贿赂或者收受其他非法收入；（4）接受他人与公司交易的佣金归为己有；（5）擅自披露公司秘密；（6）违反对公司忠实义务的其他行为。

董事、监事、高级管理人员，直接或者间接与本公司订立合同或者进行交易，应当就与订立合同或者进行交易有关的事项向董事会或者股东会报告，并按照公司章程的规定经董事会或者股东会决议通过。董事、监事、高级管理人员的近亲属，董事、监事、高级管理人员或者其近亲属直接或者间接控制的企业，以及与董事、监事、高级管理人员有其他关联关系的关联人，与公司订立合同或者进行交易，适用上述规定。

董事、监事、高级管理人员，不得利用职务便利为自己或者他人谋取属于公司的商业机会。但是，有下列情形之一的除外：（1）向董事会或者股东会报告，并按照公司章程的规定经董事会或者股东会决议通过；（2）根据法律、行政法规或者公司章程的规定，公司不能利用该商业机会。

董事、监事、高级管理人员未向董事会或者股东会报告，并按照公司章程的规定经董事会或者股东会决议通过，不得自营或者为他人经营与其任职公司同类的业务。

董事、高级管理人员违反上述规定所得的收入应当归公司所有。

四、股权转让

有限责任公司的股东之间可以相互转让其全部或者部分股权。股东向股东以外的人转让股权，应当将股权转让的数量、价格、支付方式和期限等事项书面通知其他股东，其他股东在同等条件下有优先购买权。股东自接到书面通知之日起满三十日内未答复的，视为放弃优先购买权。两个以上股东行使优先购买权的，协商确定各自的购买比例；协商不成的，按照转让时各自的出资比例行使优先购买权。公司章程对股权转让另有规定的，从其规定。

第三节　股份有限公司

一、股份有限公司的概念

股份有限公司又称股份公司，是指公司全部资本分为等额股份，股东以其所认购的股份为限对公司承担责任，公司以其全部财产对公司债务承担责任的公司。

股份有限公司具有如下特征：(1) 股东责任的有限性。股份有限公司的股东仅以其所认购的股份为限对公司承担责任。(2) 公司资本的股份性。公司的全部资本分为等额股份，股份的载体是股票。(3) 公司资本的开放性。股份有限公司可以公开募集股份，同时，股份转让是自由的，一般不受限制。(4) 股份有限公司具有浓厚的资合性。股份有限公司的信用基础在于公司本身而不在于股东，是典型的资合公司。

上市公司，是指其股票在证券交易所上市交易的股份有限公司。

二、股份有限公司的设立

设立股份有限公司，可以采用发起设立或者募集设立的方式。发起设立，是指由发起人认购设立公司时应发行的全部股份而设立公司。募集设立，是指由发起人认购设立公司时应发行股份的一部分，其余股份向特定对象募集或者向社会公开募集而设立公司。以发起设立方式设立股份有限公司的，发起人应当认足公司章程规定的公司设立时应发行的股份。以募集设立方式设立股份有限公司的，发起人认购的股份不得少于公司章程规定的公司设立时应发行股份总数的百分之三十五；但是，法律、行政法规另有规定的，从其规定。

股份有限公司的设立应当具备下列条件：

1. 主体条件。主体条件主要是指发起人符合法定条件。发起人是指按照《公司法》规定，制订公司章程，积极筹办公司事务，向公司认购股份，并在公司章程上签名或者盖章的人。股份有限公司发起人承担公司筹办事务。设立股份有限公司，应当有一人以上二百人以下的发起人，其中应当有半数以上的发起人在中华人民共和国境内有住所。

2. 财产条件。股份有限公司的注册资本为在公司登记机关登记的已发行股份的股本总额。在发起人认购的股份缴足前，不得向他人募集股份。法律、行政法规以及国务院决定对股份有限公司注册资本最低限额另有规定的，从其规定。有限责任公司关于股东可以用于出资财产的规定适用于股份有限公司。

3. 组织条件。组织条件包括公司的名称、住所、章程及依法建立的组织机构等。

有限责任公司设立时的责任，适用于股份有限公司。

公司设立时应发行的股份未募足，或者发行股份的股款缴足后，发起人在三十日内未召开成立大会的，认股人可以按照所缴股款并加算银行同期存款利息，要求发起人返还。

三、股份有限公司的组织机构

(一) 股东会

股份有限公司股东会是由全体股东组成的公司权力机构，依照《公司法》的规定行使职权。只有一个股东的股份有限公司不设股东会。有限责任公司股东会职权的规定适用于股份有限公司股东会。

股东会应当每年召开一次年会。有下列情形之一的，应当在两个月内召开临时股东会会议：（1）董事人数不足法定的人数或公司章程所定人数的三分之二时；（2）公司未弥补的亏损达股本总额三分之一时；（3）单独或者合计持有公司股份百分之十以上的股东请求时；（4）董事会认为必要时；（5）监事会提议召开时；（6）公司章程规定的其他情形。

股东会会议由董事会召集，董事长主持；董事长不能履行职务或者不履行职务的，由副董事长主持；副董事长不能履行职务或者不履行职务的，由过半数的董事共同推举一名董事主持。董事会不能履行或者不履行召集股东会会议职责的，监事会应当及时召集和主持；监事会不召集和主持的，连续九十日以上单独或者合计持有公司百分之十以上股份的股东可以自行召集和主持。

股东出席股东会会议，所持每一股份有一表决权，类别股股东除外。公司持有的本公司股份没有表决权。股东会作出决议，应当经出席会议的股东所持表决权过半数通过。股东会作出修改公司章程、增加或者减少注册资本的决议，以及公司合并、分立、解散或者变更公司形式的决议，应当经出席会议的股东所持表决权的三分之二以上通过。

（二）董事会和经理

股份有限公司的董事会同样是公司经营决策和业务执行机构。有限责任公司董事会职权的规定适用于股份有限公司董事会。

公司章程或者股东会可以授权董事会在三年内决定发行不超过已发行股份百分之五十的股份。但以非货币财产作价出资的应当经股东会决议。董事会依照上述规定决定发行股份导致公司注册资本、已发行股份数发生变化的，对公司章程该项记载事项的修改不需再由股东会表决。公司章程或者股东会授权董事会决定发行新股的，董事会决议应当经全体董事三分之二以上通过。

股份有限公司设董事会。董事会成员为三人以上。规模较小或者股东人数较少的股份有限公司，可以不设董事会，设一名董事，行使《公司法》规定的董事会的职权。该董事可以兼任公司经理。股份有限公司可以按照公司章程的规定在董事会中设置由董事组成的审计委员会，行使《公司法》规定的监事会的职权，不设监事会或者监事。审计委员会成员为三名以上，过半数成员不得在公司担任除董事以外的其他职务，且不得与公司存在任何可能影响其独立客观判断的关系。公司董事会成员中的职工代表可以成为审计委员会成员。审计委员会作出决议，应当经审计委员会成员的过半数通过。审计委员会决议的表决，应当一人一票。审计委员会的议事方式和表决程序，除《公司法》有规定的外，由公司章程规定。公司可以按照公司章程的规定在董事会中设置其他委员会。有限责任公司董事会中职工董事设置的规定适用于股份有限公司。

董事会设董事长一人，可以设副董事长。董事长和副董事长由董事会以全体董事的过半数选举产生。

董事会定期会议每年度至少召开两次，每次会议应当于会议召开十日前通知全体董事和监事。代表十分之一以上表决权的股东、三分之一以上董事或者监事会，可以提议召开临时董事会会议。董事会会议应当有过半数的董事出席方可举行。董事会作出决议，应当经全体董事的过半数通过。董事会决议的表决，应当一人一票。董事会会议，应当由董事本人出席；董事因故不能出席，可以书面委托其他董事代为出席，委托书应当载明授权范围。

股份有限公司设经理，由董事会决定聘任或者解聘。经理对董事会负责，根据公司章程的规定或者董事会的授权行使职权。经理列席董事会会议。公司董事会可以决定由董事会成员兼任经理。

（三）监事会

监事会是公司的监督机构。有限责任公司监事会职权的规定适用于股份有限公司监事会。

股份有限公司设监事会，监事会成员为三人以上。监事会成员应当包括股东代表和适当比例的公司职工代表，其中职工代表的比例不得低于三分之一，具体比例由公司章程规定。规模较小或者股东人数较少的股份有限公司，可以不设监事会，设一名监事，行使《公司法》规定的监事会的职权。股份有限公司可以按照公司章程的规定在董事会中设置由董事组成的审计委员会，行使《公司法》规定的监事会的职权，不设监事会或者监事。监事会设主席一人，可以设副主席。监事会主席和副主席由全体监事过半数选举产生。董事、高级管理人员不得兼任监事。有限责任公司监事任期的规定适用于股份有限公司监事。

监事会主席召集和主持监事会会议；监事会主席不能履行职务或者不履行职务的，由监事会副主席召集和主持监事会会议；监事会副主席不能履行职务或者不履行职务的，由过半数的监事共同推举一名监事召集和主持监事会会议。监事会每六个月至少召开一次会议。监事可以提议召开临时监事会会议。监事会的议事方式和表决程序，除《公司法》有规定的外，由公司章程规定。监事会决议应当经全体监事的过半数通过。监事会决议的表决，应当一人一票。

股份有限公司的董事、监事、高级管理人员的任职资格和义务，与有限责任公司相同。

四、股份的发行和转让

（一）股份发行

公司的资本划分为股份。公司的全部股份，根据公司章程的规定择一采用面额股或者无面额股。采用面额股的，每一股的金额相等。公司可以根据公司章程的规定将已发行的面额股全部转换为无面额股或者将无面额股全部转换为面额股。采用无面额股的，应当将发行股份所得股款的二分之一以上计入注册资本。

股份发行分为设立发行和新股发行。股份的发行，实行公平、公正的原则，同类别的每一股份应当具有同等权利。同次发行的同类别股份，每股的发行条件和价格应当相同；认购人所认购的股份，每股应当支付相同价额。

公司可以按照公司章程的规定发行下列与普通股权利不同的类别股：（1）优先

或者劣后分配利润或者剩余财产的股份；（2）每一股的表决权数多于或者少于普通股的股份；（3）转让须经公司同意等转让受限的股份；（4）国务院规定的其他类别股。

公司的股份采取股票的形式。股票是公司签发的证明股东所持股份的凭证。公司发行的股票，应当为记名股票。

面额股股票发行价格可以按票面金额，也可以超过票面金额，但不得低于票面金额。股票采用纸面形式或者国务院证券监督管理机构规定的其他形式。

（二）股份转让

股份有限公司的股东持有的股份可以向其他股东转让，也可以向股东以外的人转让；公司章程对股份转让有限制的，其转让按照公司章程的规定进行。股东转让其股份，应当在依法设立的证券交易场所进行或者按照国务院规定的其他方式进行。

股票的转让，由股东以背书方式或者法律、行政法规规定的其他方式进行；转让后由公司将受让人的姓名或者名称及住所记载于股东名册。公司公开发行股份前已发行的股份，自公司股票在证券交易所上市交易之日起一年内不得转让。法律、行政法规或者国务院证券监督管理机构对上市公司的股东、实际控制人转让其所持有的本公司股份另有规定的，从其规定。公司董事、监事、高级管理人员应当向公司申报所持有的本公司的股份及其变动情况，在就任时确定的任职期间每年转让的股份不得超过其所持有本公司股份总数的百分之二十五；所持本公司股份自公司股票上市交易之日起一年内不得转让。上述人员离职后半年内，不得转让其所持有的本公司股份。公司章程可以对公司董事、监事、高级管理人员转让其所持有的本公司股份作出其他限制性规定。股份在法律、行政法规规定的限制转让期限内出质的，质权人不得在限制转让期限内行使质权。

第四节　合伙企业法

一、普通合伙企业

普通合伙企业是由普通合伙人组成，合伙人对合伙企业债务承担无限连带责任的企业。

（一）普通合伙企业的设立

设立普通合伙企业应具备下列条件：

1. 有两个以上的合伙人。普通合伙企业应当有两个以上合伙人。合伙人可以是自然人、法人和其他组织。合伙人为自然人的，应当具有完全民事行为能力。国有独资公司、国有企业、上市公司以及公益性的事业单位、社会团体不能成为普通合伙人。

2. 有书面合伙协议。合伙协议依法由全体合伙人协商一致、以书面形式订立。合伙协议经全体合伙人签名、盖章后生效。修改或者补充合伙协议，应当经全体合伙一致同意；但是，合伙协议另有约定的除外。

3. 有合伙人认缴或者实际缴付的出资。合伙人可以用货币、实物、土地使用权、知识产权或者其他财产权利出资，也可以用劳务出资。合伙人以实物、知识产权、土地使用权或者其他财产权利出资，需要评估作价的，可以由全体合伙人协商确定，也可以由全体合伙人委托法定评估机构评估。合伙人以劳务出资的，其评估办法由全体合伙人协商确定，并在合伙协议中载明。合伙人应当按照合伙协议约定的出资方式、数额和缴付期限，履行出资义务。以非货币财产出资的，依照法律、行政法规的规定，需要办理财产权转移手续的，应当依法办理。

4. 有合伙企业的名称和生产经营场所。普通合伙企业名称中应当标明"普通合伙"字样。合伙企业要进行经常性、持续性的生产经营活动，应当有经营场所。

5. 法律、行政法规规定的其他条件。法律、行政法规对普通合伙企业的设立规定了其他条件的，应当符合该规定的要求。

（二）普通合伙企业财产

合伙人的出资、以合伙企业名义取得的收益和依法取得的其他财产，均为合伙企业的财产。合伙人在合伙企业清算前，不得请求分割合伙企业的财产；但是，法律另有规定的除外。合伙人在合伙企业清算前私自转移或者处分合伙企业财产的，合伙企业不得以此对抗善意第三人。

除合伙协议另有约定外，合伙人向合伙人以外的人转让其在合伙企业中的全部或者部分财产份额时，须经其他合伙人一致同意。合伙人之间转让在合伙企业中的全部或者部分财产份额时，应当通知其他合伙人。合伙人向合伙人以外的人转让其在合伙企业中的财产份额的，在同等条件下，其他合伙人有优先购买权；但是，合伙协议另有约定的除外。

合伙人以其在合伙企业中的财产份额出质的，须经其他合伙人一致同意；未经其他合伙人一致同意，其行为无效，由此给善意第三人造成损失的，由行为人依法承担赔偿责任。

（三）普通合伙企业的事务执行

1. 普通合伙企业事务执行方式

合伙人对执行合伙事务享有同等的权利。按照合伙协议的约定或者经全体合伙人决定，可以委托一个或者数个合伙人对外代表合伙企业，执行合伙事务。作为合伙人的法人、其他组织执行合伙事务的，由其委派的代表执行。委托一个或者数个合伙人执行合伙事务的，其他合伙人不再执行合伙事务。

2. 普通合伙企业事项决议方法

合伙人对合伙企业有关事项作出决议，按照合伙协议约定的表决办法办理。合伙协议未约定或者约定不明确的，实行合伙人一人一票并经全体合伙人过半数通过的表决办法。合伙企业法对合伙企业的表决办法另有规定的，从其规定。

3. 普通合伙人的忠实义务

合伙人不得自营或者同他人合作经营与本合伙企业相竞争的业务。除合伙协议另有约定或者经全体合伙人一致同意外，合伙人不得同本合伙企业进行交易。合伙人不得从事损害本合伙企业利益的活动。

4. 普通合伙企业的分配

合伙企业的利润分配、亏损分担，按照合伙协议的约定办理；合伙协议未约定或者约定不明确的，由合伙人协商决定；协商不成的，由合伙人按照实缴出资比例分配、分担；无法确定出资比例的，由合伙人平均分配、分担。合伙协议不得约定将全部利润分配给部分合伙人或者由部分合伙人承担全部亏损。

（四）普通合伙企业与第三人的关系

合伙企业对合伙人执行合伙事务以及对外代表合伙企业权利的限制，不得对抗善意第三人。

普通合伙企业对其债务，应先以其全部财产进行清偿。合伙企业不能清偿到期债务的，合伙人承担无限连带责任。合伙人由于承担无限连带责任，清偿数额超过其亏损分担比例的，有权向其他合伙人追偿。

合伙人发生与合伙企业无关的债务，相关债权人不得以其债权抵销其对合伙企业的债务；也不得代位行使合伙人在合伙企业中的权利。

合伙人的自有财产不足清偿其与合伙企业无关的债务的，该合伙人可以以其从合伙企业中分取的收益用于清偿；债权人也可以依法请求人民法院强制执行该合伙人在合伙企业中的财产份额用于清偿。

人民法院强制执行合伙人的财产份额时，应当通知全体合伙人，其他合伙人有优先购买权；其他合伙人未购买，又不同意将该财产份额转让给他人的，依照法律规定为该合伙人办理退伙结算，或者办理削减该合伙人相应财产份额的结算。

（五）普通合伙企业的入伙与退伙

新合伙人入伙，除合伙协议另有约定外，应当经全体合伙人一致同意，并依法订立书面入伙协议。入伙的新合伙人与原合伙人享有同等权利，承担同等责任。入伙协议另有约定的，从其约定。新合伙人对入伙前合伙企业的债务承担无限连带责任。

合伙协议约定合伙期限的，在合伙企业存续期间，有下列情形之一的，合伙人可以退伙：（1）合伙协议约定的退伙事由出现；（2）经全体合伙人一致同意；（3）发生合伙人难以继续参加合伙的事由；（4）其他合伙人严重违反合伙协议约定的义务。合伙协议未约定合伙期限的，合伙人在不给合伙企业事务执行造成不利影响的情况下，可以退伙，但应当提前三十日通知其他合伙人。

合伙人有下列情形之一的，当然退伙：（1）作为合伙人的自然人死亡或者被依法宣告死亡；（2）个人丧失偿债能力；（3）作为合伙人的法人或者其他组织依法被吊销营业执照、责令关闭撤销，或者被宣告破产；（4）法律规定或者合伙协议约定合伙人必须具有相关资格而丧失该资格；（5）合伙人在合伙企业中的全部财产份额被人民法院强制执行。合伙人被依法认定为无民事行为能力人或者限制民事行为能力人的，经其他合伙人一致同意，可以依法转为有限合伙人，普通合伙企业依法转为有限合伙企业。其他合伙人未能一致同意的，该无民事行为能力或者限制民事行为能力的合伙人退伙。退伙事由实际发生之日为退伙生效日。

合伙人有下列情形之一的，经其他合伙人一致同意，可以决议将其除名：（1）未履行出资义务；（2）因故意或者重大过失给合伙企业造成损失；（3）执行合伙事务时有不正当行为；（4）发生合伙协议约定的事由。对合伙人的除名决议应当书面通知被除名人。

退伙人对基于其退伙前的原因发生的合伙企业债务，承担无限连带责任。合伙人退伙时，合伙企业财产少于合伙企业债务的，退伙人应当依照法律规定分担亏损。

（六）特殊的普通合伙企业

以专业知识和专门技能为客户提供有偿服务的专业服务机构，可以设立为特殊的普通合伙企业。

一个合伙人或者数个合伙人在执业活动中因故意或者重大过失造成合伙企业债务的，应当承担无限责任或者无限连带责任，其他合伙人以其在合伙企业中的财产份额为限承担责任。合伙人在执业活动中非因故意或者重大过失造成的合伙企业债务以及合伙企业的其他债务，由全体合伙人承担无限连带责任。

合伙人执业活动中因故意或者重大过失造成的合伙企业债务，以合伙企业财产对外承担责任后，该合伙人应当按照合伙协议的约定对给合伙企业造成的损失承担赔偿责任。

特殊的普通合伙企业名称中应当标明“特殊普通合伙”字样。特殊的普通合伙企业应当建立执业风险基金、办理职业保险。

二、有限合伙企业

有限合伙企业由普通合伙人和有限合伙人组成，普通合伙人对合伙企业债务承担无限连带责任，有限合伙人以其认缴的出资额为限对合伙企业债务承担责任。

（一）有限合伙企业的设立

1. 合伙人的人数符合法律规定。有限合伙企业由两个以上五十个以下合伙人设立；但是，法律另有规定的除外。有限合伙企业至少应当有一个普通合伙人。

2. 有书面的合伙协议。合伙协议除载明一般普通合伙协议所要求的内容外，还应当载明法定事项。

3. 合伙人实际缴付出资。有限合伙人可以用货币、实物、知识产权、土地使用权或者其他财产权利作价出资。有限合伙人不得以劳务出资。有限合伙人应当按照合伙协议的约定按期足额缴纳出资；未按期足额缴纳的，应当承担补缴义务，并对其他合伙人承担违约责任。

4. 有合伙企业的名称和生产经营场所。有限合伙企业名称中应当标明“有限合伙”字样。有限合伙企业经营同样需要生产经营场所。

5. 法律、行政法规规定的其他条件。法律、行政法规对有限合伙企业的设立规定了其他条件的，应当符合该规定的条件。

（二）有限合伙企业财产

有限合伙人可以按照合伙协议的约定向合伙人以外的人转让其在有限合伙企业中的财产份额，但应当提前三十日通知其他合伙人。

有限合伙人可以将其在有限合伙企业中的财产份额出质；但是，合伙协议另有约定的除外。

（三）有限合伙企业的事务执行

有限合伙企业由普通合伙人执行合伙事务。执行事务合伙人可以要求在合伙协议中确定执行事务的报酬及报酬提取方式。有限合伙人不执行合伙事务，不得对外代表有限合伙企业。有限合伙人未经授权以有限合伙企业名义与他人进行交易，给有限合伙企业或者其他合伙人造成损失的，该有限合伙人应当承担赔偿责任。

有限合伙人可以同本有限合伙企业进行交易；但是，合伙协议另有约定的除外。有限合伙人可以自营或者同他人合作经营与本有限合伙企业相竞争的业务；但是，合伙协议另有约定的除外。

有限合伙企业不得将全部利润分配给部分合伙人；但是，合伙协议另有约定的除外。

（四）有限合伙企业与第三人的关系

有限合伙人的自有财产不足清偿其与合伙企业无关的债务的，该合伙人可以以其从有限合伙企业中分取的收益用于清偿；债权人也可以依法请求人民法院强制执行该合伙人在有限合伙企业中的财产份额用于清偿。人民法院强制执行有限合伙人的财产份额时，应当通知全体合伙人。在同等条件下，其他合伙人有优先购买权。

第三人有理由相信有限合伙人为普通合伙人并与其交易的，该有限合伙人对该笔交易承担与普通合伙人同样的责任。

除合伙协议另有约定外，普通合伙人转变为有限合伙人，或者有限合伙人转变为普通合伙人，应当经全体合伙人一致同意。有限合伙人转变为普通合伙人的，对其作为有限合伙人期间有限合伙企业发生的债务承担无限连带责任。普通合伙人转变为有限合伙人的，对其作为普通合伙人期间合伙企业发生的债务承担无限连带责任。

（五）有限合伙企业的入伙和退伙

新入伙的有限合伙人对入伙前有限合伙企业的债务，以其认缴的出资额为限承担责任。有限合伙人个人丧失偿债能力的并不发生当然退伙。作为有限合伙人的自然人在有限合伙企业存续期间丧失民事行为能力的，其他合伙人不得因此要求其退伙。作为有限合伙人的自然人死亡、被依法宣告死亡或者作为有限合伙人的法人及其他组织终止时，其继承人或者权利承受人可以依法取得该有限合伙人在有限合伙企业中的资格。有限合伙人退伙后，对基于其退伙前的原因发生的有限合伙企业债务，以其退伙时从有限合伙企业中取回的财产承担责任。

第十六章 破产法

第一节 破产法概述

一、破产法的概念

破产，是指破产企业不能清偿到期债务，并且资产不足以清偿全部债务或者明显缺乏清偿能力的，依法定程序宣告企业终止，将企业的全部财产用于清产还债的法律制度。破产具有如下特征：(1) 破产是一种特殊偿债手段。(2) 破产是在特殊情况下适用的偿债程序，债务人对所有债权人已到期债务不能清偿时，可提起破产程序。(3) 破产是对所有债权人最为公平的一种偿债手段。(4) 破产是依照司法程序所进行的偿债手段，是在人民法院的主持下依法进行的。

破产法，是指为了维护社会主义市场经济秩序，规范企业法人破产程序，保障公平清理债权债务，保护债权人和债务人的合法权益，规定如何对达到破产界限的企业法人清理债务或者进行重整的法律规范的总称。

二、破产原因

破产原因也称破产界限，是企业被宣告破产时应具备的条件，即企业在什么情况下进入破产程序。破产原因主要有以下两种情形：一是指债务人不能清偿到期债务，并且资产不足以清偿全部债务；二是指债务人不能清偿到期债务，并且明显缺乏清偿能力。债务人账面资产虽然大于负债，但是存在下列情形的，人民法院应当认定其明显缺乏清偿能力：(1) 因资金严重不足或者财产不能变现等原因，无法清偿债务；(2) 法定代表人下落不明且无其他人员负责管理财产，无法清偿债务；(3) 经人民法院强制执行，无法清偿债务；(4) 长期亏损且经营扭亏困难，无法清偿债务；(5) 导致债务人丧失清偿能力的其他情形。

三、破产法的适用范围

破产法的适用范围是所有企业法人，包括国有企业、外商投资企业、有限责任公司与股份有限公司等，实现了企业法人在适用《企业破产法》上的统一。另外，商业银行、证券公司、保险公司等金融机构达到破产界限的，国务院金融监督管理机构也可以向人民法院提出对该金融机构进行重整或者破产清算的申请。上述的金融机构实施破产的，国务院可以制定具体的实施办法。

第二节 破产申请的提出与受理

一、破产申请的提出

破产申请人，有权向人民法院提出破产宣告申请。破产申请人包括债权人和债务人。破产程序只能依当事人的申请开始。债务人达到破产界限时，可以向人民法院提出重整、和解或者破产清算申请。

债权人或债务人申请破产，必须向有管辖权的人民法院提出。破产案件由债务人住所地人民法院管辖。基层人民法院管辖在县或区级的市场监督管理部门核准登记企业的破产案件；中级人民法院管辖设区的市（含本级）以上市场监督管理部门核准登记的企业的破产案件；纳入国家计划调整的企业的破产案件，由中级人民法院管辖。

二、破产申请的受理

人民法院收到破产申请后，应当进行审查。债务人提出破产申请的，人民法院应当在收到破产申请之日起十五日内裁定是否受理，并应在法定期限内将裁定送达有关当事人。债权人提出破产申请的，人民法院应当自收到申请之日起五日内通知债务人。债务人对申请有异议的，应当自收到人民法院的通知之日起七日内向人民法院提出。人民法院应当自异议期满之日起十日内裁定是否受理。

人民法院对破产申请决定立案的，应当组成合议庭，并发布通知和公告。

人民法院在受理破产申请后，应当确定债权人申报债权的期限。债权申报期限自人民法院发布受理破产申请公告之日起计算，最短不得少于三十日，最长不得超过三个月。债权人对于未到期债权、附条件附期限的债权以及诉讼、仲裁未决的债权都应当申报，但劳动债权不必申报。

第三节 管理人制度与破产财产

一、管理人的资格与职责

人民法院应在裁定受理破产申请的同时指定管理人。管理人，是指在破产程序开始之后，根据人民法院指定而负责对债务人财产实施管理、处分、变价、分配等事项的机构。管理人应当依法履行职务，向人民法院报告工作并接受债权人会议和债权人委员会的监督。

根据《企业破产法》规定，管理人可以由有关部门、机构的人员组成的清算组或者依法设立的律师事务所、会计师事务所、破产清算事务所等社会中介机构担任。

管理人履行下列职责：接管债务人的财产、印章和账簿、文书等资料、调查债务人财产状况、决定债务人的内部管理事务、日常开支和其他必要开支、在第一次债权人会议召开之前，决定继续或者停止债务人的营业、管理和处分债务人的财产、代表债务人参加诉讼、仲裁或者其他法律程序等。

二、破产财产的范围与保全

破产财产，是指被宣告破产后债务人财产，既包括破产申请受理时属于债务人的全部财产，也包括在破产申请受理后至破产程序终结前债务人取得的，用于破产分配的财产。根据相关法律规定，除债务人所有的货币、实物外，债务人依法享有的可以用货币估价并可以依法转让的债权、股权、知识产权、用益物权等财产和财产权益，人民法院均应认定为破产财产。下列财产不应认定为破产财产：债务人基于仓储、保管、承揽、代销、借用、寄存、租赁等合同或者其他法律关系占有、使用的他人财产；债务人在所有权保留买卖中尚未取得所有权的财产；所有权专属于国家且不得转让的财产；其他依照法律法规不属于债务人的财产。

为避免濒临破产的债务人发生损害破产债权人利益的不正当行为，《企业破产法》特别规定有以下三种行为时，管理人可以通过人民法院行使撤销权，行为无效后将追回的财产并入破产财产：（1）人民法院在受理破产申请前一年内，发生了涉及债务人财产的行为，如无偿转让财产的；以明显不合理的价格进行交易的；对没有财产担保的债务提供财产担保的；对未到期的债务提前清偿的；放弃债权的，管理人有权请求人民法院予以撤销。（2）人民法院受理破产申请前六个月内，债务人达到破产界限，仍对个别债权人进行清偿的，管理人有权请求人民法院予以撤销。但是，个别清偿使债务人财产受益的除外。（3）对涉及债务人财产的无效行为，如为逃避债务而隐匿、转移财产的；虚构债务或者承认不真实的债务的，也可以申请撤销。

第四节　破产债权与债权人会议

一、破产债权的条件

破产债权是人民法院受理破产申请时债权人对债务人享有的债权，是在进入破产清算程序后对破产人享有的债权。破产债权应具备的条件：（1）破产案件受理前有效成立的对债务人的所有债权，但已设定财产担保的债权，对特定财产享有优先受偿的权利。（2）破产债权应当是具有金钱价值或者可以用金钱价值估算的债权。（3）破产债权必须是具有法律强制执行力的债权。基于非法原因的债权、无效的债权，以及超过诉讼时效的债权不属于破产债权。（4）破产债权必须是进行了债权申报的债权。破产费用和共益债务不属于破产债权。

二、债权人会议

（一）债权人会议的概念和组成

债权人会议是破产程序中由全体债权人组成的自治性组织，是代表全体债权人整体利益，参与破产程序的决议机构。债权人会议由以下已经申报债权的债权人组成：（1）全体无财产担保的债权人。这是人数最多、最通常的债权人会议成员，其参加债权人会议，在会议上享有表决权。（2）有财产担保的债权人。这类债权人在债务人破产后，可就债务人的特定财产受偿，未放弃优先受偿权利的，可以参加债权人会议，但对于通过和解协议和通过破产财产的分配方案没有表决权。债权尚未确定的债权人，除人民法院能够为其行使表决权而临时确定债权额的以外，不得行使表决权。

（二）债权人会议的召集和职权

第一次债权人会议由人民法院召集，应当在债权申报期限届满之日起十五日内召开。以后的债权人会议在以下四种情况下召开：一是人民法院认为必要时召开；二是管理人向债权人会议主席提议召开；三是债权人委员会向债权人会议主席提议召开；四是占债权总额的四分之一以上的债权人向债权人会议主席提议召开。

债权人会议作为破产参与组织，享有法定的职权，具体包括：核查债权；申请人民法院更换管理人，审查管理人的费用和报酬；监督管理人；选任和更换债权人委员会成员；决定继续或者停止债务人的营业；通过重整计划；通过和解协议；通过债务人财产的管理方案；通过破产财产的变价方案；通过破产财产的分配方案；人民法院认为应当由债权人会议行使的其他职权。

（三）债权人会议的决议方式

债权人会议讨论通过决议，必须采用法定方式，符合法定条件。债权人会议的决议应当由出席会议的有表决权的债权人过半数通过，并且他们所代表的债权额必须占无财产担保债权总额的二分之一以上。但是，通过和解协议草案的决议，除了要由出席会议的有表决权的债权人过半数通过外，还要求他们所代表的债权额必须占无财产担保债权总额的三分之二以上。通过重整计划草案时，要依法分成各个表决组，必须由出席会议的同一表决组的债权人过半数同意，并且其所代表的债权额占该组债权总额的三分之二以上的，即为该组通过重整计划草案。各表决组均通过重整计划草案时，重整计划即为通过。债权人会议的决议对全体债权人均有约束力。债权人认为该债权人会议违反法律规定或者侵犯其合法权益的，可在决议作出后十五日内请求人民法院裁定撤销该决议，责令债权人会议依法重新作出决议。

三、债权人委员会

债权人委员会，是指由债权人会议决定设立的，在债权人会议闭会期间，代表债权人会议行使权利，对破产程序行使日常监督权的机构。债权人委员会由债权人会议选任的债权人代表和一名债务人的职工代表或者工会代表组成。债权人委员会成员不得超过九人。债权人委员会的成员应当经由人民法院书面认可。债权人委员会依法行使下列职权：监督债务人财产的管理和处分；监督破产财产分配；提议召开债权人会议；债权人会议委托的其他职权。

第五节　重整程序与和解制度

一、重整申请与重整程序

（一）重整与重整申请人

重整，是指债务人已经达到或者接近破产界限，但有挽救希望时，经过当事人申请，并由人民法院裁定，不对其财产立即进行清算，而是在人民法院主持下由债务人与债权人达成协议，对债务人的债务和财产情况进行重新整合的一项制度。债务人或者债权人可以直接向人民法院申请重整。债权人申请对债务人进行破产清算的，在人民法院受理破产申请后、宣告债务人破产前，债务人或者出资额占债务人注册资本十分之一以上的出资人，可以向人民法院申请重整。

（二）重整期间

重整期间是自人民法院裁定债务人重整之日起至重整程序终止。在重整期间，债务人的财产和营业事务原则上由管理人负责。但是经债务人申请，人民法院批准，债务人可以在管理人的监督下自行管理财产和营业事务，已接管债务人财产和营业事务的管理人应当向债务人移交财产和营业事务，管理人的职权由债务人行使；管理人负责管理财产和营业事务的，还可以聘任债务人的经营管理人员负责营业事务。

（三）重整计划的制订和批准

债务人或者管理人应当自人民法院裁定债务人重整之日起六个月内，向人民法院和债权人会议提交重整计划草案，期限届满，经债务人或者管理人请求，有正当理由的，人民法院可以裁定延期三个月。债务人或者管理人未按期提出重整计划草案的，人民法院应当裁定终止重整程序，并宣告债务人破产。

重整计划草案要经由债权人会议讨论，人民法院应当自收到重整计划草案之日起三十日内召开债权人会议，对重整计划草案进行表决。债务人或者管理人应当向债权人会议就重整计划草案作出说明，并回答询问。债务人的出资人代表可以列席讨论重整计划草案的债权人会议。通过重整计划草案时，依照不同债权分类，分组对重整计划草案进行表决。

出席会议的同一表决组的债权人过半数同意重整计划草案，并且其所代表的债权额占该组债权总额的三分之二以上的，即为该组通过重整计划草案。各表决组均通过重整计划草案时，重整计划即为通过。自重整计划草案通过之日起十日内，债务人或者管理人应当向人民法院提出批准重整计划的申请。人民法院经审查认为符合法律规定的，应当自收到申请之日起三十日内裁定批准，终止重整程序，并予以公告。经人民法院裁定批准的重整计划，对债务人和全体债权人均有约束力。重整计划草案未获得通过，或者已通过的重整计划未获得批准的，人民法院应当裁定终止重整程序，并宣告债务人破产。

（四）重整计划的执行和终结

重整计划由债务人负责执行。在重整期间，有下列情形之一的，经管理人或者利害关系人请求，人民法院应当裁定提前终止重整程序，并宣告债务人破产：债务人不能执行或者不执行重整计划的；债务人的经营状况和财产状况继续恶化，缺乏挽救的可能性；债务人有欺诈、恶意减少债务人财产或者其他显著不利于债权人的行为；由于债务人的行为致使管理人无法执行职务。人民法院在这种情况下裁定终结重整的，债权人在重整计划中作出的债权调整的承诺失去效力。债权人因执行重整计划所受的清偿仍然有效，债权未受清偿的部分作为破产债权。

二、破产和解的申请、执行与终结

（一）破产和解的申请

破产和解是为避免破产宣告或者破产分配，由债务人提出和解申请及和解协议草案，债权人会议讨论通过并经人民法院许可的，解决债权债务问题的制度。人民法院受理破产申请后，债务人与全体债权人就债权债务的处理自行达成协议的，可以请求人民法院裁定认可，并终结破产程序。债务人可以在破产案件受理前，直接向人民法院申请和解；也可以在人民法院受理破产申请后、宣告债务人破产前，向人民法院申请和解。债权人没有和解申请权。债务人申请和解，应当提出和解协议草案。

（二）和解的执行

和解协议是债务人和债权人会议就和解事项签订的协议。和解协议的内容包括：债务人和债权人的自然情况；债务人的财产状况说明；债务人清偿债务的财产来源或保障；债务人清偿债务的办法；债务人清偿债务的期限；若请求减免债务额，请求减免的额度。和解协议草案经债权人会议讨论通过、经人民法院认可并作出裁定后方可生效。债权人会议通过和解协议的决议，由出席会议的有表决权的债权人过半数同意，并且其所代表的债权额占无财产担保债权总额的三分之二以上。债权人会议通过和解协议后，由人民法院裁定认可，终止和解程序，并予以公告。和解协议生效后，管理人应当向债务人移交财产和营业事务，并向人民法院提交执行职务的报告。因债务人的欺诈或者其他违法行为而成立的和解协议，人民法院应当裁定无效，并宣告债务人破产。和解协议草案经债权人会议表决未获得通过，或者已经债权人会议通过的和解协议未获得人民法院认可的，人民法院应当裁定终止和解程序并宣告债务人破产。

（三）和解的终结

债务人全面执行了和解协议，和解程序终结。按照和解协议减免的债务，自和解协议执行完毕时起，债务人不再承担清偿责任。如果债务人不能执行或者不执行和解协议的，人民法院经和解债权人请求，应当裁定终止和解协议的执行，并宣告债务人破产。

第六节 破产清算程序

一、破产宣告

（一）破产宣告的情形

破产宣告，是指人民法院对于具备破产原因的债务人的破产事实予以判定，并使债务人进入破产清算程序的一种司法裁定行为。有下列情形之一的，人民法院应当依法宣告破产：债务人达到了规定的破产界限，又不具备进入重整或者和解程序条件的；债务人进入了破产重整，但在重整期间，出现了严重危害全体债权人行为的法定事由而终止破产重整程序；债务人进入破产重整程序，但未能在法定期限内提出重整方案，或者重整计划未获通过、批准；债务人不能执行或者不执行重整计划，人民法院经利害关系人申请裁定终止重整；和解协议草案未经批准或者通过；债务人不按照或者不能按照和解协议规定的条件清偿债务。

（二）破产宣告的裁定

在破产宣告前，有下列情形之一的，人民法院应当裁定终结破产程序并予以公告：第三人为债务人提供足额担保或者为债务人清偿全部到期债务的；债务人已清偿全部到期债务的。

二、破产财产的分配

破产财产分配根据破产财产分配方案进行。破产财产分配方案是确定破产财产的分配顺序、分配比例、分配数额、分配方法等的法律文件。

1. 破产财产应当优先拨付破产费用和共益债务。破产费用是在破产程序进行中，为债权人的共同利益而发生的费用。其中包括破产案件的诉讼费用；管理、变价和分配债务人财产的费用；管理人执行职务的费用、报酬和聘用工作人员的费用等。共益债务是在破产程序进行中为债权人的共同利益形成的债务。破产费用和共益债务由债务人财产随时清偿。债务人财产不足以清偿所有破产费用和共益债务的，先行清偿破产费用。债务人财产不足以清偿所有破产费用或者共益债务的，按照比例清偿。债务人财产不足以清偿破产费用的，管理人应当提请人民法院终结破产程序。人民法院应当自收到请求之日起十五日内裁定终结破产程序，并予以公告。

2. 破产财产在支付破产费用、共益债务后仍有剩余的，则依下列顺序清偿：破产人所欠职工的工资和医疗、伤残补助、抚恤费用，所欠的应当划入职工个人账户的基本养老保险、基本医疗保险费用，以及法律、行政法规规定应当支付给职工的补偿金。破产人欠缴的除前项规定以外的社会保险费用和破产人所欠税款；普通破产债权。前一顺序清偿完毕若有剩余，再清偿下一顺序。破产财产不足以清偿同一顺序的清偿要求的，按照比例分配。破产财产分配完毕，未得到清偿或者未得到足额清偿的债权，债务人不再清偿。

第十七章　证券法

第一节　证券法概述

一、证券法的概念

证券是多种经济权益凭证的统称，是用来证明券票持有人享有的某种特定权益的法律凭证。证券的种类繁多，包括资本证券、货币证券和商品证券等。狭义的证券主要指的是证券市场中的证券产品，其中包括产权市场产品如股票，债权市场产品如债券，衍生市场产品如股票期货、期权、利率期货等。

一般认为，证券具有以下几个方面的法律特征：(1) 证券是一种投资凭证，投资人要取得一定的收益，必须先以支付一定的财产为前提，证券是表明其投资多少的证明文书。(2) 证券是一种收益凭证，投资者通过投资证券取得投资收益。(3) 证券是一种风险投资工具，证券发行人可能出现亏损甚至破产。在证券市场中，投资者的交易收益愿望很有可能无法实现，甚至还会发生交易亏损。(4) 证券具有可流通转让性。证券可以根据当事人的意志在不同主体间无偿或有偿转让。(5) 证券具有定型性，证券的内容和格式实行统一的标准。这样能确保持有人权益的计算，也简化了交易过程。

证券法是调整证券发行、交易和国家对证券市场监管过程中所发生的社会关系的法律规范的总称。我国现行的证券立法包括证券市场的基本法律、关于发行外资股的法规、有关信息披露的规章、有关证券交易所的法规、关于证券投资基金的法规和处罚证券市场违法行为的法规。证券法的基本原则包括：保护投资者合法权益原则，公开、公平、公正原则，自愿、有偿、诚实信用原则，政府统一监管与自律性管理相结合原则。

二、证券的种类

我国《证券法》规定的证券为股票、债券、存托凭证和国务院依法认定的其他证券。其他证券主要指投资基金份额、非公司企业债券、国家政府债券等。

1.股票。股票是股份公司发行的证明股东在公司中投资入股并据此享有股东权利和承担义务的书面凭证。股票具有收益性、风险性、流通性和参与性的特点。

2.债券。债券是政府、金融机构、工商企业等依法向社会发行的、约定在一定期限还本付息的债权债务凭证。债券的特征主要有偿还性和收益性、流通性、相对安全性等特点。我国《证券法》中规定的债券主要是指公司债券。

3.存托凭证。存托凭证是指由存托人签发、以境外证券为基础在中国境内发行、代表境外基础证券权益的证券。

4.衍生证券。衍生证券是由基础证券衍生出来的交易品种，如认购权证。认购权证是股份公司给予持证人的无期限地或一定期限内以确定的价格购买一定数量的公司股票的权利证明，是持证人认购公司股票的一种选择权。认购权证一般附加在公司股票或公司债券上配售发行，属于一种有价证券。

三、证券市场主体

1. 证券交易所。证券交易所是依据国家有关法律，经政府证券主管机关批准设立的集中进行证券交易的有形场所。我国大陆地区已有两个证券交易所：上海证券交易所、深圳证券交易所。证券交易所制度分为公司制和会员制两种。

2. 证券公司。证券公司，是指依照《公司法》和《证券法》的规定设立的并经国务院证券监督管理机构审查批准而成立的专门经营证券业务、具有独立法人地位的有限责任公司或者股份有限公司。证券公司专门从事有价证券买卖，可分为证券经营公司和证券登记公司。

3. 证券登记结算机构。证券登记结算机构，是指为证券的发行和交易活动中办理证券登记、存管、结算业务的中介服务机构。证券登记结算机构不以营利为目的。设立证券登记结算机构必须经国务院证券监督管理机构批准。

4. 证券服务机构。证券服务机构，是指依法设立的从事证券服务业务的法人机构。证券服务业务包括：证券投资咨询；证券发行及交易的咨询、策划、财务顾问、法律顾问及其他配套服务；证券资信评估服务；证券集中保管；证券清算交割服务；证券登记过户服务；证券融资；经证券管理部门认定的其他业务。证券服务机构是提供有偿服务的机构。

5. 证券业协会。中国证券业协会总部设在北京。会员分为团体会员和个人会员，团体会员为证券公司。《证券法》规定，证券公司应当加入证券业协会。个人会员只限于证券市场管理部门有关领导以及从事证券研究及业务工作的专家，由协会根据需要吸收。

第二节　证券发行

一、证券发行的概念

证券发行，是指政府、金融机构、工商企业等发行人以募集资金为目的向投资者出售代表一定权利的有价证券的一系列行为的总称。证券的发行是证券第一次在公开市场上与公众见面，因此证券发行市场又称为证券的一级市场。相应地，已发行的证券在证券市场继续交易和流通，证券交易和流通市场则称为二级市场。证券发行市场是证券流通市场的基础，是证券交易的前提。

目前，证券发行实行注册制。证券发行分为公开发行和非公开发行。证券公开发行主要是指向社会公众发行，由于涉及公众利益，必须符合法律、行政法规规定的条件，并依法报经国务院证券监督管理机构或者国务院授权的部门注册；未经依法注册，任何单位和个人不得公开发行证券。非公开发行主要是指向一定数量的特定对象发行证券，这种发行涉及人数较少，且投资者对发行人的情况比较了解，发行行为对社会公众利益影响较小，国家对这种行为的监管较公开发行宽松。

二、证券发行的条件

（一）证券公开发行的一般条件

公开发行证券，必须符合法律、行政法规规定的条件。这主要是指《证券法》和《公司法》的相关规定及国务院制定的有关行政法规的规定。根据《上市公司证券发行管理办法》，公开发行证券的一般条件包括以下内容：

1.健全且运行良好的组织机构。这包括：公司章程合法有效，股东大会、董事会、监事会和独立董事制度健全，能够依法有效履行职责；公司内部控制制度健全，能够有效保证公司运行的效率、合法合规性和财务报告的可靠性；内部控制制度的完整性、合理性、有效性不存在重大缺陷；现任董事、监事和高级管理人员具备任职资格，能够忠实和勤勉地履行职务，不存在违反公司法规定的行为，且最近三十六个月内未受到过中国证监会的行政处罚、最近十二个月内未受到过证券交易所的公开谴责；上市公司与控股股东或实际控制人的人员、资产、财务分开，机构、业务独立，能够自主经营管理；最近十二个月内不存在违规对外提供担保的行为。

2.可持续的盈利能力。这包括：最近三个会计年度连续盈利；业务和盈利来源相对稳定，不存在严重依赖于控股股东、实际控制人的情形；现有主营业务或投资方向能够可持续发展，经营模式和投资计划稳健，主要产品或服务的市场前景良好，行业经营环境和市场需求不存在现实或可预见的重大不利变化；高级管理人员和核心技术人员稳定，最近十二个月内未发生重大不利变化；公司重要资产、核心技术或其他重大权益的取得合法，能够持续使用，不存在现实或可预见的重大不利变化；不存在可能严重影响公司持续经营的担保、诉讼、仲裁或其他重大事项；最近二十四个月内曾公开发行证券的，不存在发行当年营业利润比上年下降百分之五十以上的情形。

3.良好的财务状况。会计基础工作规范，严格遵循国家统一会计制度的规定；最近三年及一期财务报表未被注册会计师出具保留意见、否定意见或无法表示意见的审计报告；被注册会计师出具带强调事项段的无保留意见审计报告的，所涉及的事项对发行人无重大不利影响或者在发行前重大不利影响已经消除；资产质量良好。不良资产不足以对公司财务状况造成重大不利影响；经营成果真实，现金流量正常。营业收入和成本费用的确认严格遵循国家有关企业会计准则的规定，最近三年资产减值准备计提充分合理，不存在操纵经营业绩的情形；最近三年以现金方式累计分配的利润不少于最近三年实现的年均可分配利润的百分之三十。

4.无重大违法行为。上市公司最近三十六个月内财务会计文件无虚假记载，且不存在下列重大违法行为：违反证券法律、行政法规或规章，受到中国证监会的行政处罚，或者受到刑事处罚；违反市场监管、税收、土地、环保、海关法律、行政法规或规章，受到行政处罚且情节严重，或者受到刑事处罚；违反国家其他法律、行政法规且情节严重的行为。

5.募集资金的数额和用途合规。这包括：募集资金数额不超过项目需要量；募集资金用途符合国家产业政策和有关环境保护、土地管理等法律和行政法规的规定；除金融类企业外，募集资金使用项目不得为持有交易性金融资产和可供出售的金融资产、借予他人、委托理财等财务性投资，不得直接或间接投资于以买卖有价证券为主要业务的公司；投资项目实施后，不会与控股股东或实际控制人产生同业竞争或影响公司生产经营的独立性；建立募集资金专项存储制度，募集资金必须存放于公司董事会决定的专项账户。

6.不得具有的情形。上市公司存在下列情形之一的，不得公开发行证券：本次发行申请文件有虚假记载、误导性陈述或重大遗漏；擅自改变前次公开发行证券募集资金的用途而未作纠正；上市公司最近十二个月内受到过证券交易所的公开谴责；上市公司及其控股股东或实际控制人最近十二个月内存在未履行向投资者作出的公开承诺的行为；上市公司或其现任董事、高级管理人员因涉嫌犯罪被司法机关立案侦查或涉嫌违法违规被中国证监会立案调查；严重损害投资者的合法权益和社会公共利益的其他情形。

（二）股票发行的条件

1.设立发行。只有股份有限公司才能发行股票。对于设立发行，需要符合公司法规定的条件和国务院批准的证监会规定的其他条件。

2.首次公开发行。根据《证券法》，首次公开发行股票并上市的有关条件与具体要求如下：具备健全且运行良好的组织机构；具有持续经营能力；最近三年财务会计报告被出具无保留意见审计报告；发行人及其控股股东、实际控制人最近三年不存在贪污、贿赂、侵占财产、挪用财产或者破坏社会主义市场经济秩序的刑事犯罪；经国务院批准的国务院证券监督管理机构规定的其他条件。

3.新股发行。上市公司发行新股，应当符合经国务院批准的国务院证券监督管理机构规定的条件，具体管理办法由国务院证券监督管理机构规定。

4.配股发行。配股发行，是指上市公司向现有股东提出配股建议，使现有股东可按照其所持股份的比例认购配售股份的行为。上市公司向原股东配股，需要符合下列条件：拟配售股份数量不超过本次配售股份前股本总额的百分之三十；控股股东应当在股东大会召开前公开承诺认配股份的数量；采用证券法规定的代销方式发行。

（三）公司债券发行的条件

根据《证券法》第十五条的规定，公开发行公司债券，应当符合下列条件：具备健全且运行良好的组织机构；最近三年平均可分配利润足以支付公司债券一年的利息；国务院规定的其他条件。

公开发行公司债券筹集的资金，必须按照公司债券募集办法所列资金用途使用；改变资金用途，必须经债券持有人会议作出决议。公开发行公司债券筹集的资金，不得用于弥补亏损和非生产性支出。

根据《证券法》第十七条的规定，有下列情形之一的，不得再次公开发行公司债券：有违约或者延迟支付本息的事实，仍处于继续状态；违反本法规定，改变公开发行公司债券所募资金的用途。

（四）可转换公司债券发行的条件

可转换公司债券是债券的一种，可以转换为债券发行公司的股票，通常具有较低的票面利率。从本质上讲，可转换公司债券是在发行公司债券的基础上，附加了一份期权，允许购买人在规定的时间范围内将其购买的债券转换成指定公司的股票。

根据《证券法》第十五条的规定，上市公司发行可转换为股票的公司债券，除应当符合公司债券发行的一般条件外，还应当遵守公司发行新股的规定。但是，按照公司债券募集办法，上市公司通过收购本公司股份的方式进行公司债券转换的除外。

公开发行可转换公司债券的公司，应当符合下列规定：最近三个会计年度加权平均净资产收益率平均不低于百分之六。扣除非经常性损益后的净利润与扣除前的净利润相比， 以低者作为加权平均净资产收益率的计算依据；本次发行后累计公司债券余额不超过最近一期末净资产额的百分之四十；最近三个会计年度实现的年均可分配利润不少于公司债券一年的利息。

（五）非公开发行股票的条件

上市公司非公开发行股票需达到三个条件：一是特定对象合规，即符合上市公司股东大会决议所规定的要求，且不超过三十五人。二是上市公司非公开发行股票符合四个条件：发行价格不低于定价基准日前二十个交易日公司股票均价的百分之八十；本次发行的股份自发行结束之日起，六个月内不得转让；控股股东、实际控制人及其控制的企业认购的股份，十八个月内不得转让；募集资金使用符合规定；发行将导致上市公司控制权发生变化的，还应符合中国证监会的其他规定。三是上市公司本身不存在规定的消极情形，包括本次发行申请文件有虚假记载、误导性陈述或重大遗漏等。

第三节　证券上市与交易

一、证券上市

证券上市，是指发行人的股票、债券等按照法定条件和程序，在证券交易所或其他依法设立的证券交易所公开挂牌交易的行为。证券上市是连接证券发行与证券场内交易的桥梁，也确立了证券交易所与上市公司之间的自律监管关系。

与证券发行一样，证券上市亦需符合一定条件。不符合条件的，不得上市交易。非依法发行的证券，不得上市交易。

根据我国现行《证券法》的规定，申请证券上市交易，应当向证券交易所提出申请，由证券交易所依法审核同意，并由双方签订上市协议。证券交易所根据国务院授权的部门的决定安排政府债券上市交易。

申请证券上市交易，应当符合证券交易所上市规则规定的上市条件。证券交易所上市规则规定的上市条件，应当对发行人的经营年限、财务状况、最低公开发行比例和公司治理、诚信记录等提出要求。

二、证券交易

证券交易，是指证券持有人依照交易规则，将证券转让给其他投资者的行为。证券交易除应遵循《证券法》规定的证券交易规则，还应同时遵守《公司法》及《合同法》规则。与一般的商品买卖相比，其买卖对象限于已发行的证券，非依法发行的证券，不得买卖。

依据证券交易的场所，可以将其分为场内交易与场外交易；依据交易价格的形成方式，可以将其分为竞价交易与议价交易；依据交割期限与投资方式，又可以将其分为现货交易、信用交易、期货交易和回购。

在证券交易中，应遵守一般规则。证券交易的标的合法；证券交易主体合法；在合法的证券交易场所交易；以合法方式交易。《证券法》第三十八条规定："证券在证券交易所上市交易，应当采用公开的集中交易方式或者国务院证券监督管理机构批准的其他方式。"我国现行《证券法》取消了证券公司不得从事向客户融资或融券的证券交易活动的规定。

三、信息披露

信息披露，是指公众公司以招股说明书、上市公告书以及定期报告和临时报告等形式，把公司及与公司相关的信息，向投资者和社会公众公开披露的行为。信息披露的完整性和充足度是形成股票市场有效性的必要和充分条件，信息披露是对上市公司的客观要求，也是对市场监管的客观要求。上市公司披露信息的平面媒体主要是中国证监会指定的一些专业报刊和网站。

公司应当披露的信息主要通过招股说明书、上市公告书以及定期报告和临时报告等几种形式进行披露。

（1）招股说明书。招股说明书是股份公司公开发行股票时，就募股事宜发布的书面通告。公司发行债券则需要披露债券募集说明书。

（2）上市公告书。上市公告书是发行人于股票上市前，向公众公告发行与上市有关事项的信息披露文件。

（3）定期报告。上市公司根据有关法规于规定时间编制并公布的反映公司业绩的报告称为定期报告。定期报告包括年度报告和中期报告。年度报告是公司会计年度经营状况的全面总结。中期总结是公司半年度经营状况的总结。中期报告分为前半个会计年度的半年度报告和季度报告。季度报告分为一季度（春季度）报告和三季度（秋季度）报告。上市公司的年报一般在次年4月底以前发布，中期报告一般在8月底以前发布，季度报告一般在季度结束次月前发布。

（4）临时报告。临时报告，是指上市公司按有关法律法规及规则规定，在发生某些可能给上市公司股票的市场价格产生较大影响的重大事项时，需向投资者和社会公众披露的信息，是上市公司持续信息披露义务的重要组成部分。临时报告包括的内容和形式较为广泛，较为常见的有股东大会决议公告、董事会决议公告、监事会决议公告。其他重大事项也会由一些中介机构同时发布信息，如回访报告、评估报告和审计报告、律师见证书等。

《证券法》第八十一条规定，发生可能对上市公司股票交易价格产生较大影响的重大事件，投资者尚未得知时，上市公司应当立即将有关该重大事件的情况向国务院证券监督管理机构和证券交易所报送临时报告，并予公告，说明事件的起因、目前的状态和可能产生的法律后果。

四、禁止的交易行为

（一）内幕交易

内幕交易，是指内幕人员和以不正当手段获取内幕信息的其他人员违反法律、法规的规定，泄露内幕信息，根据内幕信息买卖证券或者向他人提出买卖证券建议从而谋取利益或减少损失的行为，是一种典型的证券欺诈行为。知悉证券交易内幕信息的知情人员或者非法获取内幕信息的其他人员，不得买入或者卖出所持有的该公司的证券，或者泄露该信息或者建议他人买卖该证券。

内幕信息，是指为内幕人员所知悉的，尚未公开并可能影响证券市场价格的重大信息。内幕交易主要包括下列行为：内幕人员利用内幕信息买卖证券，或者根据内幕信息建议他人买卖证券的行为；内幕人员向他人泄露内幕信息，使他人利用该信息获利的行为；非内幕人员通过不正当的手段或者其他途径获得内幕信息，并根据该内幕信息买卖证券，或者建议他人买卖证券的行为。

（二）操纵市场

操纵市场，是指以获取利益或减少损失为目的，利用资金、信息等优势或滥用职权，影响证券市场价格，制造证券市场假象，诱导投资者在不了解事实真相的情况下作出证券投资决定，扰乱证券市场秩序的行为。操纵市场行为人为地扭曲了证券市场的正常价格，使价格与价值严重背离，扰乱了证券市场正常秩序，严重的操纵市场行为甚至会引发社会动荡。

（三）欺诈客户

欺诈客户，是指证券公司及其从业人员在证券交易及相关活动中，为了谋取不法利益，而违背客户的真实意思进行代理的行为，以及诱导客户进行不必要的证券交易的行为。

（四）虚假陈述

证券市场虚假陈述，是指信息披露义务人违反证券法律规定，在证券发行或者交易过程中，对重大事件作出违背事实真相的虚假记载、误导性陈述，或者在披露信息时发生重大遗漏、不正当披露信息的行为。

第四节　上市公司收购重组

一、上市公司收购重组的概念

上市公司收购重组是上市公司收购和上市公司重组的合称。上市公司收购一般有广义和狭义之分。狭义的上市公司收购即要约收购，是指收购方通过向目标公司股东发出收购要约的方式购买该公司的有表决权证券的行为；广义的上市公司收购，除要约收购以外，还包括协议收购等其他形式。上市公司重组，是指上市公司实施的显著改变企业组织形式、经营范围、经营方式和资源配置的行为。广义的上市公司重组包含公司收购在内，狭义的上市公司重组专指上市公司重大资产重组。

二、上市公司收购

上市公司收购主要包括要约收购、协议收购、集中竞价交易收购和间接收购等形式。上市公司收购要遵守证监会制定的《上市公司收购管理办法》。

1.要约收购

要约收购，是指收购人向被收购的公司发出收购的公告，待被收购上市公司确认后，方可实行收购行为。它是各国证券市场最主要的收购形式，通过公开向公司所有股东发出要约，达到控制目标公司的目的。要约收购是一种特殊的证券交易行为，其标的为上市公司的全部或部分依法发行的股份。其最大的特点是在所有股东平等获取信息的基础上由股东自主作出选择，因此被视为完全市场化的规范的收购模式，有利于防止各种内幕交易，保障全体股东尤其是中小股东的利益。

要约收购依据不同标准可以划分为不同类型。依据收购人是否自愿发出收购要约，可以将其分为强制要约收购和自愿要约收购。依据收购要约的标的是否为目标公司其他股东持有的全部股份，可以区分为部分要约收购与全面要约收购。

投资者自愿选择以要约方式收购上市公司股份的，可以向被收购公司所有股东发出收购其所持有的全部股份的要约（全面要约），也可以向被收购公司所有股东发出收购其所持有的部分股份的要约（部分要约）。通过证券交易所的证券交易，投资者持有或者通过协议、其他安排与他人共同持有一个上市公司已发行的股份达到百分之三十时，继续进行收购的，应当依法向该上市公司所有股东发出收购上市公司全部或者部分股份的要约。

2.协议收购

协议收购，是指投资者在证券交易场所之外与目标公司的股东（主要是持股比例较高的大股东）就股票价格、数量等方面进行私下协商（相对公开市场而言，而非黑市交易），购买目标公司的股票，以期达到对目标公司的控股或兼并目的。

3.集中竞价交易收购

集中竞价收购是指在证券交易所通过“集中竞价”的方式完成的收购。集中竞价收购以现金为支付方式，所以为了获得足够比例的股票，收购方必须准备足够的现金。

4.间接收购

间接收购，是指收购人在形式上没有直接成为目标公司的股东，但通过投资关系、协议、其他安排导致其拥有权益的股份达到或超过一个上市公司已发行股份的百分之五、未超过百分之三十的收购。在我国的上市公司收购中，间接收购被广泛地使用。

三、上市公司资产重组

在上市公司资产重组实践中，“资产”的含义一般泛指一切可以利用并为企业带来收益的资源，其中不仅包括企业的经济资源，也包括人力资源和组织资源。上市公司资产重组达到一定标准，则构成重大资产重组，要遵守证监会《上市公司重大资产重组管理办法》的有关规定。

1.上市公司重大资产重组

上市公司重大资产重组的定义是，上市公司及其控股或者控制的公司在日常经营活动之外购买、出售资产或者通过其他方式进行资产交易达到规定的比例，导致上市公司的主营业务、资产、收入发生重大变化的资产交易行为。

2.上市公司发行股份购买资产

上市公司发行股份购买资产是上市公司重大资产重组的一种形式，《上市公司重大资产重组管理办法》专门设立了第五章对发行股份购买资产进行了特别规定。其是指上市公司作为交易的一方，向特定对象发行股份购买资产或向发行对象募集资金进行周转，再用现金购买该发行对象的资产。发行股份购买资产本质上是一种私募或非公开发行性质的证券发行方式。

3.借壳上市

借壳上市并不是一种具体的并购交易结构，而是并购行为的综合。借壳上市，是指非上市公司通过股权收购获得上市公司控制权后，再通过重大资产重组，将非上市公司控制的优质资产置入上市公司，将原来上市公司控制的劣质资产置出上市公司的过程。在这个过程中，上市公司控股股东也发生了变更，非上市资产变为上市资产。

第十八章　反垄断法

第一节　反垄断法概述

一、反垄断法的概念

法律意义上的垄断，是指生产经营者违反法律或社会公共利益，在经济活动中以协议、滥用市场支配地位、经营者集中以及滥用行政权力等形式构成排除或限制自由竞争的状态或行为。垄断行为的目的或后果是排除限制竞争、牟取超额利润，带来阻碍社会技术进步、破坏市场公平竞争、损害消费者利益、影响经济民主制度等严重危害，因此要对其进行规制。

反垄断法，是指通过规范垄断和限制竞争行为来调整企业和企业联合组织相互间竞争关系的法律规范的总和。制定反垄断法，就是为了预防和制止垄断行为，保护市场公平竞争，提高经济运行效率，维护消费者利益和社会公共利益，促进社会主义市场经济健康发展。

二、反垄断法的基本特征

（1）国家干预性。反垄断法中所体现的国家干预是为了扫除对经济自由的不正当限制以实现自由、公平的竞争，这种干预并不是对民商法所确认的财产权利和契约自由的否定，而是为了更好地确保这种自由，其立足于社会整体利益对市场竞争活动进行调整，以期实现实质意义上的公平与正义。

（2）社会本位性。反垄断法的社会本位性，是指它对经济关系的调整立足于社会整体，在任何情况下都以大多数人的意志和利益为重。社会本位性意味着反垄断法不仅要处理竞争者之间的关系，维护竞争者的合法权益，还应该考虑广泛的利益关系，如消费者的福利、国家经济的整体发展等。

（3）经济政策性。反垄断法的制定、修改与国家的经济政策密切相关，反垄断的执法和司法活动也带有很强的政策性。随着经济现象的不断变化，经济学理论的不断更新，反垄断法的经济政策性及由此而派生的灵活性为反垄断法的适用带来了较大的挑战。

（4）实体与程序的融合性。实体法制度与程序法制度并存于反垄断法之中。反垄断执法机构的地位不同于一般的执法机关，也不同于司法机关，反垄断执法职权和执法程序是反垄断法律制度中必不可少的内容之一。因此，反垄断法在对垄断的行为方式、构成要件、法律责任、具体权利义务等实体内容作出规定的同时，还对相关程序内容作出了规定。

第二节　禁止垄断协议行为

垄断协议，是指排除、限制竞争的协议、决定或者其他协同行为。我国反垄断法根据垄断行为实施主体所处的层次不同，将垄断协议分为横向垄断协议和纵向垄断协议。

一、横向垄断协议行为

横向垄断协议，是指在产业链上居于同一环节的两个或两个以上具有竞争关系的经营者所达成的垄断协议。横向垄断协议的具体行为可表现为以下几种：

（1）固定或者变更商品价格。经营者可以通过协议、决议或者协同行为，直接确定、维持或者改变商品销售价格，还可以通过对经营者定价过程设定统一的限制条件，从而实现减弱或限制竞争的目的。这种对价格的限制条件主要包括：①固定或者变更价格变动幅度；②固定或者变更对价格有影响的手续费、折扣或者其他费用；③使用约定的价格作为与第三方交易的基础；④约定采用据以计算价格的标准公式；⑤约定未经参加协议的其他经营者同意不得变更价格等。当相关市场内所有的经营者都参加固定价格行为，则在该市场内完全排除了竞争，因此，该行为对竞争的损害十分严重。

（2）限制商品的生产数量或者销售数量。经营者通过共谋限定商品的生产数量或销售数量，间接控制商品价格，其所达成的数量限制协议可具体表现为：①以限制产量、固定产量、停止生产等方式限制商品的生产数量或者限制商品特定品种、型号的生产数量；②以拒绝供货、限制商品投放量等方式限制商品的销售数量或者限制商品特定品种、型号的销售数量。

（3）分割销售市场或者原材料采购市场。这也被称为划分市场协议行为，是间接控制价格的一种方式，可具体表现为：①划分商品销售地域、销售对象或者销售商品的种类、数量；②划分原料、半成品、零部件、相关设备等原材料的采购区域、种类、数量；③划分原料、半成品、零部件、相关设备等原材料的供应商。

（4）限制购买新技术、新设备或者限制开发新技术、新产品。这也被称为限制创新协议行为。在科技高速发展的今天，技术的创新与升级是保障成本降低、保障价格优势的主要手段。限制创新协议的具体表现形式有：①限制购买、使用新技术、新工艺；②限制购买、租赁、使用新设备；③限制投资、研发新技术、新工艺、新产品；④拒绝使用新技术、新工艺、新设备；⑤拒绝采用新的技术标准。

（5）联合抵制交易。这也被称为集体拒绝交易行为，是指竞争者之间联合起来，共同拒绝与其他竞争对手、供应商或客户进行交易的行为。联合抵制交易协议的产生可能出于多种原因或目的，破坏了市场竞争规则，使特定的经营者失去了公平竞争的机会，其表现形式有：①联合拒绝向特定经营者供货或者销售商品；②联合拒绝采购或者销售特定经营者的商品；③联合限定特定经营者不得与其具有竞争关系的经营者进行交易。

（6）其他。除以上五种表现形式外，国务院反垄断执法机构认定的其他垄断协议也在规制范围中。

二、纵向垄断协议行为

纵向垄断协议，是指处于同一产业链上下环节（有交易关系或供求关系）的两个或两个以上经营者所达成的垄断协议。纵向垄断协议的具体行为可表现为以下几种：

（1）固定转售商品价格。固定转售商品价格，是指经营者与交易相对人达成协议，固定交易相对人向第三人转售商品的价格。这里的固定价格包括两种含义，即确定价格和维持价格。经营者之间达成固定转售价格协议，实际上剥夺了作为协议当事人的批发商或零售商根据市场竞争状况作出相应价格调整的权利，在这种情况下，下游厂商在价格方面完全丧失了自主权。

（2）限定最低转售价格。限定最低转售价格，是指经营者与交易相对人达成协议，限定向第三人转售商品的最低价格。与固定转售价格行为不同，限定最低转售价格行为没有完全剥夺商品批发商或零售商根据市场竞争状况作出相应价格调整的权利，但下游厂商的定价自主权受到了很大程度的限制，即其转售价格必须在某一价格之上，这样会导致商品的高价销售，不但对消费者利益造成损害，也使经营效率低下的厂商得以生存，无法使资源得到最合理的配置。

（3）其他。除以上两种表现形式外，国务院反垄断执法机构认定的其他垄断协议也在规制范围中，如选择性销售协议、纵向地域限制协议和客户限制协议等。

三、禁止垄断协议行为的豁免制度

由于垄断协议行为对市场竞争具有直接而严重的损害，各国反垄断法原则上都对垄断协议行为予以禁止，但同时对于那些能够带来积极效果、促进竞争、不影响竞争、总体上对竞争的损害小于对竞争的促进、可以实现国家利益和社会公共利益最大化的垄断协议行为，往往适用豁免的规定。

豁免制度的具体情形有：

（1）研发协议。在激烈的市场竞争中，经营者之间不仅存在竞争，有时为了改进技术、研究开发新产品还有必要进行合作。这种研发合作不仅有利于提高企业的生产效率，也有利于提高消费者的社会福利，因此得到豁免。当然，这种研发协议不能严重限制相关市场的竞争，并且能够使消费者分享由此产生的利益。

（2）标准化或专业化协议。标准化或专业化协议，是指为提高产品质量、降低成本、增进效率，统一产品规格、标准或者实行专业化分工的协议，在不会严重限制相关市场竞争并且能够使消费者分享由此产生的利益的前提下，可以得到豁免。

（3）中小企业合作协议。中小企业合作协议，是指中小企业为提高经营效率、增强中小经营者竞争力，而在生产、研究和开发、融资、管理、广告宣传、采购、销售等方面进行的合作。其目的是实现生产经营合理化，降低成本，改善在与大企业竞争中所处的不利地位，在一定程度上可以推动市场的有效竞争。该协议不能严重限制相关市场的竞争，并且能够使消费者分享由此产生的利益。

（4）公共利益合作协议。公共利益合作协议，是指为实现节约能源、保护环境、救灾救助等社会公共利益而达成的协议，该协议不能严重限制相关市场的竞争，并且能够使消费者分享由此产生的利益。

（5）经济危机合作协议。经济危机合作协议，是指因经济不景气，为缓解销售量严重下降或者生产明显过剩而达成的协议。该协议不能严重限制相关市场的竞争，并且能够使消费者分享由此产生的利益。

（6）进出口合作协议。在实践中，经营者为保障对外贸易和对外经济合作中的正当利益而订立的进出口合作协议，一般是为了推动产品的出口，可以得到豁免。

（7）法律和国务院规定的其他合作协议。

需要注意的是，属于前述第1至5种协议情形的，经营者对于其所达成的协议不会严重限制相关市场的竞争，并且能够使消费者分享由此产生的利益应当负证明责任。

第三节　禁止滥用市场支配地位行为

一、市场支配地位及其认定

市场支配地位，是指经营者在相关市场内具有能够控制商品价格、数量或者其他交易条件，或者能够阻碍、影响其他经营者进入相关市场能力的市场地位。认定经营者具有市场支配地位，一般以市场份额为主，兼顾市场行为及其他相关因素，主要包括以下几种：

（1）该经营者在相关市场的市场份额，以及相关市场的竞争状况。市场份额是指一定时期内经营者的特定商品销售额、销售数量等指标在相关市场所占的比例。根据我国《反垄断法》的规定：①一个经营者在相关市场的市场份额达到二分之一的；②两个经营者在相关市场的市场份额合计达到三分之二的；③三个经营者在相关市场的市场份额合计达到四分之三的，可以推定经营者具有市场支配地位。有第②项、第③项规定的情形，其中有的经营者市场份额不足十分之一的，不应当推定该经营者具有市场支配地位。

（2）该经营者控制销售市场或者原材料采购市场的能力。这包括控制销售渠道或者采购渠道的能力，影响或者决定价格、数量、合同期限或者其他交易条件的能力，以及优先获得企业生产经营所必需的原料、半成品、零部件及相关设备等原材料的能力。

（3）该经营者的财力和技术条件。这包括资产规模、财务能力、盈利能力、融资能力、研发能力、技术装备、技术创新和应用能力以及拥有的知识产权等。经营者的技术条件越好，竞争力越强，支配市场的能力就越强。

（4）其他经营者对该经营者在交易上的依赖程度。这包括与该经营者之间的交易量、交易关系的持续时间、转向其他交易相对人的难易程度等。

（5）其他经营者进入相关市场的难易程度。这包括市场准入制度、拥有必需设施的情况、销售渠道、资金和技术要求以及成本等因素。

（6）与认定该经营者市场支配地位有关的其他因素。如交易自由度、利润率的差距、经营者横向或纵向联合的紧密程度等。

二、滥用市场支配地位的行为表现

（1）以不公平的高价销售商品或者以不公平的低价购买商品。在实践中，认定“不公平的高价”和“不公平的低价”，应当主要考虑下列因素：①销售价格或者购买价格是否明显高于或者低于其他经营者销售或者购买同种商品的价格；②在成本基本稳定的情况下，是否超过正常幅度提高销售价格或者降低购买价格；③销售商品的提价幅度是否明显高于成本增长幅度，或者购买商品的降价幅度是否明显高于交易相对人成本降低幅度。

（2）掠夺性定价。掠夺性定价，是指具有市场支配地位的经营者，没有正当理由，为了排挤竞争对手，以低于成本的价格销售商品的行为。掠夺性定价中的“正当理由”可以包括：①降价处理鲜活商品、季节性商品、有效期限即将到期的商品和积压商品的；②因清偿债务、转产、歇业降价销售商品的；③为推广新产品进行促销的；④能够证明行为具有正当性的其他理由。

（3）拒绝交易。拒绝交易，是指具有市场支配地位的经营者，没有正当理由，拒绝与交易相对人进行交易的行为。根据传统民法意思自治的理念，经营者应当有是否交易以及和谁交易的权利。但是，当拒绝交易的权利是由具有市场支配地位的经营者来行使，且意在排除或限制竞争或者牟取超额利益的时候，其目的、效果就走向了市民社会自由竞争的反面，因此应予以规制。

（4）强制交易。强制交易，是指具有市场支配地位的经营者，没有正当理由，限定交易相对人只能与其进行交易或者只能与其指定的经营者进行交易的行为。其行为方式包括：限定交易相对人只能与其进行交易；限定交易相对人只能与其指定的经营者进行交易；限定交易相对人不得与其竞争对手进行交易等。

（5）搭售及附加不合理条件。搭售及附加不合理条件，是指具有市场支配地位的经营者，没有正当理由，利用其市场支配地位搭配销售商品的行为。搭售的直接目的可能是为了扩大市场份额、排挤竞争对手，也可能是为了扩大销量、获取超额利润。

（6）差别待遇。差别待遇，是指具有市场支配地位的经营者，没有正当理由，利用市场支配地位，对条件相同的交易相对人在交易价格等交易条件上实行不同待遇的行为。价格歧视是最常见的差别待遇，此外，该行为还可以表现为除价格歧视以外的其他交易条件。

（7）其他。国务院反垄断执法机构认定的其他滥用市场支配地位的行为也应受到规制。

第四节　控制经营者集中行为

一、经营者集中行为的概念

市场支配地位的获得，有的来自经营者自身资本的积累，有的则来自不同经营者经济力的集中。经营者集中，是指经营者通过合并、收购、委托经营、联营或其他方式集合经营者经济力，提高市场地位的行为。

经营者集中的类型主要包括：(1) 经营者合并，是指两个或两个以上经营者合为一个经营者，从而导致经营者集中的行为。(2) 经营者通过取得股权或者资产的方式取得对其他经营者的控制权。(3) 经营者通过合同等方式取得对其他经营者的控制权或者能够对其他经营者施加决定性影响。

二、控制经营者集中行为的申报标准与审查标准

(一) 控制经营者集中行为的申报标准

由于经营者集中行为数量较多且频繁发生，反垄断执法机构不可能对所有的经营者集中行为进行审查，所以反垄断法就需要确定一个适当的反垄断审查申报标准。这一标准既要使那些有较大限制竞争可能性的经营者集中得到必要的审查和有效的控制，又要使那些基本上不会限制竞争的经营者集中行为能够及时、顺利地进行，防止政府的不必要干预，减少交易成本。

我国经营者集中的申报标准为：(1) 参与集中的所有经营者上一会计年度在全球范围内的营业额合计超过一百亿元人民币，并且其中至少两个经营者上一会计年度在中国境内的营业额均超过四亿元人民币；(2) 参与集中的所有经营者上一会计年度在中国境内的营业额合计超过二十亿元人民币，并且其中至少两个经营者上一会计年度在中国境内的营业额均超过四亿元人民币。经营者集中达到国务院规定的申报标准的，经营者应当事先向国务院反垄断执法机构申报，未申报的不得实施集中。

(二) 控制经营者集中行为的审查标准

(1) 在相关市场的市场份额及其对市场的控制力。审查经营者集中，应当考虑参与集中的经营者在相关市场的市场份额及其对市场的控制力，包括参与集中的经营者在相关市场的竞争状况；产品或服务的替代程度；集中所涉相关市场内未参与集中的经营者的生产能力，以及其产品或服务与参与集中经营者产品或服务的替代程度；参与集中的经营者控制销售市场或者原材料采购市场的能力；参与集中的经营者商品购买方转换供应商的能力；财力和技术条件；下游客户的购买能力等综合因素。

(2) 相关市场的市场集中度。市场集中度是对相关市场结构的一种描述，通常情况下，相关市场的市场集中度越高，集中后的增量越大，集中产生排除、限制竞争效果的可能性越大。

(3) 经营者集中对市场进入、技术进步的影响。经营者集中可能提高相关市场

的进入壁垒，集中后经营者可行使其通过集中而取得或增强的市场控制力，通过控制生产要素、销售渠道、技术优势、关键设施等方式，使其他经营者进入相关市场更加困难。

（4）经营者集中对消费者和其他有关经营者的影响。一方面，经营者集中可提高经济效率、实现规模经济效应和范围经济效应、降低产品成本和提高产品多样化，从而对消费者利益产生积极影响；反之，也可能通过提高价格、降低质量、限制产销量、减少科技研发投资等方式损害消费者利益。另一方面，经营者集中可能提高相关市场经营者的竞争压力，有利于促进其他经营者提高产品质量、降低产品价格；反之，也可能限制未参与集中的经营者扩大规模或削弱其竞争能力，产生排除和限制竞争的效果。

（5）经营者集中对国民经济发展的影响。经营者集中有助于扩大经营规模，增强市场竞争力，从而提高经济效率，促进国民经济发展。在特定情况下，也可能破坏相关市场的有效竞争和相关行业的健康发展，对国民经济造成不利影响。

（6）其他。评估经营者集中时，除考虑上述因素外，其他国务院反垄断执法机构认为应当考虑的影响市场竞争的因素也在其中。例如，还需综合考虑集中对公共利益的影响、对经济效率的影响等。此外，经济发展周期、国内外经济形势、国家宏观调控政策和市场竞争政策等都会对市场竞争产生直接或间接的影响，在审查经营者集中的竞争效果时，应当酌情考虑。

三、经营者集中行为反垄断审查程序

（一）经营者集中行为的申报

经营者向国务院反垄断执法机构申报集中，应当提交下列文件、资料：（1）申报书；（2）集中对相关市场竞争状况影响的说明；（3）集中协议；（4）参与集中的经营者经会计师事务所审计的上一会计年度财务会计报告；（5）国务院反垄断执法机构规定的其他文件、资料。申报书应当载明参与集中的经营者的名称、住所、经营范围、预定实施集中的日期和国务院反垄断执法机构规定的其他事项。经营者提交的文件、资料不完备的，应当在国务院反垄断执法机构规定的期限内补交文件、资料。经营者逾期未补交文件、资料的，视为未申报。

（二）经营者集中行为的申报豁免

不是所有的经营者集中行为都需要反垄断法进行控制，反垄断法规定控制经营集中行为制度的目的是通过控制经营者集中而防止出现过强的市场力量。经营者集中有下列情形之一的，可以不向国务院反垄断执法机构申报：（1）参与集中的一个经营者拥有其他每个经营者百分之五十以上有表决权的股份或者资产的；（2）参与集中的每个经营者百分之五十以上有表决权的股份或者资产被同一个未参与集中的经营者拥有的。

（三）经营者集中行为的反垄断审查

（1）初步审查。国务院反垄断执法机构应当自收到经营者提交的符合规定的文件、资料之日起三十日内，对申报的经营者集中进行初步审查，作出是否实施进一步审查的决定，并书面通知经营者。国务院反垄断执法机构作出决定前，经营者不得实施集中。国务院反垄断执法机构作出不实施进一步审查的决定或者逾期未作出决定的，经营者可以实施集中。

（2）进一步审查。国务院反垄断执法机构决定实施进一步审查的，应当自决定之日起九十日内审查完毕，作出是否禁止经营者集中的决定，并书面通知经营者。作出禁止经营者集中的决定，应当说明理由。审查期间，经营者不得实施集中。国务院反垄断执法机构逾期未作出决定的，经营者可以实施集中。具备法定情形的，国务院反垄断执法机构经书面通知经营者，可以延长规定的审查期限，但最长不得超过六十日。

（3）审查决定。审查决定包括：①禁止集中。经营者集中具有或者可能具有排除、限制竞争效果的，国务院反垄断执法机构应当作出禁止经营者集中的决定。②不予禁止。经营者能够证明该集中对竞争产生的有利影响明显大于不利影响，或者符合社会公共利益的，国务院反垄断执法机构可以作出对经营者集中不予禁止的决定。③附条件的不予禁止。对不予禁止的经营者集中，国务院反垄断执法机构可以决定附加减少集中对竞争产生不利影响的限制性条件。国务院反垄断执法机构应当将禁止经营者集中的决定或者对经营者集中附加限制性条件的决定，及时向社会公布。对外资并购境内企业或者以其他方式参与经营者集中，涉及国家安全的，除依照《反垄断法》规定进行经营者集中审查外，还应当按照国家有关规定进行国家安全审查。

第五节　禁止滥用行政权力排除、限制竞争行为

一、滥用行政权力排除、限制竞争行为的概念

滥用行政权力排除、限制竞争行为也被称为行政性垄断，是指行政机关和法律、法规授权的具有管理公共事务职能的组织滥用行政权力，排除、限制竞争的行为。

二、滥用行政权力排除、限制竞争行为的表现

（1）指定交易。行政机关和法律、法规授权的具有管理公共事务职能的组织滥用行政权力，限定或者变相限定单位或者个人经营、购买、使用其指定的经营者提供的商品的行为。例如，明示或暗示限定单位或个人只能经营、购买和使用本行政辖区范围内经营者提供的商品。

（2）地区封锁。行政机关和法律、法规授权的具有管理公共事务职能的组织滥用行政权力，实施下列行为，妨碍商品在地区之间的自由流通：①对外地商品设定歧视性收费项目、实行歧视性收费标准，或者规定歧视性价格；②对外地商品规定与本地同类商品不同的技术要求、检验标准，或者对外地商品采取重复检验、重复认证等歧视性技术措施，限制外地商品进入本地市场；③采取专门针对外地商品的行政许可，限制外地商品进入本地市场；④设置关卡或者采取其他手

段，阻碍外地商品进入或者本地商品运出；⑤妨碍商品在地区之间自由流通的其他行为。

（3）招投标活动中的地方保护。行政机关和法律、法规授权的具有管理公共事务职能的组织滥用行政权力，以设定歧视性资质要求、评审标准或者不依法发布信息等方式，排斥或者限制外地经营者参加本地招标投标活动的行为。该行为破坏了市场的统一性，违反了公平竞争的原则。

（4）排斥或者限制在本地投资或者设立分支机构。行政机关和法律、法规授权的具有管理公共事务职能的组织滥用行政权力，采取与本地经营者不平等待遇等方式，排斥或者限制外地经营者在本地投资或者设立分支机构的行为。

（5）强制经营者从事垄断行为。行政机关和法律、法规授权的具有管理公共事务职能的组织滥用行政权力，强制经营者达成、实施排除、限制竞争的垄断协议，或者强制具有市场支配地位的经营者从事滥用市场支配地位的行为，或者强制经营者实施违法经营者集中等《反垄断法》规定的垄断行为。

（6）制定含有排除、限制竞争内容的规定。行政机关滥用行政权力，制定含有排除、限制竞争内容的规定的行为。其具体形式有决定、公告、通告、通知、意见、会议纪要等。

三、滥用行政权力排除、限制竞争行为的规制

滥用行政权力排除、限制竞争行为的危害后果具有多元性，既具有经济性危害，又具有政治性危害。因此，需要从法律、经济、政策、文化等方面对其进行规制。改革开放之前，我国以政策、文件为主，对行政性垄断行为进行规制和调整，但由于这些文件的效力层次绝大多数较低，欠缺权威性，也没有具体的责任条款，在适用中可操作性很差。之后，我国进入了建立社会主义市场经济体制阶段，制定了以反不正当竞争法为代表的大量的与规制行政性垄断行为有关的法律法规，但仍然没有形成一个专门和完整的法律制度。2007年，《反垄断法》的出台标志着我国禁止滥用行政权力排除、限制竞争行为制度进入到新的阶段，具有重要的价值和意义，但还存在诸多问题亟须解决。2016年发布的《国务院关于在市场体系建设中建立公平竞争审查制度的意见》指出："建立公平竞争审查制度，防止政府过度和不当干预市场，有利于保障资源配置依据市场规则、市场价格、市场竞争实现效益最大化和效率最优化。"自此，我国进入到反垄断法与公平竞争审查制度共同规制滥用行政权力排除、限制竞争行为的新阶段。

第六节 反垄断执法

一、反垄断法的适用范围

中华人民共和国境内经济活动中的垄断行为，适用反垄断法。中华人民共和国境外的垄断行为，对境内市场竞争产生排除、限制影响的，适用反垄断法。

符合下列条件的领域、事项或行为将作为例外而不适用反垄断法基本规定：

（1）行使知识产权的行为。经营者依照有关知识产权的法律、行政法规规定行使知识产权的行为，不适用反垄断法；但是，经营者滥用知识产权，排除、限制竞争的行为，适用反垄断法。滥用知识产权，是指知识产权的权利人在行使其权利时超出法律所允许的范围或者正当行使的界限，导致对该权利的不正当利用损害他人利益和社会公共利益的情形。

（2）农业生产者及农村经济组织的特定行为。农业生产者及农村经济组织在农产品生产、加工、销售、运输、储存等经营活动中实施的联合或者协同行为，不适用反垄断法。

二、反垄断执法

（一）执法主体

在我国，国务院设立反垄断委员会，负责组织、协调、指导反垄断工作，履行法定职责。国务院规定的承担反垄断执法职责的机构依照反垄断法规定，负责反垄断执法工作。我国反垄断执法机构的基本分工为，商务部负责经营者集中的反垄断审查工作；国家发改委负责依法查处与价格有关的垄断行为；国家市场监督管理总局负责非价格垄断行为，滥用市场支配地位，滥用行政权力排除、限制竞争等方面的反垄断执法工作。反垄断执法机构根据工作需要，可以授权省、自治区、直辖市人民政府相应的机构，依照反垄断法规定负责有关的反垄断执法工作。

（二）执法程序

（1）执法程序的启动。启动的具体情形包括：①垄断行为受害人的申请或控告，经依法受理后启动；②其他组织或个人报告（举报），经依法受理后启动；③主管机构自行启动，执法主体也可以自行启动。

（2）反垄断调查。反垄断执法机构依法对涉嫌垄断行为进行调查，执法人员不得少于2人，并应当出示执法证件。被调查的经营者、利害关系人或者其他有关单位或者个人应当配合反垄断执法机构依法履行职责，不得拒绝、阻碍反垄断执法机构的调查。被调查的经营者、利害关系人有权陈述意见。反垄断执法机构应当对被调查的经营者、利害关系人提出的事实、理由和证据进行核实。被调查的经营者承诺在反垄断执法机构认可的期限内采取具体措施消除该行为后果的，反垄断执法机构可以决定中止调查。经营者履行承诺的，反垄断执法机构可以决定终止调查。出现法定情形的，反垄断执法机构应当恢复调查。

（3）作出决定。反垄断执法机构对涉嫌垄断行为调查核实后，认为构成垄断行为的，应当依法作出处理决定，并可以向社会公布。对反垄断执法机构作出的决定不服的，可以先依法申请行政复议；对行政复议决定不服的，可以依法提起行政诉讼。

三、反垄断法中的法律责任

（一）行政责任

1. 垄断协议行为的行政责任

经营者违反《反垄断法》规定，达成并实施垄断协议的，由反垄断执法机构责令停止违法行为，没收违法所得，并处上一年度销售额百分之一以上百分之十以下的罚款；尚未实施所达成的垄断协议的，可以处五十万元以下的罚款。经营者主动向反垄断执法机构报告达成垄断协议的有关情况并提供重要证据的，反垄断执法机构可以酌情减轻或者免除对该经营者的处罚。同时，我国反垄断法禁止行业协会组织本行业经营者从事反垄断法禁止的垄断协议行为，行业协会违反规定，反垄断执法机构可以处五十万元以下的罚款；情节严重的，社会团体登记管理机关可以依法撤销登记。反垄断执法机构确定具体罚款数额时，应当考虑违法行为的性质、程度和持续的时间等因素。

2. 滥用市场支配地位行为的行政责任

经营者违反反垄断法规定，滥用市场支配地位的，由反垄断执法机构责令停止违法行为，没收违法所得，并处上一年度销售额百分之一以上百分之十以下的罚款。反垄断执法机构确定具体罚款数额时，应当考虑违法行为的性质、程度和持续的时间等因素。

3. 经营者集中行为的行政责任

经营者违反法律规定实施集中的，由国务院反垄断执法机构责令停止实施集中、限期处分股份或者资产、限期转让营业以及采取其他必要措施恢复到集中前的状态，可以处五十万元以下的罚款。反垄断执法机构确定具体罚款数额时，应当考虑违法行为的性质、程度和持续的时间等因素。

4. 滥用行政权力排除、限制竞争行为的法律责任

行政机关和法律、法规授权的具有管理公共事务职能的组织滥用行政权力，实施排除、限制竞争行为的，由上级机关责令改正；对直接负责的主管人员和其他直接责任人员依法给予处分。反垄断执法机构可以向有关上级机关提出依法处理的建议。法律、行政法规对行政机关和法律、法规授权的具有管理公共事务职能的组织滥用行政权力实施排除、限制竞争行为的处理另有规定的，依照其规定。

5. 妨碍反垄断调查的行政责任

对反垄断执法机构依法实施的审查和调查，拒绝提供有关材料、信息，或者提供虚假材料、信息，或者隐匿、销毁、转移证据，或者有其他拒绝、阻碍调查行为的，由反垄断执法机构责令改正，对个人可以处二万元以下的罚款，对单位可以处二十万元以下的罚款；情节严重的，对个人处二万元以上十万元以下的罚款，对单位处二十万元以上一百万元以下的罚款；构成犯罪的，依法追究刑事责任。

（二）民事责任

我国《反垄断法》规定，经营者实施垄断行为，给他人造成损失的，依法承担民事责任。从性质上讲，反垄断法中的民事责任是基于经营者实施的垄断行为损害

了他人的合法权益而引起的一种侵权责任，其主要的责任形式是损害赔偿和停止侵害，同时还存在其他救济措施，如确认垄断协议无效等。

（三）刑事责任

除了对妨碍反垄断调查中构成犯罪的行为需依法追究刑事责任外，我国反垄断法并没有直接规定垄断行为的刑事责任，这与反垄断法调整的关系主要是市场竞争关系、规范的对象主要是违法的反竞争行为有关。但从总体上看，在现代反垄断法中，刑事责任制度只是民事责任和行政责任的补充，主要适用于民事手段和行政手段不能有效发挥作用的场合。

第十九章　税　法

第一节　税法概述

一、税法的概念

税法是国家制定的用以调整国家与纳税人之间在征纳税方面的权利和义务关系的法律规范的总称。税法的调整对象是在税收活动中发生的社会关系，即税收关系。税收关系可以分为两大类，即税收分配关系和税收征收管理关系。税收分配关系涉及国家与纳税人、中央与地方政府、中国政府与外国政府及涉外纳税人等主体间的税收分配关系。税收征收管理关系是国家征税机关行使税权，对税收活动进行组织、管理、监督和检查等活动过程中与纳税人和其他税务当事人之间所形成的关系，如税务管理关系、税款征收关系、税务检查关系和税务稽查关系等。

二、税法的要素

税法的要素，是指各种单行税法具有的共同基本要素的总称，既包括实体性要素也包括程序性要素。税法的要素一般包括：（1）税法主体，是指税法规定享有权利和承担义务的当事人。根据我国《税收征收管理法》规定，税法的一方主体是代表国家行使税收管理权的各级征税机关，另一方是依法负有纳税义务的纳税义务人和依法负有代扣代缴、代收代缴税款义务的扣缴义务人。（2）征税对象，又称课税对象、征税客体，是指税法对什么征税，是征纳双方权利义务共同指向的客体或标的物。（3）税目，是在税法中对征税对象分类规定的具体的征税项目，反映具体的征税范围。（4）税率，是对征税对象的征收比例或征收额度，是衡量税负轻重与否的重要标志。（5）纳税环节，是征税对象在流转过程中应当缴纳税款的环节。（6）纳税期限，是指税法规定的关于税款缴纳时间方面的限定等。

三、税法的体系

税法体系，是指全部现行的税收法律规范分类组合成为税收法律子系统而形成的一国税收法律内在和谐统一的有机整体。我国现行税法体系由税收实体法和税收程序法构成。

（一）税收实体法体系

我国税收实体法体系，主要由下列税收法律、法规组成，按其性质可以分为五大类：

1. 流转税类，主要包括增值税、消费税、关税。

2. 所得税类，主要包括企业所得税和个人所得税。

3. 财产税类，包括车船税、烟叶税、房产税等。

4. 行为税与特定目的税类，包括城市维护建设税、车辆购置税、印花税、契税等。

5. 资源与土地税类，包括环境保护税、资源税、土地增值税、城镇土地使用税、耕地占用税等。

（二）税收程序法体系

税收程序法是我国对税收征收管理适用的法律制度。由税务机关负责征收的税种的征收管理，按照全国人大常委会发布实施的《税收征收管理法》执行，由海关机关负责征收的税种的征收管理，按照《海关法》及《进出口关税条例》等有关规定执行。此外，还包括《税收征收管理法实施细则》《发票管理办法》和针对某些特定的税种制定的相应程序性规范。

第二节 主要税收实体法制度

一、增值税法

增值税是以商品、劳务和服务为征税对象，以增值额为计税依据而征收的一种流转税。从2016年5月1日起，我国在全国范围内全面推行营业税改征增值税（以下简称“营改增”）改革。

（一）征税范围与纳税义务人

（1）一般的征税范围。一般的征税范围包括：①销售货物。货物，是指有形动产，包括电力、热力、气体在内。销售是有偿的，包括生产销售和商业销售。有偿，包括从购买方取得货币、货物或其他经济利益。②提供的加工、修理修配劳务。加工，是指受托加工货物，即委托方提供原料及主要材料，受托方按委托方要求制造货物并收取加工费的业务。修理修配，是指受托对损伤和丧失功能的货物进行修复，使其恢复原状和功能的业务。③发生应税行为。发生应税行为具体包括销售应税服务、销售无形资产和销售不动产。其中应税服务包括交通运输服务、邮政服务、电信服务、建筑服务、金融服务、现代服务和生活服务。④进口货物。报关进口的应税货物，均属于增值税的征收范围，在进口环节缴纳增值税，由海关负责征收。

（2）视同销售货物行为。纳税人的下列情形视同销售货物，征收增值税：①将货物交付他人代销；②销售代销货物；③设有两个以上机构并实行统一核算的纳税人，将货物从一个机构移送至其他机构用于销售，但相关机构设在同一县（市）的除外；④将自产或委托加工的货物用于非应税项目；⑤将自产、委托加工或购买的货物作为投资，提供给其他单位或个体经营者；⑥将自产、委托加工或购买的货物分配给股东或投资者；⑦将自产或委托加工的货物用于集体福利或个人消费；⑧将自产、委托加工或购买的货物无偿赠送他人。

（3）纳税义务人。在我国境内从事销售货物，提供加工、修理修配劳务，提供应税服务，销售无形资产、不动产以及进口货物的单位和个人，是增值税的纳税义务人。《增值税暂行条例》将纳税人按其经营规模大小及会计核算健全与否划分为一般纳税人和小规模纳税人。一般纳税人，是指年应征增值税销售额超过财政部规定的小规模纳税人的限额的企业或企业性单位。小规模纳税人，是指年销售额在规定标准以下，并且会计核算不健全，不能按规定报送有关税务资料的增值税纳税人。年应税销售额超过小规模纳税人标准的其他个人按小规模纳税人纳税。非企业性单位、不经常发生应税行为的企业可选择按小规模纳税人纳税。

（二）税率与征收率

（1）基本税率。基本税率，又称标准税率，适用于大多数征收对象，体现了增值税税负的轻重。我国增值税的基本税率为百分之十三，纳税人销售或者进口货物，提供加工、修理修配劳务和提供有形动产租赁服务，除税法另有规定外，均适用基本税率。

（2）低税率。低税率适用于基本生活用品和劳务，体现一定的税收优惠政策。我国目前在现行增值税百分之十三标准税率的基础上，设百分之九和百分之六两档低税率。一般纳税人销售或进口下列货物的，税率为百分之十：①粮食、食用植物油；②自来水、暖气、冷水、热水、煤气、石油液化气、天然气、沼气、居民用煤炭制品；③图书、报纸、杂志；④饲料、化肥、农药、农机、农膜；⑤音像制品；⑥电子出版物；⑦国务院规定的其他货物。纳税人销售交通运输、邮政、基础电信、建筑、不动产租赁服务，销售不动产、转让土地使用权的，税率为百分之十。纳税人销售其他服务的，税率为百分之六。

（3）零税率。纳税人出口货物，税率为零，国务院另有规定的除外。对出口货物除了在出口环节不征收增值税外，还要对该货物在出口前在国内已经缴纳的增值税进行退税，以减低该货物的价格，以无税产品进入国际市场，提升其国际竞争力。

（4）征收率。小规模增值税纳税人征收率一般为百分之三，财政部、国家税务总局另有规定的除外。

（三）应纳税额的计算

1. 一般纳税人应纳税额的计算

增值税一般纳税人的应纳税额，等于当期销项税额抵扣当期进项税额后的余额，用公式可表示为：

应纳税额=当期销项税额-当期进项税额

销项税额，是指纳税人销售货物、加工修理修配劳务、服务、无形资产或者不动产，按照销售额或应税劳务收入向购买方收取的增值税税额。其计算公式为：

销项税额=销售额×适用税率

销售额，是指纳税人发生应税行为取得的全部价款和价外费用。应税销售额不含增值税税额，如为含税销售额的，按以下公式计算不含税销售额：

销售额=含税销售额÷(1+增值税税率)

进项税额，是指纳税人购进货物、加工修理修配劳务、服务、无形资产或者不动产支付或者负担的增值税税额。

一般纳税人进口应税货物，按照组成计税价格和规定的税率计算应纳税额，计算公式为：

组成计税价格=关税完税价格+关税+消费税

应纳税额=组成计税价格×增值税税率

2. 小规模纳税人应纳税额的计算

小规模纳税人销售货物或者应税劳务，实行简易计税方法，按照销售额和规定的征收率计算应纳税额，并不得抵扣进项税额。

应纳税额=销售额×征收率

销售额不包括增值税税额，如为含税销售收入，则按公式换算为不含税销售额：

不含税销售额=含税销售额÷（1+征收率）

二、消费税法

（一）消费税的征税对象

消费税是以特定消费品或者消费行为为征税对象，以销售额或销售数量为计税依据征收的一种流转税。消费税的征收范围是在中华人民共和国境内生产、委托加工和进口《消费税暂行条例》规定的“应税消费品”。消费税主要包括四个方面内容：一是过度消费会对人类健康、社会秩序、生态环境等方面造成危害的特殊消费品，如烟、酒、鞭炮、烟火等。二是奢侈品和非生活必需品，如贵重首饰、珠宝玉石、高档化妆品。三是高能耗及高档消费品，如小汽车、摩托车、游艇、高档手表等。四是不可再生和不可替代的消费品，如成品油、木制一次性筷子、实木地板。

（二）消费税应纳税额的计算

1. 税目与税率

我国目前消费税共分为十五个税目，有的税目又划分若干子税目。消费税的税率有三种形式：

（1）定额税率。如黄酒、啤酒和汽油、柴油等采取定额税率，按单位重量或单位体积确定单位税额。

（2）复合税率。卷烟和白酒采用复合税率。以白酒为例，按销售价格适用百分之二十的比例税率，另外每五百克（或者五百毫升）征收消费税零点五元。

（3）比例税率。一般的应税消费品，均分别适用相应的比例税率。

纳税人兼营不同税率的消费品，应当分别核算不同税率应税消费品的销售额、销售数量；未分别核算的，或者将不同税率的应税消费品组成成套消费品销售的，从高适用税率。

2. 计税依据

按照现行消费税法的规定，消费税应纳税额的确定分为从价定率计征、从量定额计征和复合计征方法，每种方法的计税依据也不同。

适用比例税率的消费品，其应纳消费税税额应从价定率计征。在这种情况下，计税依据是销售额。其计算公式为：

应纳税额=销售额×比例税率

适用定额税率的消费品，其应纳消费税税额应从量定额计征，计税依据为应税消费品的数量（重量、体积），其计算公式为：

应纳税额=销售数量×定额税率

对于白酒和卷烟这两类消费品，实现从价定率和从量定额复合计征，其计算公式为：

应纳税额=销售额×比例税率+销售数量×定额税率

3. 应纳税额的计算

（1）纳税人生产销售应税消费品。

应税消费品的生产者在销售应税消费品时，应当缴纳消费税。应税消费品的销售额为纳税人销售应税消费品向购买方收取的全部价款和价外费用。纳税人应税消费品的计税价格明显偏低并无正当理由的，由主管税务机关核定其计税价格。应税消费品的销售额，不包括向购买方收取的增值税税款。

纳税人自产自用的应税消费品，不用于直接对外销售，而是用于自己连续生产应税消费品，不缴纳消费税。用于其他方面的，如馈赠、赞助、广告、样品、职工福利、奖励等，于移送使用时纳税。依照纳税人生产同类消费品的销售价格计算纳税，没有同类消费品销售价格的，按照组成计税价格计算纳税。

组成计税价格=（成本+利润）÷（1-比例税率）

（2）委托加工应税消费品由受托方在向委托方交货时代收代缴消费税，但纳税人委托个体经营者加工应税消费品，一律于委托方收回后在委托方所在地缴纳消费税。

委托加工应税消费品应纳税额的计算，按照受托方的同类消费品的销售价格计算纳税，没有同类消费品销售价格的，按照组成计税价格计算，公式为：

组成计税价格=（材料成本+加工费）÷（1-比例税率）

（3）进口应税消费品的消费税由海关代征，其应纳税额的计算有两种方法。

实行从价定率方法的：

应纳税额=组成计税价格×税率

组成计税价格=（关税完税价格+关税）÷（1-消费税税率）

实行从量定额方法的：

应纳税额=应税消费品数量×消费税单位税额

三、企业所得税法

（一）纳税义务人、征税对象与税率

1. 纳税义务人。在中华人民共和国境内，企业和其他取得收入的组织（以下统称企业）为企业所得税的纳税人，依法缴纳企业所得税。个人独资企业、合伙企业

的投资人，按生产经营所得缴纳个人所得税，不适用企业所得税法的规定。

2. 征税对象。企业所得税的征税对象，是指企业的生产经营所得、其他所得和清算所得。居民企业承担无限纳税义务，应当就其来源于中国境内、境外的所得缴纳企业所得税。非居民企业负有限纳税义务，一般仅就其来源于我国境内的所得纳税。非居民企业在中国境内设立机构、场所的，应当就其所设机构、场所取得的来源于中国境内的所得，以及发生在中国境外但与其所设机构、场所有实际联系的所得，缴纳企业所得税。在中国境内未设立机构、场所的，或者虽设立机构、场所但取得的所得与其所设机构、场所没有实际联系的，应当就其来源于中国境内的所得缴纳企业所得税。

3. 税率。企业所得税的税率有普通税率和优惠税率之分。普通税率有两种情况：一般来讲，企业所得税的税率为百分之二十五；但非居民企业在中国境内未设立分支机构、场所但取得来源于中国境内的所得，或者虽设立机构、场所但取得的与其所设机构、场所没有实际联系的所得，适用税率为百分之二十，但根据《企业所得税法实施条例》的规定，该项所得暂按百分之十税率征收。优惠税率有两种情况：一是符合条件的小型微利企业，减按百分之二十的税率征收企业所得税；二是国家需要重点扶持的高新技术企业，减按百分之十五的税率征收企业所得税。

（二）应纳税所得额的计算

企业所得税的计税依据是年应纳税所得额，即纳税人每一年度收入总额，减除不征税收入、各项扣除及允许弥补的以前年度的亏损后的余额。应纳税所得额的计算公式为：

应纳税所得额=收入总额-不征税收入-扣除项目金额-亏损弥补数额

应纳税额的计算公式为：

应纳税额=应纳税所得额×适用税率-减免税额-抵免税额

其中，抵免税额和减免税额，是指依照《企业所得税法》和国务院的税收优惠规定减征、免征和抵免的应纳税额。

不征税收入，是指从性质和根源上不属于企业营利性活动带来的经济利益、不负有纳税义务并不作为应纳税所得额组成部分的收入。不征税收入包括：财政拨款、依法收取并纳入财政管理的行政事业性收费、政府性基金和国务院规定的其他不征税收入。

不征税收入和企业所得税免税收入不同。免税收入，是指属于企业的应税所得但按照税法规定免于征收企业所得税的收入。企业的下列收入为免税收入：（1）国债利息收入；（2）符合条件的居民企业之间的股息、红利等权益性投资收益；（3）在中国境内设立机构、场所的非居民企业从居民企业取得与该机构、场所有实际联系的股息、红利等权益性投资收益；（4）符合条件的非营利组织的收入。

纳税人发生年度亏损的，可以用下一纳税年度的所得弥补，下一纳税年度的所得不足弥补的，可以逐年延续弥补，但最长不得超过五年。

四、个人所得税法

（一）纳税义务人与征税范围

1.纳税义务人。中国公民、个体工商户以及在中国有所得的外籍人员和港澳台同胞，为个人所得税的纳税义务人。按照住所和居住时间不同，可分为居民个人和非居民个人。在中国境内有住所，或者无住所而一个纳税年度内在中国境内居住满一百八十三天的个人，为居民个人，其从中国境内和境外取得的所得，缴纳个人所得税。在中国境内无住所又不居住，或者无住所而一个纳税年度内在中国境内居住不满一百八十三天的个人，为非居民个人，其从中国境内取得的所得，缴纳个人所得税。

2.征税范围。个人所得税的征税范围包括十项应征税的个人所得：（1）工资、薪金所得；（2）劳务报酬所得；（3）稿酬所得；（4）特许权使用费所得；（5）经营所得；（6）利息、股息、红利所得；（7）财产租赁所得；（8）财产转让所得；（9）偶然所得；（10）经国务院财政部门确定征税的其他所得。第（1）项至第（4）项所得（以下称综合所得），居民个人按纳税年度合并计算个人所得税，非居民个人按月或者按次分项计算个人所得税；第（5）项至第（10）项所得，分别计算个人所得税。

但下列各项所得免纳个人所得税：（1）省级人民政府、国务院部委和中国人民解放军军以上单位，以及外国组织、国际组织颁发的科学、教育、技术、文化、卫生、体育、环境保护等方面的奖金；（2）国债和国家发行的金融债券利息；（3）按照国家统一规定发给的补贴、津贴；（4）福利费、抚恤金、救济金；（5）保险赔款；（6）军人的转业费、复员费；（7）按照国家统一规定发给干部、职工的安家费、退职费、退休工资、离休工资、离休生活补助费；（8）依照我国有关法律规定应予免税的各国驻华使馆、领事馆的外交代表、领事官员和其他人员的所得；（9）中国政府参加的国际公约、签订的协议中规定免税的所得；（10）经国务院财政部门批准免税的所得。

（二）税率与应纳税额的计算

1.综合所得

综合所得，包括劳务报酬所得、稿酬所得、特许权使用费所得和工资、薪金所得。居民个人的综合所得，以每一纳税年度的收入额减除费用六万元以及专项扣除、专项附加扣除和依法确定的其他扣除后的余额，为应纳税所得额。专项扣除包括居民个人按照国家规定的范围和标准缴纳的基本养老保险、基本医疗保险、失业保险等社会保险费和住房公积金等；专项附加扣除包括子女教育、继续教育、大病医疗、住房贷款利息和住房租金、赡养老人和照护3岁以下婴幼儿子女的相关支出。劳务报酬所得、稿酬所得、特许权使用费所得以收入减除百分之二十的费用后的余额为收入额，其中，稿酬所得的收入额再减按百分之七十计算。税率表见表19-1。

2.经营所得

经营所得，以每一纳税年度的收入总额减除成本、费用以及损失后的余额，为应纳税所得额。适用表19-2的超额累进税率。

表19-1 **个人所得税税率表一（综合所得适用）**

级数	全年应纳税所得额	税率（%）
1	不超过36 000元的	3
2	超过36 000元至144 000元的部分	10
3	超过144 000元至300 000元的部分	20
4	超过300 000元至420 000元的部分	25
5	超过420 000元至660 000元的部分	30
6	超过660 000元至960 000元的部分	35
7	超过960 000元的部分	45

表19-2 **个人所得税税率表二（经营所得适用）**

级数	全年应纳税所得额	税率（%）
1	不超过30 000元的	5
2	超过30 000元至90 000元的部分	10
3	超过90 000元至300 000元的部分	20
4	超过300 000元至500 000元的部分	30
5	超过500 000元的部分	35

3. 财产租赁所得

财产租赁所得，每次收入不超过四千元的，减除费用八百元；每次收入超过四千元的，减除百分之二十的费用，其余额为其应纳税所得额，适用百分之二十的比例税率。

4. 财产转让所得

财产转让所得应纳税所得额为每次财产转让收入额减除财产原值及合理费用后的余额，适用百分之二十的比例税率。

5. 利息、股息、红利所得、偶然所得和其他所得

利息、股息、红利所得、偶然所得和其他所得，以每次收入额为应纳税所得额，无费用扣除，适用百分之二十的比例税率。

（三）税款的征收与纳税申报

个人所得税以所得人为纳税人，以支付所得的单位或者个人为扣缴义务人。扣缴义务人应当按照国家规定办理全员全额扣缴申报。纳税人有中国公民身份号码的，以中国公民身份号码为纳税人识别号；纳税人没有中国公民身份号码的，由税务机关赋予其纳税人识别号。扣缴义务人扣缴税款时，纳税人应当向扣缴义务人提供纳税人识别号。

有下列情形之一的，纳税人应当依法办理纳税申报：（1）取得综合所得需要办理汇算清缴；（2）取得应税所得没有扣缴义务人；（3）扣缴义务人未扣缴税款；（4）取得境外所得；（5）因移居境外注销中国户籍；（6）非居民个人在中国境内从两处以上取得工资、薪金所得；（7）国务院规定的其他情形。

居民个人取得综合所得按年计算个人所得税；有扣缴义务人的，由扣缴义务人按月或者按次预扣预缴税款，居民个人年度终了后需要补税或者退税的，按照规定办理汇算清缴。预扣预缴办法由国务院税务主管部门制定。居民个人向扣缴义务人提供专项附加扣除信息的，扣缴义务人按月预扣预缴税款时应当按照规定予以扣除，不得拒绝。非居民个人取得综合所得，有扣缴义务人的，由扣缴义务人按月或者按次扣缴税款，不办理汇算清缴。

第三节　税收征收管理法律制度

一、税务管理制度

（一）税务登记

税务登记，也称纳税登记，是税务机关对纳税人的设立、变更、终止等事项进行登记管理的一项基本制度。

1. 设立税务登记。从事生产、经营的纳税人，应当自领取营业执照之日起三十日内，向生产、经营地或者纳税义务发生地的主管税务机关申报办理税务登记，如实填写税务登记表并按照税务机关的要求提供有关证件、资料。除上述以及国家机关和个人外的其他纳税人，应当自纳税义务发生之日起三十日内，持有关证件向所在地主管税务机关申报办理税务登记。

2. 变更税务登记。变更税务登记，是纳税人税务登记内容发生重要变化时向税务机关申报办理的税务登记手续。纳税人税务登记内容发生变化的，应当在三十日内持有关证件向原税务登记机关申报办理变更税务登记。

3. 注销税务登记。注销税务登记，则是指纳税人税务登记内容发生了根本性变化，需终止履行纳税义务时向税务机关申报办理的税务登记手续。

（二）账簿、凭证管理

1. 设置账簿。所有的纳税人和扣缴义务人都必须按照有关法律、行政法规和国务院财政、税务主管部门的规定设置账簿。从事生产、经营的纳税人应当自领取营业执照或者发生纳税义务之日起十五日内设置账簿。扣缴义务人应当自税收法律、行政法规规定的扣缴义务发生之日起十日内，按照所代扣、代收的税种，分别设置代扣代缴、代收代缴税款账簿。

生产、经营规模小又确无建账能力的纳税人，可以聘请经批准从事会计代理记账业务的专业机构或者经税务机关认可的财会人员代为建账和办理账务；聘请上述机构或者人员有实际困难的，经县以上税务机关批准，可以按照税务机关的规定，建立收支凭证粘贴簿、进货销货登记簿或者使用税控装置。

2.账簿、凭证的保管。从事生产经营的纳税人、扣缴义务人必须按照国务院财政、税务主管部门规定的保管期限保管账簿、记账凭证、完税凭证及其他有关资料。账簿、记账凭证、报表、完税凭证、发票、出口凭证以及其他有关涉税资料不得伪造、变造或者擅自损毁。账簿、记账凭证、报表、完税凭证、发票、出口凭证以及其他有关涉税资料的保管期限，除另有规定外，应当保存十年。

（三）发票管理

税务机关是发票的主管机关，负责发票的印刷、领购、开具、取得、保管、缴销的管理和监督。

增值税专用发票由国务院税务主管部门指定的企业印制；其他发票按照国务院税务主管部门的规定，分别由省、自治区、直辖市国家税务局、地方税务局指定企业印制。

依法办理税务登记的单位和个人，在领取税务登记证后，向主管税务机关申请领购发票。对无固定经营场地或者财务制度不健全的纳税人申请领购发票，主管税务机关有权要求其提供担保人，不能提供担保人的，可以视其情况，要求其提供保证金，并限期缴销发票。对发票保证金应设专户储存，不得挪作他用。纳税人可以根据自己的需要申请领购普通发票。增值税专用发票只限于增值税一般纳税人领购使用。

二、税款征收制度

（一）纳税申报

纳税申报是纳税人按照税法规定的期限和内容，向税务机关提交有关纳税事项书面报告的法律行为。纳税申报的对象为纳税人和扣缴义务人。纳税人在纳税期内没有应纳税款的，也应当按照规定办理纳税申报。纳税人享受减税、免税待遇的，在减税、免税期间应当按照规定办理纳税申报。

纳税申报的内容，主要在各税种的纳税申报表和代扣代缴、代收代缴税款报告表中体现，还有的是在随纳税申报表附报的财务报表和有关纳税资料中体现。

纳税人和扣缴义务人都必须按照法定的期限办理纳税申报。纳税人、扣缴义务人可以直接到税务机关办理纳税申报或者报送代扣代缴、代收代缴税款报告表，也可以按照规定采取邮寄、数据电文或者其他方式办理上述申报、报送事项。

（二）税款征收方式

税款征收是税务机关依照税收法律、行政法规的规定，将纳税义务人依法应缴纳税款组织征收入库的一系列活动的总称。我国税款征收的方式主要有：

1.查账征收。查账征收，是指税务机关按照纳税人提供的账表所反映的经营情况，依照适用税率计算缴纳税款的方式。适用于财务会计制度较为健全，能够据实核算生产经营情况，正确计算应纳税款的纳税人。

2.查定征收。查定征收，是指税务机关根据纳税人的从业人员、生产设备、采用原材料等因素，对其产制的应税产品查实核定产量、销售额并据以征收税款的方式。这种方式一般适用于账册不够健全，但是能够控制原材料或进销货的纳税单位。

3. 查验征收。查验征收，是指税务机关对纳税人应税商品，通过查验数量，按市场一般销售单价计算其销售收入并据以征税的方式。这种方式一般适用于经营品种比较单一，经营地点、时间和商品来源不固定的纳税单位。

4. 定期定额征收。定期定额征收，是指税务机关通过典型调查，逐户确定营业额和所得额并据以征税的方式。这种方式一般适用于无完整考核依据的小型纳税单位。

5. 代扣代缴和代收代缴。代扣代缴，是指扣缴义务人在向纳税人支付款项时，从所支付的款项中依法直接扣缴纳税人的应纳税额，然后代其向税务机关解缴的一种征收方式。代收代缴是扣缴义务人依法在向纳税人收取款项时，同时收取纳税人的应纳税款，然后代其向税务机关解缴的一种征收方式。

6. 委托代征。委托代征税款，是指税务机关委托代征人以税务机关的名义征收税款，并将税款缴入国库的方式。这种方式一般适用于小额、零散税源的征收。

三、税务检查制度

税务检查，是指税务机关依照税收法律、法规和财务会计制度等，对纳税人、扣缴义务人履行纳税义务和代扣代缴、代收代缴税款义务情况进行检查和监督的活动。

税务检查的形式有重点检查、分类计划检查、集中性检查、临时性检查和专项检查。税务机关有权进行下列税务检查：(1) 检查纳税人的账簿、记账凭证、报表和有关资料，检查扣缴义务人代扣代缴、代收代缴税款账簿、记账凭证和有关资料。(2) 到纳税人的生产、经营场所和货物存放地检查纳税人应纳税的商品、货物或其他财产，检查扣缴义务人与代扣代缴、代收代缴税款有关的经营情况。(3) 责成纳税人、扣缴义务人提供与纳税或者代扣代缴、代收代缴税款有关的文件、证明材料和有关资料。(4) 询问纳税人、扣缴义务人与纳税或者代扣代缴、代收代缴税款有关的问题和情况。(5) 到车站、码头、机场、邮政企业及其分支机构检查纳税人托运、邮寄、应税商品、货物或者其他财产的有关单据凭证和资料。(6) 经县以上税务局（分局）局长批准，凭全国统一格式的检查存款账户许可证明，查询从事生产、经营的纳税人、扣缴义务人在银行或者其他金融机构的存款账户。

第六编　社会法编

第二十章　劳动法

第一节　劳动法概述

一、劳动法的概念

劳动法是调整劳动关系以及与劳动关系有密切联系的其他关系的法律规范的总称。劳动法的内容包括劳动就业制度、劳动合同制度、工作时间和休息休假制度、工资制度、劳动安全卫生制度、女职工和未成年工特殊保护制度、职业培训制度、社会保险与福利制度、劳动争议处理制度、劳动监督检查制度等。

劳动法调整的对象包括两类社会关系：一是劳动关系；二是与劳动关系有密切联系的其他社会关系。

1. 劳动关系。任何部门法都有其调整的特定类型的社会关系。劳动法的调整对象主要是劳动关系。劳动关系是劳动者与用人单位之间在实现社会化劳动过程中产生的社会关系。劳动法调整劳动关系的具体范围，是由劳动法律制度价值目标以及将某一类劳动者纳入劳动法特殊保护范围的必要性程度决定的。劳动法通过对劳动者和用人单位主体资格认定标准的调整，使劳动关系的具体范围随着社会发展需要不断变化。就发展演变规律性而言，劳动法调整劳动关系的具体范围，呈逐渐扩大的趋势。

2. 与劳动关系密切联系的其他社会关系。劳动法不仅调整劳动关系，而且调整与劳动关系密切相连的其他社会关系。与劳动关系密切相连的社会关系有三种情形：第一，这种社会关系是劳动关系产生的前提，如就业培训、职业介绍等形成的社会关系。第二，这种社会关系是劳动关系产生的必然结果，如失业、养老保险等所形成的社会关系。第三，这种社会关系与劳动关系的产生、变更、消灭有一定的牵连，如集体协商、职业介绍、劳动监察、劳动争议处理等过程中产生的社会关系。无论哪种情形，都与劳动关系具有紧密的联系，离开这种社会关系，劳动法就无法对劳动关系实行最有效的法律调整。因此，与劳动关系的密切关联性，就是劳动法调整的这类其他社会关系的本质特征。

二、劳动法的适用范围

劳动法的适用范围，主要是指对人的适用范围。我国劳动法适用于特定的劳动者和用人单位。《劳动法》第二条规定："在中华人民共和国境内的企业、个体经济组织（以下统称用人单位）和与之形成劳动关系的劳动者，适用本法。国家机关、事业组织、社会团体和与之建立劳动合同关系的劳动者，依照本法执行。"根据规定，国家机关、事业组织、社会团体实行劳动合同制度的以及按规定应实行劳动合同制度的工勤人员，实行企业化管理的事业组织的人员，其他通过劳动合同与国家机关、事业组织、社会团体建立劳动关系的劳动者，适用劳动法。公务员和比照公务员制度的事业组织和社会团体的工作人员，以及农村劳动者（乡镇企业职工和进城务工、经商的农民除外）、现役军人和家庭保姆等不适用劳动法。在我国，公务员、农村劳动者、现役军人、家庭保姆等劳动者，受其他法律部门调整。

三、劳动者的权利和义务

劳动者享有的劳动权利包括：平等就业和选择职业的权利；取得劳动报酬的权利；休息休假的权利；获得劳动安全卫生保护的权利；参加职业技能培训的权利；享受社会保险和福利的权利；提请劳动争议处理的权利。依照劳动法的有关规定，劳动者在劳动方面除了享受上述各项权利外，还享有法律、法规规定的其他权利。

劳动法在规定劳动者享有各项基本劳动权利的同时，还规定劳动者必须履行相应的劳动义务，如完成劳动任务的义务、提高职业技能的义务、执行劳动安全卫生规程的义务、遵守劳动纪律和职业道德的义务等。

四、劳动法的基本原则

劳动法的基本原则，是体现劳动法本质与精神，并在劳动立法、法律规范实施过程中发挥指导作用的基本准则。我国劳动法的基本原则有：

1. 劳动自由原则。劳动自由原则，是指劳动者按照自己的意愿决定是否参加社会劳动以及根据社会需要和自己特长、兴趣爱好自由选择职业的权利。该原则主要体现在：劳动法律制度设计以劳动者的劳动意愿为前提；劳动合同法直接以劳动自由作为其制度基础，并坚持平等自愿、协商一致的劳动合同订立原则；劳动自由原则贯穿于整个劳动法律规范内容体系。除劳动就业和劳动合同法律制度直接以劳动自由原则为基础建立之外，劳动自由原则还体现在加班等延长劳动时间必须以劳动者的同意为前提。

2. 劳动者权益保障原则。劳动者权益保障原则，是指对劳动者合法权益的特别保护或者倾斜性保护。该原则主要体现在：这一原则，构建了保护劳动者的权利体系；对劳动者的各种基本权利和其他劳动权利进行了更加具体、系统的规定；形成了劳动者权利特殊保护规范体系，即以劳动关系从属性为基础的倾斜保护规范和以人权为基础的底线保护规范，充分地体现了劳动法的劳动者权益保障原则；建立特殊的劳动者权益保障程序规范体系。

3. 劳动协调原则。劳动协调原则是劳动法调整劳动关系的基本准则。协调，既是一种状态，也是一种调整方法。作为劳动法的基本准则，劳动协调原则通过职工民主管理、集体协商、三方协商和劳动争议处理调处，将劳动协调贯穿于劳动法立法、执法及劳动争议处理全过程。

第二节 劳动合同制度

一、劳动合同概述

劳动合同是劳动者与用人单位之间为确立劳动关系，明确双方权利和义务而达成的协议。市场经济条件下，我国企业内部劳动用工普遍实行劳动合同制度，通过劳动合同明确劳动关系双方当事人的权利和义务，有助于建立稳定的劳动关系，减少劳动争议的发生，有利于保护劳动者和用人单位双方的合法权益。

根据《劳动合同法》的规定，中华人民共和国境内的企业、个体经济组织、民办非企业单位等组织与劳动者建立劳动关系，订立、履行、变更、解除或者终止劳动合同，适用劳动合同法。国家机关、事业单位、社会团体和与其建立劳动关系的劳动者，订立、履行、变更、解除或者终止劳动合同，依照劳动合同法执行。事业单位与实行聘用制的工作人员订立、履行、变更、解除或者终止劳动合同，法律、行政法规或者国务院另有规定的，依照其规定；未作规定的，依照本法有关规定执行。

二、劳动合同的订立

建立劳动关系，应当订立书面劳动合同。已建立劳动关系，未同时订立书面劳动合同的，应当自用工之日起一个月内订立书面劳动合同。用人单位与劳动者在用工前订立劳动合同的，劳动关系自用工之日起建立。用人单位自用工之日起超过一个月不满一年未与劳动者订立书面劳动合同的，应当向劳动者每月支付两倍的工资。

用人单位自用工之日起即与劳动者建立劳动关系。用人单位应当建立职工名册备查。用人单位招用劳动者时，应当如实告知劳动者工作内容、工作条件、工作地点、职业危害、安全生产状况、劳动报酬，以及劳动者要求了解的其他情况；用人单位有权了解劳动者与劳动合同直接相关的基本情况，劳动者应当如实说明。用人单位招用劳动者，不得扣押劳动者的居民身份证和其他证件，不得要求劳动者提供担保或者以其他名义向劳动者收取财物。

三、劳动合同的履行和变更

有效的劳动合同对于劳动合同双方当事人具有法律约束力，用人单位与劳动者应当按照劳动合同的约定，全面履行各自的义务。用人单位应当按照劳动合同约定和国家规定，向劳动者及时足额支付劳动报酬。用人单位拖欠或者未足额支付劳动报酬的，劳动者可以依法向当地人民法院申请支付令，人民法院应当依法发出支付令。用人单位应当严格执行劳动定额标准，不得强迫或者变相强迫劳动者加班。用人单位安排加班的，应当按照国家有关规定向劳动者支付加班费。劳动者拒绝用人单位管理人员违章指挥、强令冒险作业的，不视为违反劳动合同。

劳动合同的变更，是指在劳动合同履行过程中，经双方当事人协商一致，对劳动合同条款进行的修改。用人单位与劳动者协商一致，可以变更劳动合同约定的内容。变更劳动合同，应当采用书面形式。变更后的劳动合同文本由用人单位和劳动者各执一份。用人单位变更名称、法定代表人、主要负责人或者投资人等事项，不影响劳动合同的履行。用人单位发生合并或者分立等情况，原劳动合同继续有效，劳动合同由承继其权利和义务的用人单位继续履行。

四、劳动合同的解除和终止

（一）劳动者解除劳动合同

1. 预告解除。劳动者提前三十日以书面形式通知用人单位，可以解除劳动合同。劳动者在试用期内提前三日通知用人单位，可以解除劳动合同。

2. 即时解除。用人单位有下列情形之一的，劳动者可以解除劳动合同：（1）未按照劳动合同约定提供劳动保护或者劳动条件的；（2）未及时足额支付劳动报酬的；（3）未依法为劳动者缴纳社会保险费的；（4）用人单位的规章制度违反法律、法规的规定，损害劳动者权益的；（5）劳动合同被确认为无效或者部分无效的；（6）法律、行政法规规定劳动者可以解除劳动合同的其他情形。用人单位以暴力、威胁或者非法限制人身自由的手段强迫劳动者劳动的，或者用人单位违章指挥、强令冒险作业危及劳动者人身安全的，劳动者可以立即解除劳动合同，不需事先告知用人单位。

（二）用人单位解除劳动合同

1. 即时解除。《劳动合同法》规定，劳动者有下列情形之一的，用人单位可以解除劳动合同：（1）在试用期间被证明不符合录用条件的；（2）严重违反用人单位的规章制度的；（3）严重失职，营私舞弊，给用人单位造成重大损害的；（4）劳动者同时与其他用人单位建立劳动关系，对完成本单位的工作任务造成严重影响，或者经用人单位提出，拒不改正的；（5）以欺诈、胁迫的手段或者乘人之危，使对方在违背真实意思的情况下订立或者变更劳动合同，致使劳动合同无效的；（6）被依法追究刑事责任的。

2. 预告解除。《劳动合同法》规定，有下列情形之一的，用人单位提前三十日以书面形式通知劳动者本人或者额外支付劳动者一个月工资后，可以解除劳动合同：（1）劳动者患病或者非因工负伤，在规定的医疗期满后不能从事原工作，也不能从事由用人单位另行安排的工作的；（2）劳动者不能胜任工作，经过培训或者调整工作岗位，仍不能胜任工作的；（3）劳动合同订立时所依据的客观情况发生重大变化，致使劳动合同无法履行，经用人单位与劳动者协商，未能就变更劳动合同内容达成协议的。

3. 经济性裁员。《劳动合同法》规定，有下列情形之一，需要裁减人员二十人以上或者裁减不足二十人但占企业职工总数百分之十以上的，用人单位提前三十日向工会或者全体职工说明情况，听取工会或者职工的意见后，裁减人员方案经向劳动行政部门报告，可以裁减人员：（1）依照企业破产法规定进行重整的；（2）生产经营发生严重困难的；（3）企业转产、重大技术革新或者经营方式调整，经变更劳动合同后，仍需裁减人员的；（4）其他因劳动合同订立时所依据的客观经济情况发生重大变化，致使劳动合同无法履行的。裁减人员时，应当优先留用下列人员：(1) 与本单位订立较长期限的固定期限劳动合同的；(2) 与本单位订立无固定期限劳动合同的；(3) 家庭无其他就业人员，有需要扶养的老人或者未成年人的。用人单位依照第四十一条第一款规定裁减人员，在六个月内重新招用人员的，应当通知被裁减的人员，并在同等条件下优先招用被裁减的人员。

（三）不得解除劳动合同的情形

《劳动合同法》规定，劳动者有下列情形之一的，用人单位不得依照本法第四十条、第四十一条的规定解除劳动合同：(1) 从事接触职业病危害作业的劳动者未进行离岗前职业健康检查，或者疑似职业病病人在诊断或者医学观察期间的；(2) 在本单位患职业病或者因工负伤并被确认丧失或者部分丧失劳动能力的；(3) 患病或者非因工负伤，在规定的医疗期内的；(4) 女职工在孕期、产期、哺乳期的；(5) 在本单位连续工作满十五年，且距法定退休年龄不足五年的；(6) 法律、行政法规规定的其他情形。

（四）用人单位解除劳动合同的经济补偿

经济补偿是在劳动合同解除或终止后，用人单位依法一次性支付给劳动者的经济上的补助。经济补偿按劳动者在本单位工作的年限，每满一年支付一个月工资的标准向劳动者支付。六个月以上不满一年的，按一年计算；不满六个月的，向劳动者支付半个月工资的经济补偿。劳动者月工资高于用人单位所在直辖市、设区的市级人民政府公布的本地区上年度职工月平均工资三倍的，向其支付经济补偿的标准按职工月平均工资三倍的数额支付，向其支付经济补偿的年限最高不超过十二年。

（五）劳动合同的终止

劳动合同的终止，是指劳动合同法律效力的终止，即劳动合同双方当事人之间劳动关系的终结，彼此之间原有的权利和义务关系不复存在。有下列情形之一的，劳动合同终止：(1) 劳动合同期满的；(2) 劳动者开始依法享受基本养老保险待遇的；(3) 劳动者死亡，或者被人民法院宣告死亡或失踪的；(4) 用人单位被依法宣告破产的；(5) 用人单位被吊销营业执照、责令关闭、撤销或者用人单位决定提前解散的；(6) 法律、行政法规规定的其他情形。劳动者达到法定退休年龄的，劳动合同终止。

第三节　集体合同制度

一、集体合同的概念

集体合同，是指用人单位与本单位职工根据法律、法规、规章的规定，就劳动报酬、工作时间、休息休假、劳动安全卫生、职业培训、保险福利等事项，通过集体协商签订的书面协议。集体合同是劳动者代表与用人单位代表依法通过集体协商缔结的关于劳动报酬、劳动条件等事项的书面协议。集体合同有如下特点：(1) 集体合同的主体特定。集体合同主体一方应该是能够代表职工的工会组织或职工推举的代表，另一方是与之相对应的企业。（2）集体合同的主要目的是提高工会会员的共同劳动利益，并要求会员与工会之间保持高度一致。（3）集体合同是要式合同。集体合同都要求以书面形式签订。（4）集体合同是特殊的双务合同。集体合同中用人单位一方违约要给予经济赔偿，工会一方违约，是否承担经济赔偿责任，则视其是否有独立的财产和法律地位而定。

二、集体合同的内容

集体合同最初只确定基本工资和就业条件，随着集体谈判议题的拓展，集体合同的内容也随之扩充。对于集体合同内容的立法，我国作出了列举的规定，《劳动合同法》规定，企业职工一方与用人单位通过平等协商，可以就劳动报酬、工作时间、休息休假、劳动安全卫生、保险福利等事项订立集体合同。

集体合同内容的核心条款大致可以分为以下几类：（1）标准条款。这是为规范个别劳动合同中劳动报酬、工作时间、休息休假、劳动安全卫生等方面的内容所确定的劳动标准和劳动条件的条款。（2）目标条款。这是为了达到某种目标而约定的条款。这种条款一般出现在企业级合同中，它往往以企业的规划、计划为依据。（3）劳动关系运行规则条款。这是为个别劳动关系和集体合同如何运行所约定的条款。个别劳动关系运行规则涉及劳动合同续订和变更规则、辞退辞职规则、用人单位规章制度的制定和实施等；集体合同运行规则涉及集体合同履行、解释、续订、变更、解除、违约责任、争议处理等方面的规则。

三、集体合同的效力

一是对人效力。依法签订的集体合同对企业和企业全体职工具有约束力。依法订立的集体合同对用人单位和劳动者具有约束力。行业性、区域性集体合同对当地本行业、本区域的用人单位和劳动者具有约束力。二是时间效力。时间效力，是指集体合同在多长的时间内具有约束力，包括当期效力、溯及效力和余后效力。三是空间效力。依法订立的集体合同对用人单位和劳动者具有约束力。行业性、区域性集体合同对当地本行业、本区域的用人单位和劳动者具有约束力。

四、集体合同的变更或解除

集体合同的变更，是指集体合同在生效后未履行或未完全履行之前，由于订立集体合同时的主客观条件发生了变化，集体合同当事人依照法定的条件和程序，对原集体合同的某些内容进行修改的行为。集体合同的解除，是指集体合同在生效后未履行或未完全履行之前，由于订立集体合同时的主客观条件发生了变化，集体合同当事人依照法定的条件和程序，提前终止原集体合同的行为。

我国集体合同变更或解除的法定条件可以概括为：（1）双方协商代表协商一致；（2）用人单位因被兼并、解散、破除等原因，致使合同或专项集体合同无法履行的；（3）因不可抗力等原因致使集体合同或专项集体合同无法履行或部分无法履行的；（4）集体合同或专项集体合同约定的变更或解除条件出现的；（5）法律、法规、规章规定的其他情形。

集体合同的变更或解除一般不能通过单方行为进行。我国对于集体合同进行变更或解除，也要按照“集体协商、制定草案、职工审议、签字上报、审查备案、公布”的法定双方协商程序来进行。经过该程序，原条款或原集体合同的权利义务关系归于消灭。

对于单方变更或解除集体合同，一般只能发生在如下情形中：（1）合同当事人的主体资格消灭，譬如工会被解散、企业破产时，致使集体合同无法履行；（2）因不可抗力出现而使集体合同的绝大多数内容和全部内容无法履行；（3）因一方违约，继续履行集体合同成为不必要时等重大事由出现时。

第四节 劳动基准制度

一、劳动基准的概念

劳动基准，也称劳动标准或劳工标准，是指国家法律规定的劳动者享有劳动条件与劳动待遇的最低标准。我国没有采用专门立法模式，劳动基准规范散见于劳动法及相关法律、法规和规章之中。劳动基准的特点是：（1）底线性。劳动基准是基于保护劳动者的生存权，结合国家生产力发展水平和社会经济发展的实际，由国家直接规定或授权规定用人单位须向劳动者提供劳动条件与劳动待遇的最低标准。（2）法定性。国家实行劳动者每日工作时间不超过八小时、平均每周工作时间不超过四十四小时的工时制度。（3）强制性。劳动基准是国家运用公权力干预劳动关系，通过立法规定用人单位对劳动者的基本义务。劳动基准具有法律上的强制效力，凡是违反劳动基准侵害劳动者权益的行为，都应受到法律的追究。

二、工时制度

（一）工作时间的概念

工作时间，是指劳动者在用人单位指挥或授意下为其提供劳动的时间。法律规定一昼夜之间工作时数的总和构成标准工作日，一周之内的工作时数总和构成标准工作周。基于行业、岗位的特殊性及工作性质的要求，法律也允许采用非标准工时制度。标准与非标准工时制度均是劳动基准法的重要内容。

法律上所定义的工作时间，既包括劳动者实际工作的时间，也包括与实际工作相关联的时间。与实际工作相关联的时间包括：（1）生产或工作前从事必要的准备时间和工作结束时的整理时间；（2）因用人单位的原因造成的等待工作任务的时间；（3）参加与工作有直接联系并有法定义务性质的职业培训、教育时间；（4）连续性有害于健康工作的间隙时间；（5）女职工哺乳的往返途中时间、孕期检查时间以及未成年工工作中适当的工间休息时间、定期进行健康检查占用的时间。

（二）非标准工时制

1.缩短工时制。（1）从事矿山、井下、高山、高温、低温、有毒有害，特别繁重和过度紧张（如冶炼、森林采伐、装卸搬运）的劳动的职工，实行每日工作少于八小时的工作时间。视具体情况每天工作时间为六至七小时。（2）从事夜班工作的劳动者，一般应比日班工作时间少一小时。（3）在哺乳期工作的女职工，依据国务院颁布的《女职工劳动保护特别规定》，正在哺乳不满一周岁婴儿的女职工，在每日工作时间内有两次哺乳时间，每次三十分钟，生育多胞胎的，每多哺乳一个婴儿，每次哺乳时间增加三十分钟。（4）未成年工和怀孕女工。未成年工应实行少于八小时的工作时间。对怀孕七个月以上的女职工，不得安排其延长工作时间和夜班劳动。（5）其他依法可以缩短工时的情况。

2. 不定时工作制，是指因工作性质和工作职责所限，劳动者的工作时间不受固定时数限制的工作时间制度。不定时工作时间一般适用于以下工作人员：（1）企业中的高级管理人员、外勤人员、推销人员、部分值班人员和其他工作无法按照标准工作时间衡量的职工；（2）企业中的长途运输人员、出租车司机和铁路、港口、仓库的部分装卸人员及因工作性质特殊，需要机动作业的职工；（3）其他因生产特点、工作特殊需要或职责范围的关系适合实行不定时工时制核定工作量并采用弹性工作时间的职工。

3. 综合计算工作时间制，是指针对因工作性质特殊、需连续作业或受季节及自然条件限制的企业的部分职工，分别以周、月、季或年为周期，以标准工时制为基础综合计算的工作时间制度。依据综合工时制，劳动者在特定周期的工作时间，不能超过按照标准工时计算的工作时间总量，如果超过总量，超过部分均应认定为加班并依法支付加班工资。下列职工可实行综合计算工时制：（1）交通、铁路、邮电、水运、航空、渔业等行业中因工作性质特殊，需连续作业的职工；（2）地质及资源勘探、建筑、制盐、制糖、旅游等受季节和自然条件限制的行业的部分职工；（3）其他适合实行综合计算工时的职工。实行综合计算工作时间制度的单位，应按程序办理审批手续，同时应以适当方式保障职工休息休假的权利。

4. 计件工时制。对实行计件工作的劳动者，用人单位应当合理确定其劳动定额和计件报酬标准，即应当以一般劳动者在一个标准工作日和一个标准工作周的工作时间内能够完成的计件数量为标准，确定劳动者日或周的劳动定额。计件工时制实际上是标准工时制的特殊转化形式，实行计件工作时间的劳动者，在八小时工作时间内完成了当日的劳动定额，则可以把剩余时间作为休息时间，也可以多做定额以取得相应的劳动报酬，如果劳动者未能在八小时内完成定额，则可以在八小时外工作用以完成规定的劳动定额，但不能得到延长时间的劳动报酬。同时，计件工时制不能超过标准工时制设置的劳动基准。

（三）标准工时制

标准工时制，是由立法确定的一昼夜工作时数、一周工作天数，以及每个工作日连续休息时间标准，并要求各用人单位和从业劳动者普遍实行的基本工作时间制度。我国通过三项标准共同构成我国标准工时制基准，并且缺一不可：（1）劳动者每日工作时间不超过八小时；（2）每周工作时间不超过四十小时；（3）每周至少休息一日，即用人单位必须保证劳动者每周至少有一次二十四小时不间断的休息。

（四）延长工作时间的限制

延长工作时间，是指超过法定工作时间长度的工作时间。在实践中将延长工作时间称为加班加点。

延长工作时间在特殊情况下法律是许可的，但给予了严格的限制：（1）用人单位由于生产经营需要，经与工会和劳动者协商后可以延长工作时间，一般每日不得超过一小时；因特殊原因需要延长工作时间的，在保障劳动者身体健康的条件下延长工作时间每日不得超过三小时，但是每月不得超过三十六小时；（2）用人单位须依法支付延长工作时间的劳动报酬：安排劳动者在日法定标准工作时间以外延长工作时间的，按照不低于劳动合同规定的劳动者本人小时工资标准的百分之一百五支付劳动者工资；安排劳动者在休息日工作，而又不能安排补休的，按照不低于劳动合同规定的劳动者本人日或小时工资标准的百分之二百支付劳动者工资；安排劳动者在法定休假日工作的，按照不低于劳动合同规定的劳动者本人日或小时工资标准的百分之三百支付劳动者工资。

三、休息时间制度

休息时间又称为休息休假，是劳动者在法定工作时间以外自行支配的时间。

休息时间的种类包括：

1. 工作日内的间歇时间。工作日内的间歇时间，是指劳动者在一个工作日内的休息时间和用膳时间。间歇时间长短可由用人单位根据具体情况来确定，在同一用人单位因工作岗位和工作性质的不同也可能有差别，一般休息一至二小时，最少不能低于半小时。间歇时间应规定在工作四小时后开始，不计入工作时间。

2. 两个工作日之间的休息时间。两个工作日之间的休息时间，是指劳动者在一个工作日结束后至下一个工作日开始前的休息时间，其长度以能有效保证劳动者的体力和精力得到恢复为标准。我国实行八小时工作制，劳动者享有的两个工作日之间的休息时间一般为十五至十六小时。实行轮班制的劳动者，其班次需平均调换，一般可在休息日之后调换；调换班次时，不得让工人连续工作两班。

3 休息日。休息日又称公休假日，是劳动者工作满一个工作周以后的休息时间。劳动法规定，用人单位应当保证劳动者每周至少休息一日。但国家机关、事业单位实行统一的工作时间，星期六和星期日为周休息日，每工作周的休息天数为二天。

4. 法定休假日。法定休假日，是指由国家法律统一规定的用于欢度节日、开展庆祝活动的休息时间。目前我国的法定休假日主要有以下几种：（1）全体公民放假的节日，包括新年、春节、清明节、劳动节、端午节、中秋节和国庆节，共十一天。（2）部分公民放假的节日及纪念日，包括妇女节、青年节、儿童节和中国人民解放军建军纪念日。

5. 年休假。年休假，是指法律规定的劳动者工作满一定的工作年限后，每年享有的保留工作、带薪连续休假。机关、团体、企业、事业单位、民办非企业单位、有雇工的个体工商户等单位的职工连续工作一年以上的，享受带薪年休假。单位应当保证职工享受带薪年休假。职工在年休假期间享受政策工作期间相同的工资收入。

6. 探亲假。探亲假，是指与父母或配偶分居两地的职工，每年享有的与父母或配偶团聚的假期。凡国家机关、人民团体和全民所有制企业、事业单位工作满一年的职工，与配偶不住在一起，又不能在公休假日团聚的，可以享受探望配偶的待遇。

7. 其他休假。如女职工产假。女职工生育享受九十八天产假，其中产前可以休假十五天；难产的，增加产假十五天；生育多胞胎的，每多生育一个婴儿，增加产假十五天。女职工怀孕未满四个月流产的，享受十五天产假；怀孕满四个月流产的，享受四十二天产假。产假期间工资照发。

四、工资制度

工资是劳动给付的对价，是用人单位依据劳动合同约定或法律规定标准及形式向劳动者支付的劳动报酬。工资以劳动关系为基础；工资的确定机制表现为工资协商与工资基准相结合、个别协商与集体协商相结合的特点；工资具有动态调整的特点。

工资的构成包括：（1）基本工资。基本工资，是指劳动者与用人单位在劳动合同中约定的与工资岗位相适应的相对固定的工资单位。（2）绩效工资。绩效工资是以对员工绩效的有效考核为基础，实现将工资与考核结果相挂钩的工资制度。（3）奖金。奖金是用人单位对作出突出贡献的劳动者支付的奖励性劳动报酬，是辅助工资的构成内容之一。（4）津贴。津贴，是指补偿劳动者在特殊条件下的额外劳动消耗和生活费额外支出的工资补充形式。（5）补贴。补贴是工资构成中较固定和稳定的单元。工资形式有计时工资、计件工资和年薪。

国家实行最低工资保障制度。最低工资的具体标准由省、自治区、直辖市人民政府规定，报国务院备案。

第五节　劳动争议处理

一、劳动争议的概念

劳动争议，是指用人单位和劳动者在执行劳动方面的法律、法规和劳动合同、集体合同的过程中，就劳动方面的权利义务发生分歧而引起的争议。劳动争议不同于其他争议，它具有以下法律特征：（1）劳动争议的主体是特定的。劳动争议的双方是用人单位和与之形成劳动关系的劳动者。（2）劳动争议的内容是特定的。劳动争议的内容是因执行劳动法律、法规或履行劳动合同、集体合同过程中引起的有关劳动权利、劳动义务方面的纠纷。（3）劳动争议的主体之间存在管理与被管理的关系，劳动者要服从用人单位的劳动管理。

二、劳动争议的范围

《劳动争议调解仲裁法》规定，中华人民共和国境内的用人单位与劳动者发生的下列劳动争议，适用本法：（1）因确认劳动关系发生的争议；（2）因订立、履行、变更、解除和终止劳动合同发生的争议；（3）因除名、辞退和辞职、离职发生的争议；（4）因工作时间、休息休假、社会保险、福利、培训以及劳动保护发生的争议；（5）因劳动报酬、工伤医疗费、经济补偿或者赔偿金等发生的争议；（6）法律、法规规定的其他劳动争议。

三、劳动争议的处理程序

《劳动争议调解仲裁法》规定，解决劳动争议，应当根据事实，遵循合法、公正、及时、着重调解的原则，依法保护当事人的合法权益。发生劳动争议，劳动者可以与用人单位协商，也可以请工会或者第三方共同与用人单位协商，达成和解协议。发生劳动争议，当事人不愿协商、协商不成或者达成和解协议后不履行的，可以向调解组织申请调解；不愿调解、调解不成或者达成调解协议后不履行的，可以向劳动争议仲裁委员会申请仲裁；对仲裁裁决不服的，除本法另有规定的外，可以向人民法院提起诉讼。

第二十一章　社会保障法

第一节　社会保障法概述

一、社会保障的概念

社会保障，是指国家立法强制规定，并以国家作为给付义务主体，对公民在年老、疾病、伤残、失业、生育、遭遇灾害、面临生活困难时给予物质或服务帮助，旨在保障公民基本生活需要并提高生活水平、实现社会公平和社会正义的制度。社会保障特点有：（1）安全性。社会保障制度旨在保障全体社会成员在遭遇生、老、病、死、伤残、失业、贫困、灾害等各种社会风险时，能够从国家和社会获得必要的帮助和补偿。（2）强制性。社会保障法规定了强制性规范，明确国家、用人单位、劳动者等各方在社会保障中必须履行的义务。（3）社会性。社会保障制度要解决社会风险问题，这种社会风险自工业社会以来就带有普遍性和危险性，并且并非个人力量能解决，必须借助国家力量建立社会保障制度，以免除国民社会安全之虞。（4）互助性。社会保障基金来源于用人单位和社会成员个人缴纳以及政府的财政支持，因而，社会保障实际上是借助于国家对国民收入进行再分配的一种方式，是国民收入在不同群体之间的转移。

二、社会保障法的基本原则

1. 生存权保障原则。生存权是维护人的生存而必不可少的权利。求生存是人类最基本的要求，生存权思想认为国家应当承担保护社会成员生存的义务。社会保障法的目的在于当社会成员出现生活困难时，国家和社会有义务对其进行物质帮助，以保障社会成员基本生存需要。《社会保险法》第二条规定："国家建立基本养老保险、基本医疗保险、工伤保险、失业保险、生育保险等社会保险制度，保障公民在年老、疾病、工伤、失业、生育等情况下依法从国家和社会获得物质帮助的权利。"

2. 普遍性原则。普遍性原则，是指社会保障的使用范围包括所有社会成员，强调一切社会成员均享有社会保障权。《社会保险法》第二条规定"维护公民参加社会保险和享受社会保险待遇的合法权益"，并在具体制度中多方面贯彻了普遍性原则，将我国境内所有用人单位和个人都纳入了社会保险的覆盖范围，其中基本养老保险和基本医疗保险覆盖了我国城乡全体居民。

3. 可持续性原则。可持续性，是指既满足当代人的需求，又不损害后代人满足需要的能力的发展。我国《社会保险法》第三条规定社会保险制度坚持"可持续的方针"。社会保险可持续性原则要求社会保险基金实现收支平衡，实现自我发展，要求《社会保险法》的各项制度设计有利于社会保险的可持续发展。

4. 社会保障水平与经济社会发展水平相适应原则。社会保障水平与经济发展水平相适应原则源于《宪法》第十四条第四款："国家建立健全同经济发展水平相适应的社会保障制度。"《社会保险法》第三条规定："社会保险制度坚持广覆盖、保基本、多层次、可持续的方针，社会保险水平应当与经济社会发展水平相适应。"《劳动法》第七十一条也规定："社会保险水平应当与社会经济发展水平和社会承受能力相适应。"社会保障是国家通过经济手段解决特定社会问题和实施特定社会政策的一项制度，它必须与一定的经济社会发展水平相适应。

5. 强制性原则。强制性原则，是指社会保障由国家通过立法强制实施，就社会保险而言，凡依照法律规定应当参保的劳动者和用人单位都必须参加社会保险，当事人没有任意选择的权利，也不能任意退出保险，社会保险的险种和保险的缴纳也必须按照法律规定执行，不能由当事人自由协商。

第二节　社会保险制度

一、基本养老保险制度

基本养老保险制度，是国家依法建立的，为解决劳动者达到国家规定的退休年龄或因其他原因而退出劳动岗位后，社会保险经办机构依法向其支付养老金等待遇，从而保障其基本生活的社会保险制度。《社会保险法》第十条规定，职工应当参加基本养老保险，由用人单位和职工共同缴纳基本养老保险费。无雇工的个体工商户、未在用人单位参加基本养老保险的非全日制从业人员以及其他灵活就业人员可以参加基本养老保险，由个人缴纳基本养老保险费。公务员和参照公务员法管理的工作人员养老保险的办法由国务院规定。用人单位应当按照国家规定的本单位职工工资总额的比例缴纳基本养老保险费，计入基本养老保险统筹基金。职工应当按照国家规定的本人工资的比例缴纳基本养老保险费，记入个人账户。无雇工的个体工商户、未在用人单位参加基本养老保险的非全日制从业人员以及其他灵活就业人员参加基本养老保险的，应当按照国家规定缴纳基本养老保险费，分别记入基本养老保险统筹基金和个人账户。参加基本养老保险的个人，达到法定退休年龄时累计缴费满15年的，按月领取基本养老金。

二、医疗保险与生育保险制度

医疗保险制度是国家依法建立的，通过用人单位和个人缴费，建立医疗保险基金，参保人员患病就诊发生医疗费用后，由医疗保险经办机构给予一定的经济补偿，以避免或减轻劳动者因患病、治疗等所带来的经济风险的社会保险制度。《社会保险法》第二十三条规定，职工应当参加职工基本医疗保险，由用人单位和职工按照国家规定共同缴纳基本医疗保险费。无雇工的个体工商户、未在用人单位参加职工基本医疗保险的非全日制从业人员以及其他灵活就业人员可以参加职工基本医疗保险，由个人按照国家规定缴纳基本医疗保险费。符合基本医疗保险药品目录、诊疗项目、医疗服务设施标准以及急诊、抢救的医疗费用，按照国家规定从基本医疗保险基金中支付。参保人员医疗费用中应当由基本医疗保险基金支付的部分，由社会保险经办机构与医疗机构、药品经营单位直接结算。

生育保险制度，是国家依法建立的，在劳动者因生育子女而导致劳动力暂时中断时，由国家和社会及时给予物质帮助的社会保险制度。《社会保险法》第五十三条规定，职工应当参加生育保险，由用人单位按照国家规定缴纳生育保险费，职工不缴纳生育保险费。用人单位已经缴纳生育保险费的，其职工享受生育保险待遇；职工未就业配偶按照国家规定享受生育医疗费用待遇。所需资金从生育保险基金中支付。生育保险待遇包括生育医疗费用和生育津贴。

三、工伤保险制度

工伤保险制度，是国家依法建立的，劳动者在工作中或在规定的特殊情况下，遭受意外伤害或患职业病导致暂时或永久丧失劳动能力以及死亡时，劳动者或其遗属从国家和社会获得物质帮助的社会保险制度。职工应当参加工伤保险，由用人单位缴纳工伤保险费，职工不缴纳工伤保险费。用人单位应当按照本单位职工工资总额，根据社会保险经办机构确定的费率缴纳工伤保险费。职工因工作原因受到事故伤害或者患职业病，且经工伤认定的，享受工伤保险待遇，其中，经劳动能力鉴定丧失劳动能力的，享受伤残待遇。职工所在用人单位未依法缴纳工伤保险费，发生工伤事故的，由用人单位支付工伤保险待遇。用人单位不支付的，从工伤保险基金中先行支付。从工伤保险基金中先行支付的工伤保险待遇应当由用人单位偿还。由于第三人的原因造成工伤，第三人不支付工伤医疗费用或者无法确定第三人的，由工伤保险基金先行支付。工伤保险基金先行支付后，有权向第三人追偿。

四、失业保险制度

失业保险制度，是指国家依法建立的，对因失业而暂时中断生活来源的劳动者提供物质帮助的社会保险制度。《社会保险法》第四十四条规定，职工应当参加失业保险，由用人单位和职工按照国家规定共同缴纳失业保险费。失业人员符合法定条件的，从失业保险基金中领取失业保险金。失业人员按照规定的期限领取失业保险金，失业保险金的标准，由省、自治区、直辖市人民政府确定，不得低于城市居民最低生活保障标准。用人单位应当及时为失业人员出具终止或者解除劳动关系的证明，并将失业人员的名单自终止或者解除劳动关系之日起十五日内告知社会保险经办机构。失业人员应当持本单位为其出具的终止或者解除劳动关系的证明，及时到指定的公共就业服务机构办理失业登记。失业人员凭失业登记证明和个人身份证明，到社会保险经办机构办理领取失业保险金的手续。失业保险金领取期限自办理失业登记之日起计算。

第三节　社会救助、社会福利和社会优抚

一、社会救助

社会救助，是指国家对依靠自身努力难以满足基本生活需求的公民给予的物质或服务帮助。社会救助的目的在于维护公民的基本生存权；社会救助的权利义务具

有单向性；社会救助具有保底性。我国社会救助对象有以下三类：一是无劳动能力、无生活来源或无法定赡养、抚养、扶养义务人的居民；二是贫困人口，这类人群虽有生活来源，但是生活水平低于或者相当于国家法定最低标准；三是灾民。根据《社会救助暂行办法》第五条规定，县级以上人民政府应当将社会救助纳入国民经济和社会发展规划，并将政府安排的社会救助资金和社会救助工作经费纳入财政预算。在财政拨款之外，国家鼓励单位和个人等社会力量通过捐赠等方式，参与社会救助。

二、社会福利

社会福利，是指国家和社会为提高国民生活质量、不断丰富其物质和精神生活而采取的社会政策以及通过社会化机制提供的相应服务和待遇。《劳动法》第七十六条规定："国家发展社会福利事业，兴建公共福利设施，为劳动者休息、休养和疗养提供条件。用人单位应当创造条件，改善集体福利，提高劳动者的福利待遇。"社会福利包括如下几个方面：第一，专项公共福利。主要的专项公共福利有教育福利、卫生福利和文化福利等。第二，特殊群体福利。根据《老年人权益保障法》《未成年人保护法》《残疾人保障法》《母婴保健法》《女职工保健工作规定》等法律规范，保障老年人、未成年人、残疾人和妇女等特殊群体的福利待遇。第三，职业福利。职业福利是已就业的职工享有的特殊福利，福利资金主要源自所在单位。

三、社会优抚

社会优抚，是指国家和社会向优抚对象提供的各种优待、抚恤或就业安置等优惠待遇和优先服务。社会优抚具有对象特定性、待遇优厚性和内容综合性的特征。社会优待包括教育优待、医疗优待、就业优待、生活优待和优待金。社会抚恤分为死亡抚恤和残疾抚恤。安置保障分为自主就业、安排工作、离退休安置和终身供养4种。

主要参考书目

[1] 法理学编写组. 法理学 [M]. 2版. 北京：高等教育出版社，2020.

[2]《习近平法治思想概论》编写组. 习近平法治思想概论 [M]. 北京：高等教育出版社，2021.

[3] 雷磊. 法理学研讨课 [M]. 北京：法律出版社，2022.

[4] 张文显. 法理学 [M]. 5版. 北京：高等教育出版社，2018.

[5] 沈宗灵. 法理学 [M]. 4版. 北京：北京大学出版社，2014.

[6] 周永坤. 法理学 [M]. 4版. 北京：法律出版社，2016.

[7] 周林彬，等. 法律经济学：中国的理论与实践 [M]. 北京：北京大学出版社，2008.

[8] 冯玉军. 法经济学范式 [M]. 北京：清华大学出版社，2009.

[9] 考特，尤伦. 法和经济学 [M]. 史晋川，等译. 6版.上海：格致出版社，2017.

[10] 蔡定剑. 宪法精解 [M]. 北京：法律出版社，2006.

[11] 焦洪昌. 宪法学 [M]. 6版. 北京：北京大学出版社，2020.

[12] 郑贤君. 基本权利原则 [M]. 北京：法律出版社，2010.

[13] 姜明安. 行政法与行政诉讼法 [M]. 7版. 北京：北京大学出版社，高等教育出版社，2019.

[14] 张明楷. 刑法学 [M]. 6版. 北京：法律出版社，2021.

[15] 高铭暄，马克昌. 刑法学 [M]. 10版. 北京：北京大学出版社，高等教育出版社，2022.

[16] 周光权. 刑法总论 [M]. 4版. 北京：中国人民大学出版社，2021.

[17]《刑法学》编写组. 刑法学（上册·总论）[M]. 2版. 北京：高等教育出版社，2023.

[18] 陈兴良. 规范刑法学（上册）[M]. 5版. 北京：中国人民大学出版社，2023.

[19] 刘艳红. 刑法学（上）[M]. 3版. 北京：北京大学出版社，2023.

[20]《刑事诉讼法学》编写组. 刑事诉讼法学 [M]. 4版. 北京：高等教育出版社，2022.

[21] 陈光中. 刑事诉讼法 [M]. 7版. 北京：北京大学出版社，高等教育出版社，2021.

[22] 樊崇义. 刑事诉讼法学 [M]. 5版. 北京：法律出版社，2020.

[23] 程荣斌. 刑事诉讼法 [M]. 8版. 北京：中国人民大学出版社，2021.

[24] 李永军. 民法典总则论 [M]. 北京：中国法制出版社，2022.

［25］郭明瑞．民法总则通义［M］．北京：商务印书馆，2022.
［26］杨立新．物权法［M］．7版．北京：中国人民大学出版社，2020.
［27］梁慧星，陈华彬．物权法［M］．7版．北京：法律出版社，2020.
［28］王利明．中国民法典释评·合同编通则［M］．北京：中国人民大学出版社，2020.
［29］崔建远．合同法［M］．4版．北京：北京大学出版社，2021.
［30］韩世远．合同法总论［M］．4版．北京：法律出版社，2018.
［31］张新宝．侵权责任法［M］．5版．北京：中国人民大学出版社，2020.
［32］程啸．侵权责任法［M］．3版．北京：法律出版社，2021.
［33］杨立新．侵权责任法［M］．4版．北京：法律出版社，2021.
［34］刘春田．知识产权法［M］．北京：高等教育出版社，2022.
［35］王迁．知识产权法教程［M］．6版．北京：中国人民大学出版社，2021.
［36］吴汉东．知识产权法［M］．北京：法律出版社，2023.
［37］江伟，肖建国．民事诉讼法［M］．9版．北京：中国人民大学出版社，2023.
［38］赵旭东．新公司法讲义［M］．北京：法律出版社，2024.
［39］李建伟．公司法评注［M］．北京：法律出版社，2024.
［40］周友苏．中国公司法论［M］．北京：法律出版社，2024.
［41］甘培忠．企业与公司法学［M］．10版．北京：北京大学出版社，2020.
［42］王卫国．破产法精义［M］．3版．北京：法律出版社，2023.
［43］张守文．经济法学［M］．北京：北京大学出版社，2024.
［44］刘继峰．竞争法学［M］．北京：北京大学出版社，2024.
［45］徐孟洲，徐阳光．税法［M］．7版．北京：中国人民大学出版社，2019.
［46］张守文．税法原理［M］．10版．北京：北京大学出版社，2021.
［47］林嘉．劳动法和社会保障法［M］．4版．北京：中国人民大学出版社，2023.
［48］郭捷．劳动法与社会保障法［M］．3版．北京：法律出版社，2024.
［49］《宪法学》编写组．宪法学［M］．2版．北京：高等教育出版社，人民出版社，2020.
［50］《行政法与行政诉讼法学》编写组．行政法与行政诉讼法学［M］．2版．北京：高等教育出版社，2018.
［51］《民法学》编写组．民法学［M］．2版．北京：高等教育出版社，2022.
［52］《民事诉讼法学》编写组．民事诉讼法［M］．3版．北京：高等教育出版社，2022.
［53］《劳动与社会保障法学》编写组．劳动与社会保障法学［M］．2版．北京：高等教育出版社，2018.